non-governmental organization

NGOの時代

平和・共生・自立

日本国際ボランティアセンター(JVC) 著

めこん

日本国際ボランティアセンター（JVC）の活動

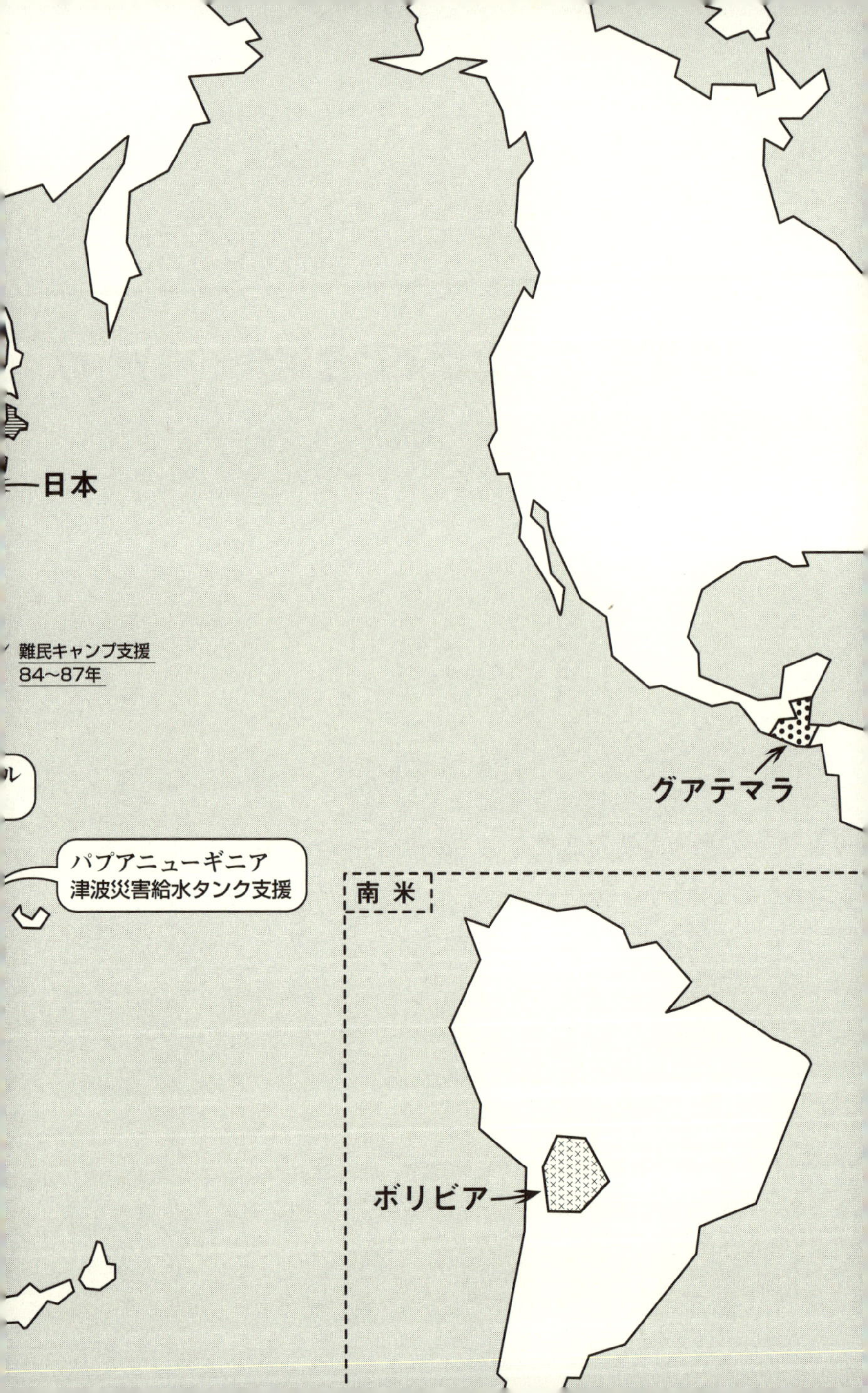
日本
難民キャンプ支援
84〜87年
パプアニューギニア
津波災害給水タンク支援
グアテマラ
南米
ボリビア

ユーゴ・コソボ
学校・病院・難民支援
レバノン 医療調査
83年
パレスチナ
イラク
浄水施設支援
91年
北朝鮮
korea子ども救援キャン
エチオピア
ソマリア
ラオス
タイ
カンボジ
シンガポール
難民キャンプ支援
82〜85年
南アフリカ
緊急対応
緊急救援

タイ

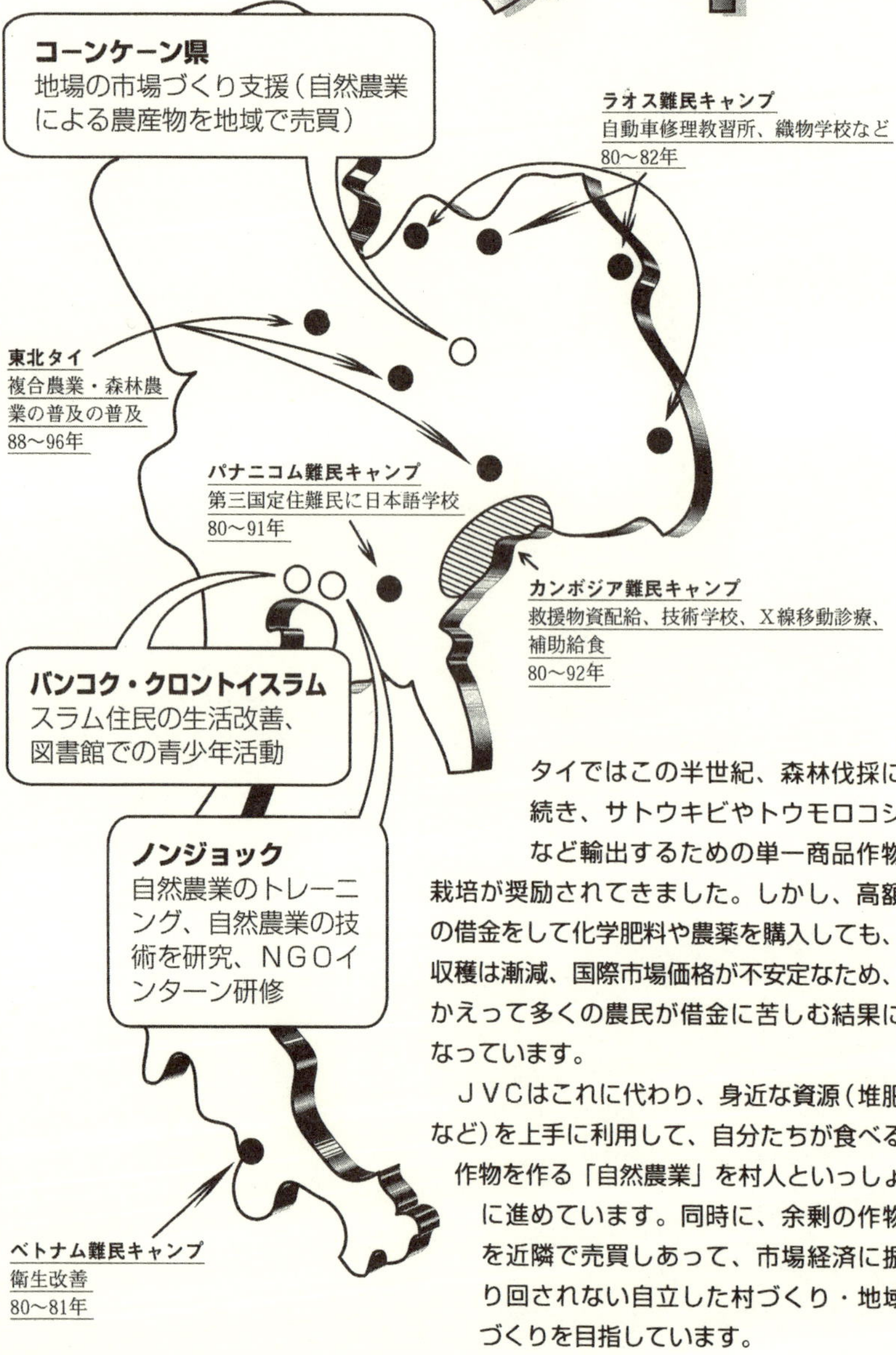

タイではこの半世紀、森林伐採に続き、サトウキビやトウモロコシなど輸出するための単一商品作物栽培が奨励されてきました。しかし、高額の借金をして化学肥料や農薬を購入しても、収穫は漸減、国際市場価格が不安定なため、かえって多くの農民が借金に苦しむ結果になっています。

ＪＶＣはこれに代わり、身近な資源（堆肥など）を上手に利用して、自分たちが食べる作物を作る「自然農業」を村人といっしょに進めています。同時に、余剰の作物を近隣で売買しあって、市場経済に振り回されない自立した村づくり・地域づくりを目指しています。

タイのスラムで
図書館活動

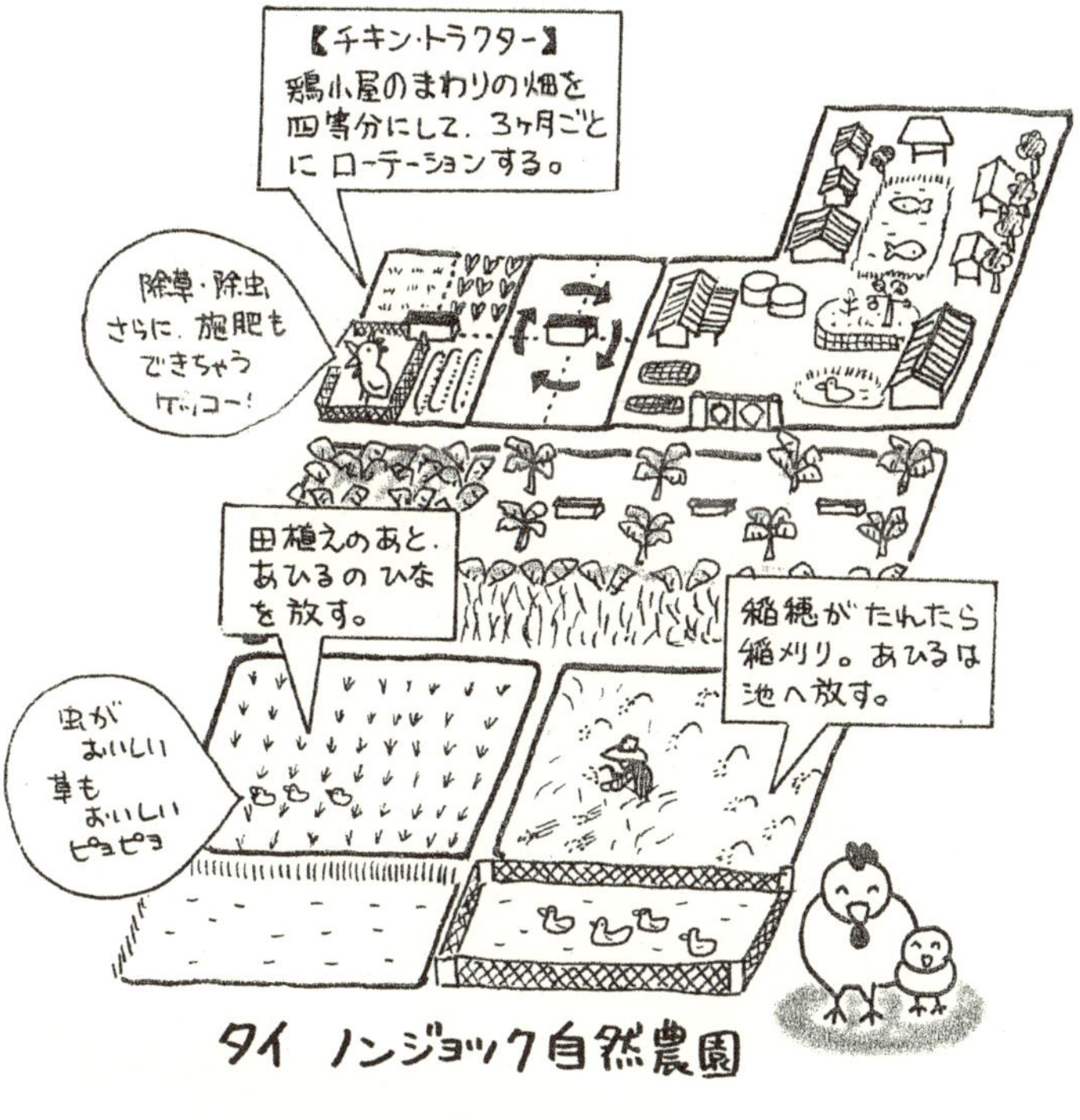

タイ ノンジョック自然農園

カンボジア

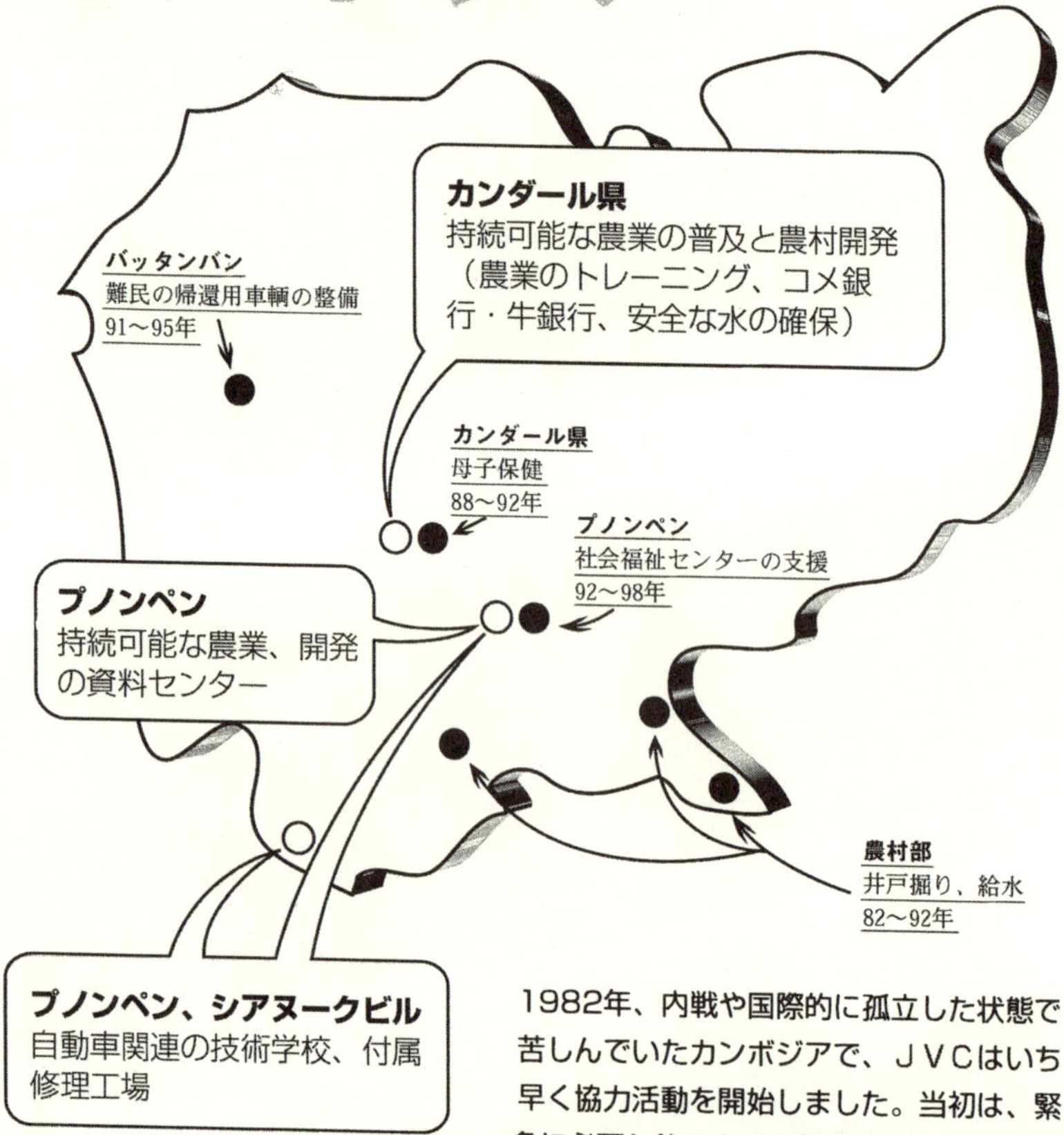

1982年、内戦や国際的に孤立した状態で苦しんでいたカンボジアで、ＪＶＣはいち早く協力活動を開始しました。当初は、緊急に必要な飲み水の確保（井戸掘り）や乳幼児死亡率を下げるための活動に取り組みました。その後、復興や開発を担う人材を育成するための支援や、技術学校、孤児院支援への活動を展開してきました。

現在は、技術学校の独立運営実現と農村部での活動に力を入れています。村人が地域の資源を守りながら利用する工夫や生態系を傷めない農業で生産性をあげられるよう工夫するなどして、自立した暮らしのが営めるように協力しています。その活動には、池・井戸・水瓶を作って安全な水を確保する、各農家が牛を持てるように雌牛を貸出す「牛銀行」、家に米がなくなった時、低利で米を借りられる「コメ銀行」などがあります。また、村人どうしが助け合って村の生活を改善するための活動や、それをとりまとめる組織づくりをお手伝いしています。

カンボジアの村に
安全な水を

堆肥を使って収穫を増やす
自然農業

カンボジア　自動車技術学校

ラオス

内陸国ラオスは、国土の大半が森林に覆われた国でしたが、近年は外貨獲得のためにダム建設、森林伐採など大型開発が進み、これまで衣食住の多くを森の恵みから得て生きてきた人々の暮らしが危うくなってきています。

ＪＶＣは、村の共有林の境界と利用区分を明確にし、村人が森を管理していくことを支援。住民主体の共有林づくりの方法を、村人や役人に伝えています。また、慢性的な食糧不足を緩和するために、堆肥などを利用して米・野菜・果樹を栽培する自然農業の研修、実践を行なっています。

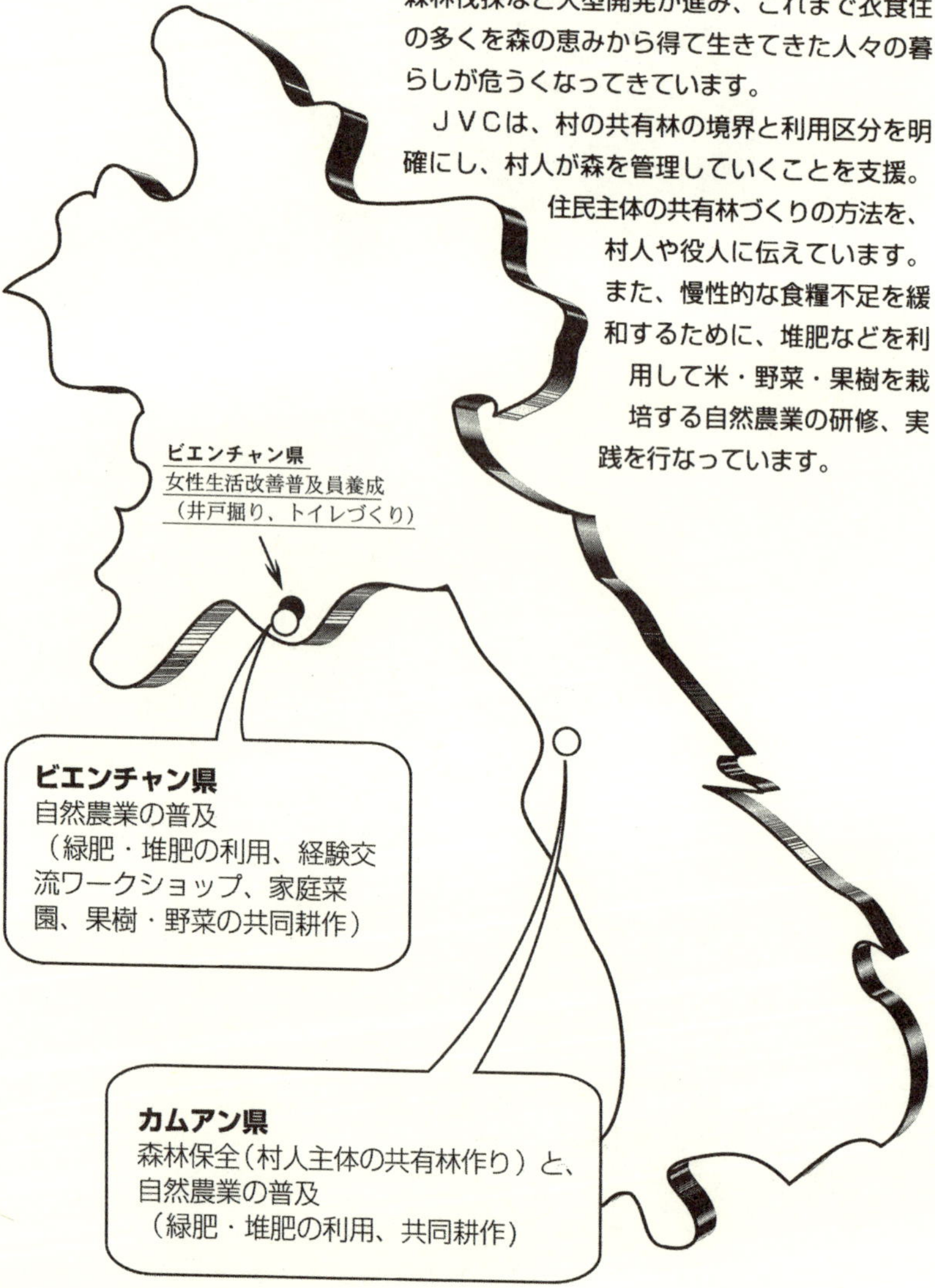

女性による 生活改善

ラオス　森林区分活動

ベトナム

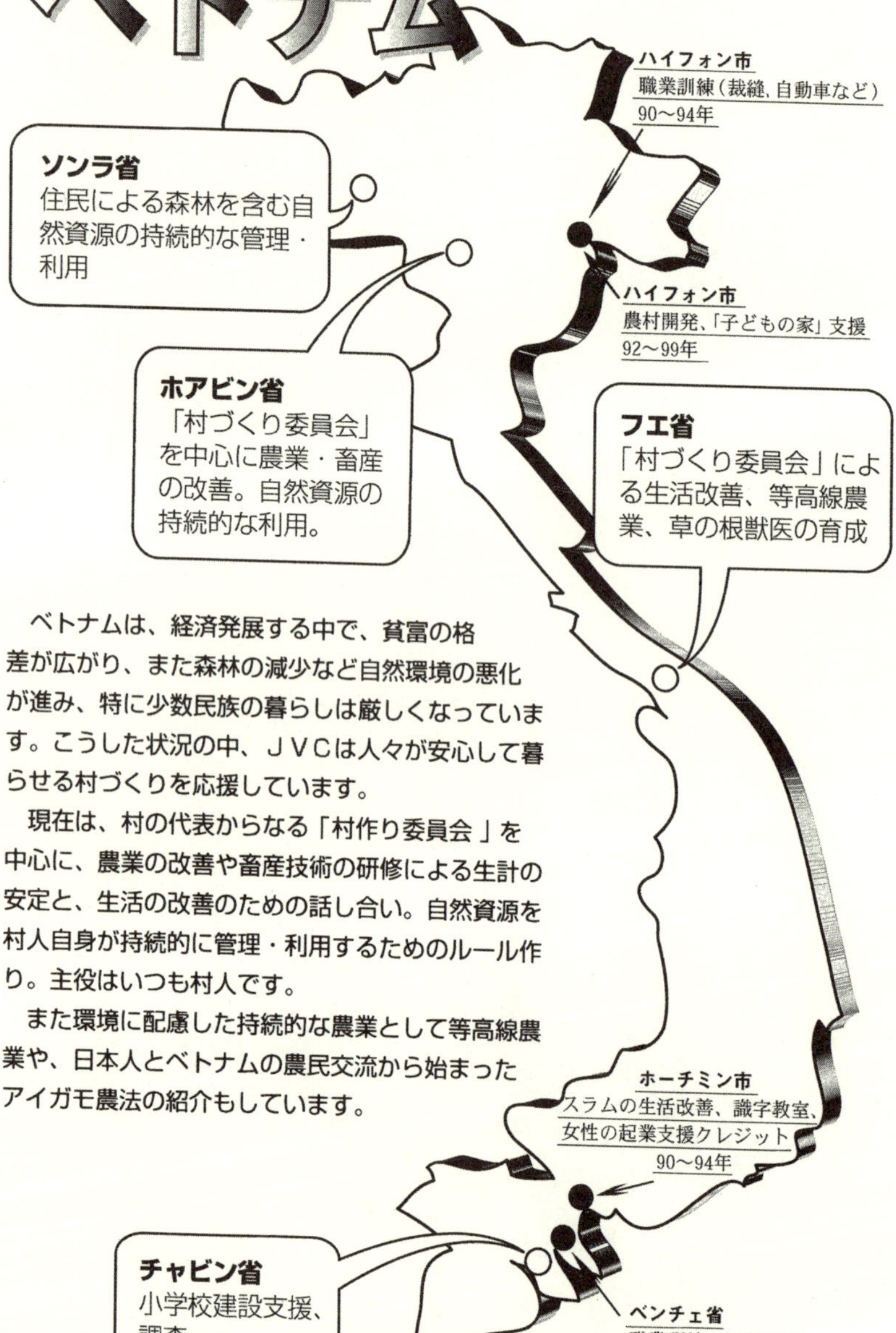

ベトナムは、経済発展する中で、貧富の格差が広がり、また森林の減少など自然環境の悪化が進み、特に少数民族の暮らしは厳しくなっています。こうした状況の中、ＪＶＣは人々が安心して暮らせる村づくりを応援しています。

現在は、村の代表からなる「村作り委員会」を中心に、農業の改善や畜産技術の研修による生計の安定と、生活の改善のための話し合い。自然資源を村人自身が持続的に管理・利用するためのルール作り。主役はいつも村人です。

また環境に配慮した持続的な農業として等高線農業や、日本人とベトナムの農民交流から始まったアイガモ農法の紹介もしています。

「子どもの家」 孤児の学校・家庭

住民による自然資源の管理・利用

等高線農業

表土の流出をくい止め.
さまざまな作物をつくる

エチオピア

アフリカ北東部の高原地帯にあるエチオピアは、森林喪失をはじめ早くから環境破壊が進み、大規模な干ばつが頻発しています。

そのような自然条件の厳しいエチオピアで、ＪＶＣは「飢えを出さない村づくり」を目指してきました。住民が植林活動などによって土壌を守りながら農業を続けていけるように、共同でその方法を探っています。また絶対的な水不足に対して、井戸・水場の改善活動や、水場から遠い地域への給水事業を進めています。その際には住民や役場の担当者と話し合って人々の意識を高めて、維持管理能力を向上させていくことにも努力しています。

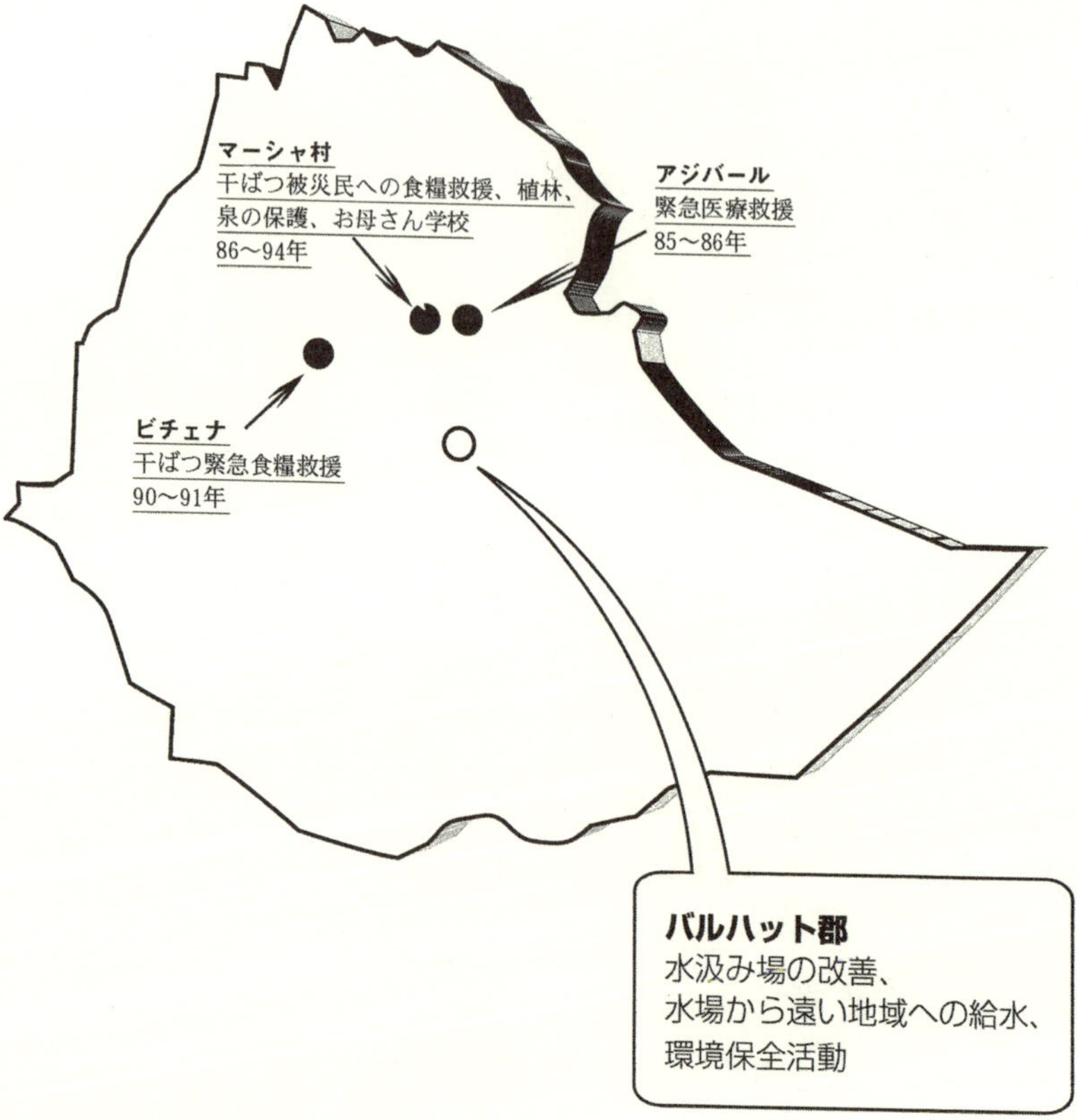

苗木を育てて植林する

住民による飢えない村づくり

南アフリカ共和国

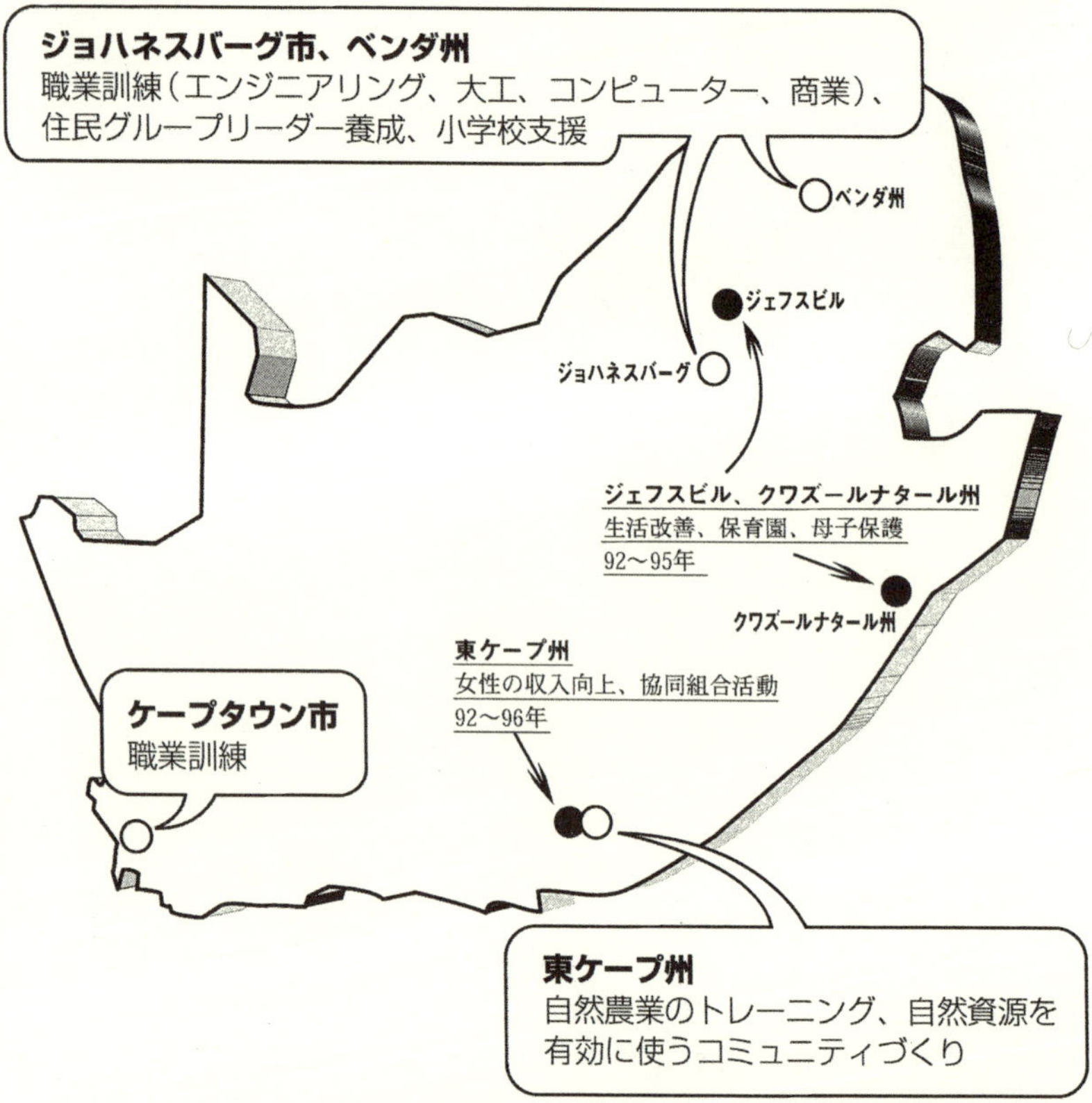

南アフリカは長年のアパルトヘイトにより、いまだ経済、教育、就業機会など多くの面で人種格差が色濃く残っています。しかし、一方で黒人たちがグループをつくり、自分たちの地域や暮らしをよくしようとする動きが芽生えています。

ＪＶＣは、そういった人々にトレーニングの機会を提供。アパルトヘイト下で学ぶ機会のなかった南アフリカの青少年や、最近増えてきたアフリカ近隣諸国からの難民に、職業訓練を行なっています。

同時に、地域のコミュニティによる生活改善をめざし、基盤になる自然農業のトレーニングも進めています。また、教材の購入、校舎の補修など小学校の支援も続けています。

南アフリカ　女性の生活向上

子どもの教育支援
元工場の教室を補修

職業訓練
大工、裁縫、電気

パレスチナ

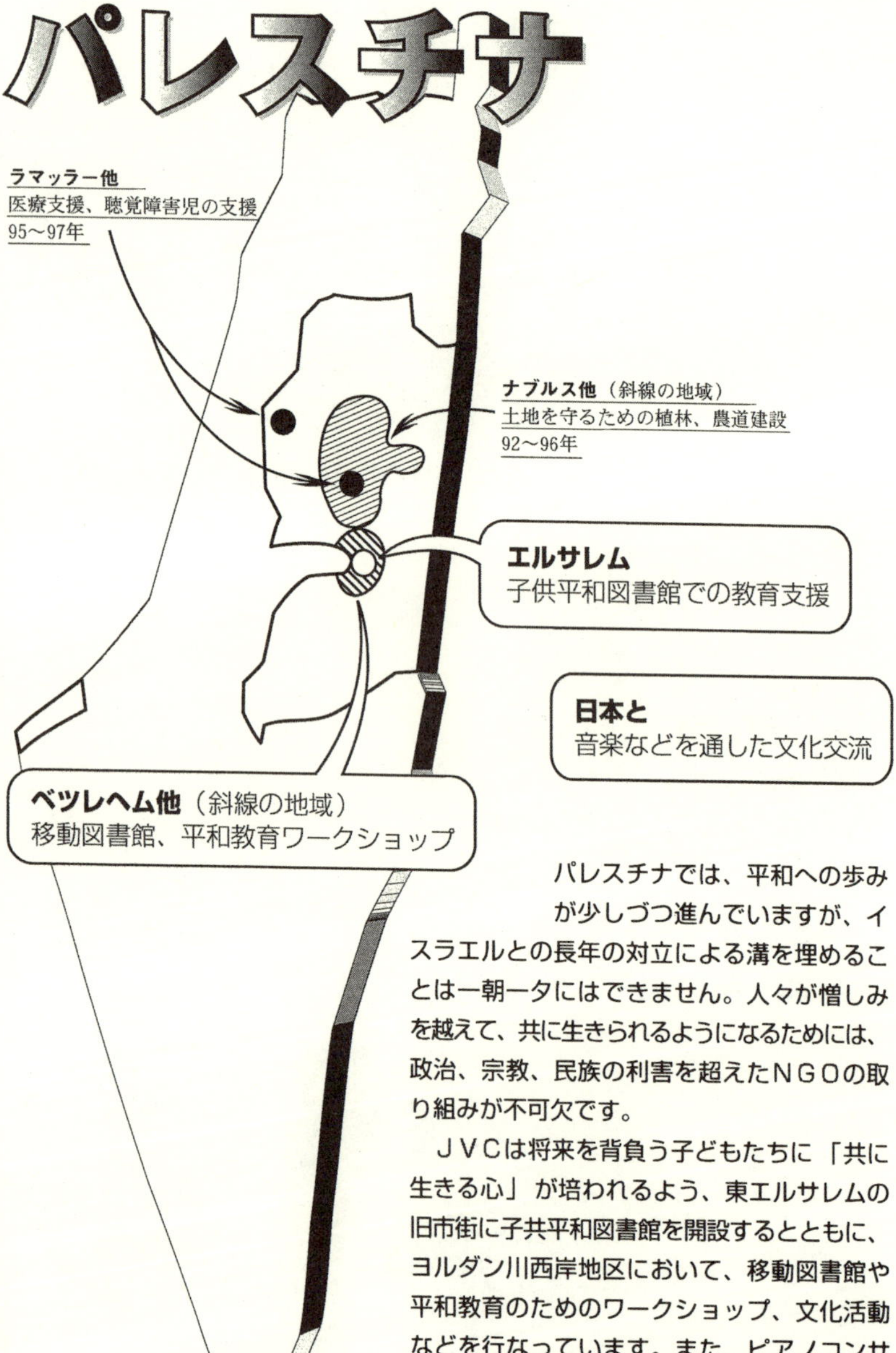

パレスチナでは、平和への歩みが少しづつ進んでいますが、イスラエルとの長年の対立による溝を埋めることは一朝一夕にはできません。人々が憎しみを越えて、共に生きられるようになるためには、政治、宗教、民族の利害を超えたＮＧＯの取り組みが不可欠です。

ＪＶＣは将来を背負う子どもたちに「共に生きる心」が培われるよう、東エルサレムの旧市街に子共平和図書館を開設するとともに、ヨルダン川西岸地区において、移動図書館や平和教育のためのワークショップ、文化活動などを行なっています。また、ピアノコンサートなどを通して日本との平和交流活動を多角的に進めています。

パレスチナ
オリーブの木を植える

パレスチナ
子ども平和図書館活動

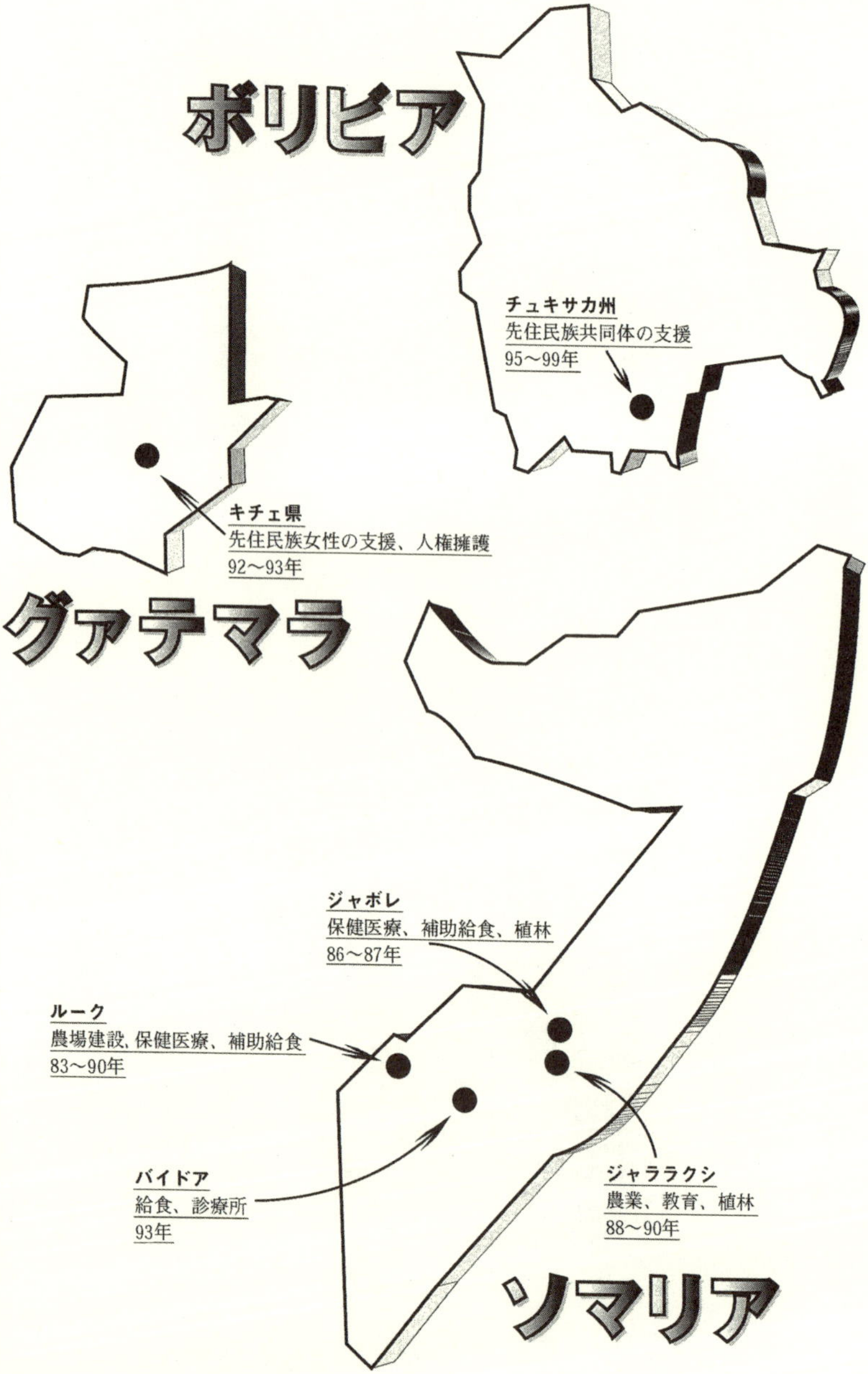

ボリビア
チュキサカ州
先住民族共同体の支援
95〜99年
キチェ県
先住民族女性の支援、人権擁護
92〜93年
グァテマラ
ジャボレ
保健医療、補助給食、植林
86〜87年
ルーク
農場建設, 保健医療、補助給食
83〜90年
バイドア
給食、診療所
93年
ジャララクシ
農業、教育、植林
88〜90年
ソマリア

グアテマラ　男を連れ去ることへ抗議

ソマリア　農場建設
潅がい水路

日本からの
援助物資
JVC

北朝鮮 救援

屋根に降った雨が
パイプを通って
タンクに貯まる
津波で
壊れた家
JVC
おー、出た出た
これは
助かるねー
わーい!
パプアニューギニア
給水タンクを支援

政府へ　政策について
意見を出す

南の問題、私たちの
暮らしを考える

国際会議などへ参加して
NGOの意見を

NGOの時代

——平和・共生・自立❖目次

日本国際ボランティアセンター（JVC）の活動

はじめに……熊岡路矢 3

第1部　現場から発信する 25

第1章　地場で作る、地場で食べる……松尾康範 33
❖循環を基礎に経済自立を模索する東北タイの村

第2章　あの豊かさを再び村に……岩崎美佐子 52
❖揺れ動くカンボジアの村人と共に

第3章　森を守り、田を作る……渡辺龍也 73
❖ラオスの村の伝統と知恵を生かす

第4章　女性の想い、女性の働き……伊藤幸子 91
❖ベトナムの女たちの生活と意見

第5章　飢えの出ない村づくりを目指して……壽賀一仁 106
❖エチオピアで流した汗は

第6章　アパルトヘイトの「傷痕」を乗り越えて……津山直子 122
❖虹色の国南アフリカの未来は

第7章　憎しみを越えて、共生社会建設の夢　佐藤真紀　135
❖パレスチナ、政治的和平のかなたに
第8章　NGOによる調査研究・政策提言活動　高橋清貴　150
❖ひとと情報のつながりを求めて
第9章　日本の市民とどうつながるか　谷山由子　中野恵美　178
❖JVC、「もうひとつの最前線」

第2部　未来に向けて——JVCのめざすもの　193

第1章　農業のあり方を求めて　村上真平　195
❖タイ・ノンジョク自然農園をつくる
第2章　環境を破壊しない生活を求めて　岩崎美佐子　217
第3章　地域の自立と循環を取り戻す　磯田厚子　235
❖暮らしの拠点としての地域づくり
第4章　戦争と平和とNGO　熊岡路矢　250

第3部　これまでの二〇年、これからの三〇年　275
人を結ぶ、地域を繋ぐ……谷山博史　277
座談会「ふりかえり、また歩き始める」……301
JVCの活動の課題と取り組み……325
あとがき……大野和興　334
日本国際ボランティアセンター（JVC）のあゆみ　337

はじめに

熊岡路矢

日本国際ボランティアセンター（ＪＶＣ）は、一九七〇年代後半におきた、カンボジア難民救援活動を直接のきっかけとして、タイのバンコクに誕生した。その後、二〇年、東南アジアも日本も世界も大きく変わった。

ＪＶＣに参加した頃（一九八〇年）、まさか自分自身が生きているうちに、ソ連邦の解体や、東西ドイツの統一などを目撃するとは夢にも思っていなかったが、八〇年代終わりから九〇年代はじめにかけて、朝鮮半島など一部地域を除き、「東西冷戦」構造はなくなった。大きな驚きと、人々を苦しめる戦争や内戦がなくなるかという期待、喜びを持った。しかし、その後、資源争い、民族・宗教対立からの地域紛争も増え、またその解決としての「人道・人権にからむ軍事介入」を、唯一の超大国米国やＮＡＴＯ（北大西洋条約機構）等が、対イラク、対ユーゴなどに行ない、民族紛争そのものと共に、複雑で深刻な問題となっている。

二〇世紀の一〇〇年は、それ以前の数百年数千年と比べ、急速な「科学・技術・経済の進歩の世紀」であり、それと裏腹の、「環境破壊の世紀」および、原爆など大量破壊兵器を含む軍事技術の「進歩」、その結果としての「戦争と大量破壊・殺戮の世紀」として特徴づけられる。「東西冷戦構造」終焉ということで、いくらかの軍縮・兵器削減も進められているが、米・英・仏・ロ・中国（国連安全保障会議常任理事国）を中心に、いまだに、地球（地球上の人類・生物）を数百回破壊できる核兵器が常備されているのは、大きな脅威である。また究極的な「第三次世界大戦」が起きなくても、人類は、経済活動と「開発」のために自然環境を致命的に壊すことを通して、自らを滅ぼす可能性も大きい。私を含め、人類の何割かが「非常に効率的で快適な生活」を享受する一方、この便利さを容易には手放せないまま、全体の破滅の淵への道を歩んでいることになる。

ＪＶＣ二〇周年の節目に発行された本書は、このような世界に生き、自分も他の人も、より「安心して生きていける社会」を作りたい、取りもどしたいという思いをもとに、海外・国内の各現場で実働している人々によって書かれた。過去二〇年の関係者全員の声は反映できなかったかもしれないが、何人かの「卒業生」、応援団も含め、現在それぞれの分野で、日々悩みつつ活動を進めている人々に、報告や考察、希望や落胆を書き綴ってもらった。

話は少し変わるが、宇宙飛行士として、宇宙に飛び出し、地球を外から眺めるという、非常にまれな体験をした人々の何人かは、狭い意味での技術の優位を突き抜けて、宇宙や大自然への（あるいは「神」への）畏怖の念について語り、心や魂の問題を訴えたり、環境問題や有機農業に取り組んだりしている。ともすれば、技術・科学の進歩によって、宇宙工学、軍事、農業、経済から医療まで（最近では遺伝子加工の種子をめぐる論議）、人間が何でもできるという傲慢な錯覚に陥りがちではあるが、地球・自然環境の中の人間について、もう一度謙虚に深く考え直さなければならない危機的段階に来ている。

日本のように高度な工業・経済社会の都市部に住んでいると、食べるものや、それを生み出す農業・自然環境の問題は、直接には見え難い。スーパーや「コンビニ」には、農漁産品も加工食品も、無限にそろえてあるように見えるし、事実、世界中から相対的にはいまだ強い「円」の力で買い集められてくる。個人としても、好きなもの、おいしいものを食べていける程度の「お金」は持っている。極論として、日本は一〇〇%農業をやめて、貿易黒字で、必要なだけ農産品を買えばいいという議論すらある。また、農業を工業的・化学的に「発展」させれば、増収でき、食糧問題も解決するという論もあった。「開発途上国」の農村・農業への、世銀、国連、各国政府の無償・有償援助アプローチの主流は、いまだにこの傾向をひきずり、その結果かえって農村を壊しているように見える。

日本の農村・農業(広く言えば、流通、経済社会)の問題と、アジア・世界の農民がかかえる問題の関連については、たとえば(第1部第1章)松尾、(第1部第2章および第2部第2章)岩崎、(第2部第1章)村上などの論考で詳述されている。松尾論文は、日本とタイ(アジア)農民の、生産・流通・生活をとりもどす努力とその交流について語っている。岩崎論文では、メコン川流域における数百年変わらなかった自然環境の中で、その生態に見合った生活・農法の利点が語られ、森林破壊や強者による土地の独占などで生きにくくなる現代社会での、コメ銀行・牛銀行など「助け合い」と生き延びるための「多角的な農業」の意味が、農民の声とともに述べられている。

村上論文では、戦後日本の近代工業的農業から、農薬や飼料が原因となった体調悪化・病気を経て、あらためて有機農業・養鶏のやり方に立て直したご両親の体験や、農業で生きるか否かという自身の葛藤、アジアへの憧憬・遭遇が語られている。

(1)根源的な問いでもあるが、自然は、人間の征服・克服の対象なのか?

私たちの生き方・農業・経済社会などを、もう一度自然環境との関係の中で基本的に考え直さない限り、まともな社会を次世代に手渡していく見通しが見えてこないのではないか?

(2)人間はさまざまな生産物を作るが、人間の体内で消化されエネルギーとなる農漁産物=食料(水も）は、「製品」一般ではなく、とりわけ特別に考えるべきものなのではないか？　農漁産物は、できるだけ地元で作り、また地元で消費する＝食べることが、地域経済社会にも、体にも健康なのではないか？

(3)公的機関が「途上国援助」においてよく行なう「換金作物」「輸出用作物」という条件づけは、（同時に増収穫のための工業化・化学化および借金づけとセットであるが）正しいのか？　まず、農家の家族の食料を確保し、余剰の販売で現金収入を作る。そのためには、村落・家庭による近隣森林の管理や、小規模でも、樹木から穀物・野菜、家畜、池（魚や水棲動物）の多角的経営の普及が、助け合いの仕組みの普及とともに必要なのではないか？

このような問いかけと、試行錯誤を続けながらであるが、その答えを編み出していこうという努力が続けられている。（第1部第3章）渡辺は、前任の松本・赤坂の頃からの取り組みの中で、村落による森林の共同管理（「入り会い」）や再生への努力、そして農業・林業に関わる地域行政や中央行政を巻き込んで共同管理を実現していく過程を、現場に即して描いている。（第1部第8章）高橋は、タイの農民は豊かになっているのか（借金は減っているのか）、という問題と、日本（OECF。現在日本輸出入銀行と統合され日本開発銀行＝JBIC）の「タイ農業・農協銀行」を通しての農民への有償援助が役立っているのかという問題意識を、タイのNGOや研究者とともに、追求している。（第1部第4章）伊藤幸子はベトナム中部の、山岳地域（パコ族）と、平野・海岸部のベトナム（キン族の村を比較しながら、特に女性の具体的な仕事と活動に焦点を当てて、「社会的性差」の問題を描いている。（第1部第5章）壽賀論文では、エチオピアでの緊急医療から、「飢えのない村づくり」＝真の自立への苦闘が、内戦の現代史とあわせて語られる。

(第1部第6章)津山、(第1部第7章)佐藤は、それぞれ、南アフリカとパレスチナ社会を背景に、長い間の紛争や差別社会において、人々が憎しみあい、あるいは自信を失い、苦しんでいる地域の問題を、そこで働く「外国人＝よそ者」としての国際NGOの役割を模索しながら描いている。数十年(数百年)かけて作られた問題だけに、解決の方も、何世代かかかるのかもしれない。津山論文では、具体的な社会活動を通して自信を取り戻すことがアパルトヘイト精神後遺症からの脱却につながる可能性が述べられ、佐藤論文では音楽や文化図書館活動を通しての和解・平和への道が希望として語られている。

(第2部第3章)磯田論文は、ソマリア、ラオスなどでの活動経験から、生活と生産の場としての地域社会・経済・文化の再建を目指す試みに触れる。

(第2部第4章)の小論では、多くの紛争地において、人道支援(緊急救援や難民救援)や長期の復興・開発を実施してきた「現場型NGO」の利点を活かした、紛争解決後の和解、紛争を未然に防ぐ努力について、カンボジアでの具体例を通して、まとめてみた。

(第1部第9章)谷山、中野は、JVCの海外における現地の人々との協力活動を、日本の人に知らせ、あるいは日本の地域活動と結び付けていく工夫と苦労について語っている。JVCが、単純で分かりやすい「かわいそうな人々」への一方的な援助ではなく、食や農、地域の自立あるいは「戦争と平和」等について、同じ地平で考え行動するレベルになったが故に、伝える難しさと、対等な関係で語りあえる喜びが生まれてきたのである。

以上の全体を第3部において、谷山事務局長が、地域の自己決定権の確立、共生の思想、豊かな市民社会形成のためのネットワーク構築などを「キーワード」としてまとめている。

この本は、ＪＶＣ一〇周年『ＮＧＯの挑戦』（一九九〇年、めこん）に続く、ＪＶＣの現状報告であり、悪戦苦闘の物語でもある。感謝の気持ちとともに、本書を、これまで参加・応援して下さったすべての方々に、またこれから参加しようと考えているすべての皆さんに捧げたい。そして皆さん一人一人がそれぞれの「まとめの章」を書き加え、この本を真に完成して頂きたい。

これからの二〇年は、一九九〇年代に顕わに見えてきた、経済的強者による「おかねの価値」をもととする世界の一元化（グローバリゼーション）と、古くて新しい「自然や人の価値」や「助け合い」を原理とするふつうの人々による連携（もう一つのグローバリゼーション）のせめぎあいとなると思う。金銭的な「得」はないかもしれないが、「安心して生きられる社会」を守ろうとする後者の連携に、一人でも多くの人が参加されることを呼びかけたい。

この本は、貧富の差をさらに拡大し、人間を「モノやカネ」に変えようとする現代世界のなかで、自らも矛盾に直面しつつ「唯物唯カネ」主義に対抗しようという意思をもって書かれ出版された。この五年間の外的状況変化という意味では、二〇〇一年九月に米国で起こされた「九・一一大量殺傷事件」と、その事件を契機とする、米国ブッシュ政権による戦争政策（対アフガニスタン、対イラク）の影響はあまりに大きい。戦争と無辜の人々の殺戮を止められなかったことに無力感と罪悪感をもつ。重い心であらためて、暴力・復讐の連鎖ではない、紛争・問題解決のあり方を想う。二〇〇四年一二月のインド洋大地震・津波による被災は、あらためて本当の相互扶助、復興とはなにかという問題をつきつけた。自然環境を征服するのではなく、これを豊かにする農業・生産・生活を求め、またともすれば一人一人に分断されかねない時代に、連帯し助け合う気持ちを取り戻す運動に連なることを切望する。

（代表）

第1部　現場から発信する

第１章 地場で作る、地場で食べる

❖循環を基礎に経済自立を模索する東北タイの村

松尾康範

村は生きている。その土地の風土が人を作り、人が村を形成する。実直な人、横柄な人、酒好きや博打好き、女好きや男好きの人もいれば、農業のことなら何でも聞けというような篤農家までさまざまな人が村にはいる。どこの村もその村なりに多様性を持ち、その多様性が日々動いている。外部から見たら些細なことも村にとっては重要なことであったり、村にとっては小さなことでも、外から見たら大変なことが起きているかのように思えることもある。

ここに登場する東北タイの三人の農民、サナンさん、ヌーケンさん、スワンさんはそんな村の中でもリーダー的な存在で、村人たちから親しまれている。私たちにとっても頼もしい仲間たちである。

畔藤《くろふじ》の田植え祭――東北日本の村から

一九九八年一〇月、ＪＶＣの招聘で、サナン・テーチャゲーオさんが来日した時、山形県置賜《おきたま》地方の北に位置する白鷹町畔藤《くろふじ》では田植え祭りが催されていた。彩り鮮やかな祭りの衣装をまとった男たちが村を舞い、眠っている山の女神を起こしている。山の神様に田の神様として生まれ変わってもらい、その神様にコメの豊穣を願う祭りである。

山形県畔藤（くろふじ）の田植え祭りで。左からパイロさん、庄市さん、サナンさん。

「東北タイにある行事とそっくりだね」パイロ・モンコンブンルールートさんは、サナンさんに微笑む。

現在JVCタイのスタッフであるパイロさんは、JVCに来る前から日本の農民との交流に携わってきた。日本各地にいる友人からはバンと呼ばれ親しまれている。私たちの活動に不可欠な人物である。

彼が置賜に来たのは今回が三度目であるが、前回来た時、田植え祭りはこの村に存在しなかった。今から二五年以上前、この田植え祭りは、毎年旧正月の時期に行なわれていた。その後、近代文明の混入、村人の都市への流出など数々の時代の変化の影響により、この祭りは村から消え去っていたのだ。しかし、数年前に村人の有志が集まり、鎮守の森祭りがあるこの時期に合わせて、田植え祭りを復活させた。

この田植え祭り復興に一役を買っているメンバーの中に、農民菅原庄市さんがいる。庄市さんは、タイ東部の農村に一ヵ月半滞在した経験もあり、置賜百姓交流会を通じて、タイを含めたアジアと日本の農民交流に積極的に取り組んできた。置賜百姓交流会は、この二〇年間、置賜に広がる三市五町を中心とした地域の活動、農民運動、国際交流を繰りひろげてきた。

「ごめんごめん、今回は祭りに追われて、あまりお相手できなくて」と庄市さんは言っているが、前日は同じ町に住む中川剛さんのお宅に宿泊させてもらい、そこで既にサナンさんと酒を飲み交わしている。

サナンさんは、酒はあまり口にしないが、日本の農民たちの会話を熱心に聞く。実直である。彼の容貌は、農民が持つ当たり前の姿そのもので、いやみがない。話す言葉は形作られたものではなく、感じたことをストレートに口から出す。日本の農民も、普段まわりにいる仲間たちの一人として違和感なく接することができる。

サナンさんはタイの東北からやってきた。彼はタイの首都バンコクからおよそ四五〇キロ離れたコーンケーン県の南部に位置するポン郡ノンテー村に住み、農業を営んでいる。

揺さぶられる東北タイの村

タイ全土の面積は、五一万三〇〇〇平方キロ、日本の約一・四倍で、六〇〇〇万の人々が住む。そのうち彼が住むイサーンと呼ばれる東北タイは、その三分の一の面積と人口を有する。

イサーンの様子は、この半世紀で一変してしまった。

タイに国家レベルの計画経済が導入されたのは一九六一年。この計画経済導入以降、イサーンでは森林伐採、外貨獲得のための輸出志向型農業が進められた。輸出志向型農業、いわゆる近代農業にはさまざまな問題がつきまとう。この農業の問題点は、何よりもその地域に住む人々がその地域という舞台で主人公になれなくなってしまうということである。

それぞれの地域が持つ環境はそれぞれ特有で、そこの地域に住む人々がその地域のことを最もよく知る。しかし、近代農業に関しては、企業や政府などその土地に住んだ経験もない人が、主人公となり青写真を描く。彼らは、その時の国際情勢の中で、販売価値があるものを先見し、商品を決め、種、化学肥料、農薬などすべてを用意し、流通や市場までも掌握する。最後に農民はその青写真の中にはめ込まれる。そして彼らは、商品と化した農作物の販売価値や工場となった土地の状態が悪化してしまえば、また次の作物（商品）、土地（工場）に移行してしまう。

このようにイサーンでは、森林伐採に続き、主食のコメだけではなく、麻、キャッサバ、サトウキビなどの単一作物栽培が推し進められ、土壌流出や干ばつなどの環境問題が深刻化した。その土地の持つ風土があっという間に失われ、そこに住む村人たちの生活までも歪んでしまった。

一九六一年以降のタイの経済成長率の平均は七％を越えているが、その陰でバンコクに住む人々と東北タイの人々との所得の格差は一〇倍以上に膨れ上がり、農村の環境も破壊された。そして、しまいには一部の都市の人間が夢見た経済成長神話も崩れ、バブルが弾けて、そのつけは都市住民にも行き渡った。

さて、サナンさんが住むノンテー村のことである。イサーン全土がそうだったように、生活の糧である森を失ったノンテー村の村人は、その収入をコメに頼るしかなくなっていた。東北タイの稲作は天水に依存しているため、雨が降らないとその影響は直撃してしまう。農民たちは干ばつに悩まされた上に、コメの価格決定権もないため、低価格での販売を強いられ、稲作だけでは食べていけない状況が続いた。こうして村人たちが生活の転機を迫られたのは、今から四、五年前のことである。

そんな時、「イサーンオルタナティブ農業ネットワーク」のパンニー・サムーパークさんとの出会いがあった。パンニーさんがこの村人たちとつながり、村人たちにカセートパソムパサーンとよばれる複合経営農業を視察する機会を与えたのだ。

農業の複合化が循環の基礎

イサーンにいると〝水〟の大切さを知る。村を見るとどこの家庭にも三、四個の水瓶が置かれ、その水瓶に保存された雨水は貴重な飲み水になる。一〇月から四月まで半年間続く乾季の間、水瓶に溜められた水は一滴も無駄にはできない。

農業についても、雨季に降った雨をいかに乾季まで確保できるかが、重要なポイントになる。イサーンの年間降水量は、平均で一〇〇〇〜一二〇〇ミリであるが、その雨のほとんどが雨季に集中する。そのため、同じ地域で干ばつと洪水が起こることがある。日本の農業は雑草との闘いと言われるが、イサーンの農業は水との闘いと言えよう。

複合経営農業のまず第一段階目として、農地の一部に池を掘り、その雨水を確保する。イサーンでは大規模な灌漑などは塩害の発生に繋がる恐れがあるため、水の確保には、雨季に降った雨を乾季まで保つことのできる程度の大きさの池を掘ることが効果的である。そしてその水をもとに、多種の果樹や野菜を育てる。池に住む魚は村人の重要な蛋白源になる。自給を基礎に、余剰農作物は大事な現金収入にもなる。

ノンテー村は七〇世帯と決して多くはないが、今ではそのほとんどの農地に池が掘られ、複合経営農業が取り組まれている。村人の支出は減少し、収入も増加しはじめたため、村人の借金も減少した。これからの課題は、自分の農地の循環だけではなく、自分たちが作った余剰農作物の消費までも考慮した地域レベルの循環である、とサナンさんは語る。

今回、JVCがサナンさん来日を企てた時のテーマもやはり〝地域内循環〟である。日本で取り組まれている地域内循環の事例をタイでも試みてくれ、と押し付けるものではない。それぞれの地域が持つ風土、文化を基盤にしながら他の地域に住む人々ともふれあう機会をつくることによって、お互いが刺激を得る。そんな交流を企てた。

サナンさんは、帰国前日に千葉県三里塚で行なわれた「三里塚実験村ツアーと農の国際交流の集い」に参加し、農民たちと交流した。

三里塚で取り組まれている実験村とは、大量生産、大量消費に象徴される現代の刹那的な生活のあり方に対して、農を基礎とした循環型社会を創り出す運動である。現在、三里塚の住民だけではなく、都会に住む仲間たちも参加し、森づくり、自然エネルギーの活用など、循環型社会を目指し活動している。

成田空港脇の並行滑走路建設が断行されようとしている大地を見ながら、サナンさんは言う。

「こんなに恵まれた土地がここでも危ぶまれている。地域の人がいくらふんばって地域社会を構築しても、こうした外からの大規模開発がやってきては身も蓋もない」

三里塚で起こっていることは、三里塚だけの問題ではなく、同じような大規模開発はタイでも他の地域でも行なわれている。一部の農民がその地域で頑固に住み残っているのではなく、そこに住む人が、自分の土地を愛し、文化、環境を守っていくことは当然のことなのだ。当たり前のことが当たり前ではなくなる。「イサーンオルタナティブ農業ネットワーク」に所属し、イサーン各地域でも起こっているダム開発等の問題をよく知るサナンさんは、改めて大規模開発の愚かさを感じたことだろう。

ヌーケン・チャンターシーの挑戦

三人の農民の一人、ヌーケン・チャンターシーさんが来日したのは、一九九七年七月。この時彼を日本に招待したのは、「アジア農民交流センター」(AFEC)という農民を中心としたNGOである。AFECの代表は佐賀県唐津在住の農民作家山下惣一さん、事務局長は農業ジャーナリストの大野和興さんが務めている。AFECは、一九九〇年からタイと日本の農民交流を中心にアジアの農民たちとの経験交流を行なってきた。

ヌーケンさんは日本滞在中、山形を中心に新潟、大阪の農民たちとも交流した。大阪訪問以外は、私も彼と行動を共にすることができた。

彼と一緒にタイからやってきたのは、ワッタナー・ナークプラディットさんという女性で、東北タイのダム問題に関わる活発なNGOスタッフである。小柄な身体をダイナミックに動かし、日本の農村が抱える問題を一所懸命に聞いていたその姿は忘れられず、正直、彼女の方がヌーケンさんより、印象的であった。

ヌーケンさんは日本に一ヵ月滞在するというのに、小さい鞄を一つだけ背負い、質素な格好で空港の出口から現れた。彼に対する第一印象は、物静か、おとなしい、というものだった。彼との交流はこの時から始まった。

一九六九年生まれの同い年ということもあり、彼とはやけに馬が合い、お互いに刺激を与えあうような関係になった。彼に対して、物静かな、おとなしい、というような形容詞をあてがったのは初対面の時だけで、今その言葉は〝冷静な人〟に変わっている。

ヌーケンさんが農業専門学校に通っている時に、彼の両親は耕運機を購入し借金を背負った。それを見た彼は、干ばつに影響されやすい稲作だけの両親の農地を、多種多様な作物が育つ農園に変えた。いわゆる複合経営農業を試み、数年後には見事に両親の借金はなくなった。

彼は、「ドンラン森復興開発プロジェクト」というＮＧＯに所属し、政府に農民の土地の権利を要求する大規模なデモでは、活発にコーディネーターを務める。また、自分の両親の土地で複合経営農業を成功させただけにとどまらず、他の村人、地域へも複合経営農業の普及活動に取り組んでいる。

ヌーケンさんが山形県長井市を訪問した時のことである。二町歩の田んぼを耕し鶏を七〇〇羽飼う農民、菅野芳秀さんを訪問し、その裏山に登った。〝山の神様〟に会いに行ったのだ。菅野さんは、地元の土に含まれている良質の微生物を〝山の神様〟と命名している。その〝山の神様〟に米ぬか、籾殻を混ぜて、発酵させ、自分が飼う鶏の飼料として使っている。

「この地域に生きる微生物と鶏の体内微生物は調和しているから、〝山の神様〟を得た鶏たちは広々とした鶏舎の中で元気一杯はしゃぎ回っているんだ。日本には昔から、三里四方の食べ物を食べなさい、という教えがあって、自分が住む三里四方内の食べ物を食べている限り、健康が守られると言われているんだよ」

こうした工夫を凝らす農民や地域住民が集まる長井市では、生ゴミ堆肥化事業が長井市の活動として取り組まれている。その事業は、「レインボープラン」と名付けられている。長井市内の病院、学校、町の住民から出された生ゴミを集め、堆肥センターを通じて堆肥化し、その堆肥を使った作物を長井の市民が消費するという地域循環型社会を試みている。まさしく三里四方内の地域循環を目指した取り組みということになる。

ヌーケンさんは、他の地域、人から学んだことを決して無駄にはしない。学んだことを自分の知識として蓄積するのではなく、自分が住む地域の中で活かそうとする。日本の農業視察に関しても、自分の村の活動に役立てた。日本の農村で見た地域の活動をヒントに、九六年一一月に彼が住むコークスン村と隣村との共同で朝市を始めたのだ。

タイで朝市？　タイを訪問した方なら、朝市なんてどこにでもあるじゃないか、と思うかもしれないが、そのほとんどが、ある程度の大きさの町にあるものであろう。村の中にあるものではない。村にある個人経営の店に関しても、たいていその店のおばちゃんが、朝早くに数十キロ離れた近くの町の市場に商品になる農作物を買いに行く。一方、村で生産された農作物に関しては、その大部分が業者によって町まで運ばれてしまう。ひどい所になると、その村で作られた農作物のほとんどが輸出向けに作られているという状況だ。

これはタイの農村でのお話だが、実は私たちの住む日本の状況もこれと酷似している。

現在ちょうど新しく塗り替えられている農業基本法が初めて制定されたのが一九六一年。皮肉にもタイで経済開発計画が始まった年である。ちょうど日本ではその頃高度経済成長の幕が開き、工業と農業の両極面からの近代化が始まった。農産物が、工業製品のように、一つの地域で単一に大量生産され、東京などの大都市に向け運ばれていった。その結果、農薬や化学肥料の多投による土壌劣化、農業人口の減少による過疎化などさまざまな問題が浮き彫りになった。

たとえば、私の住む神奈川県の三浦半島で言うと大根やスイカ、キャベツなどが名産として知られ

コークスーン村朝市。

ているが、近くのスーパーを覗くと、群馬県嬬恋村のキャベツが三浦のキャベツよりも安価な値段で店頭に並んでいる。

菅野さんはヌーケンさんに話す。

「日本では田舎に住む人が、田舎に住む恩恵を全く受けられないでいるんだよ。アトピーとか都会の病気も当たり前に田舎に存在しているんだ」

ヌーケンさんの住むコークスーン村に関しても、これまで村人たちは農作物の売買を数十キロ離れている町の市場で行なっていたが、この朝市を開いたことにより、自分たちの市場を身近に確保することができた。現在はこの通常の朝市以外に、火曜日には近隣の村人を交えて特別市を開催している。村人たちは言う。

「予想外のところに現金収入の場所があり、村の資金が村内で循環するようになったよ」

村人たちは、農作物を作ることに関しても今まで以上に熱心になり、村に新しい活気が生まれている。

ヌーケンさんは、こぶしを挙げるだけの農民運動だけを先行させず、同時に地域のあり方を冷静に考え、先を見つめた地域づくりに取り組んでいる。これからのタイの農民運動、農村社会に不可欠な人物になるだろう。

パッチャイ・シーを実践する――スワン・チャイプラットヤーウオンさんの場合

もう一人の仲間スワン・チャイプラットヤーウオンさんは、サナンさんと同じくコーンケーン県ポン郡にあるチャイパッタナー村に住む。チャイパッタナー村は、ポン郡の中心地から近いせいもあり、比較的大きな村だ。チャイパッタナー村だけでも一〇六戸あり、五五二人が住む。隣接するノンブア村も同じぐらいの人口を有しているため、この集落には約一〇〇〇人が住む。昔は、牛飼い、養蚕で栄えた村だが、この一〇年間は干ばつ等の影響により、村に活力がなくなっていた。この村で生活できなくなって他村へ移動してしまった人もいるという。

サナンさんの村と同様に、干ばつに悩まされたチャイパッタナー村の村人は、試行錯誤を繰り返した結果、隣村のノンブア村と共同で、複合経営農業グループを立ち上げた。一九九四年のことである。これ以降、チャイパッタナー村で複合経営農業を営む人の数は緩やかではあるが増えている。

スワンさんも複合経営農業に取り組んでいるが、彼が複合経営農業を始めたのはつい昨年のことである。彼はそれまで、視学官として地域の教育活動に貢献していた。しかしスワンさんは子供の頃から、教育水準が高まるにつれ、子供たちが家族と離れ離れになって勉強しなければならなくなり、そしてやがては町に働きに出て行くという悪循環に疑問を感じていた。彼自身が大学を卒業したのも公

チャイパッタナー村のスワンさん。

務員になってからで、公務員の仕事に就きながら大学に通っていた。

タイ語にパッチャイ・シー（四）という言葉がある。仏教からの言葉で、衣・食・住に「医」を加えたものをそう呼ぶ。スワンさんは、これまでこのパッチャイ・シーという言葉を信仰し、生活の基礎となるものをできるだけ身近で確保することに心がけてきた。

パッチャイ・シーを基礎とした生活を求めた彼が選択したのは、現職の視学官を辞職することだった。定年退職を待たず、視学官という権威を捨て、農業一本で生活することを決意した。両親から与えられていた土地には、これまでコメだけしか作っていなかったが、視学官を辞職すると同時に、彼はその農地に池を掘り、果樹や野菜など多種の農作物を植えはじめた。自分が食するものを自分の農地で賄うためだ。

彼の農園を訪ねると、奥さんと息子がいた。

「奥さんと息子さんは、あそこで何しているの？」

「ねずみを捕まえているんだ」

「今日のおかず？」

イサーンでは、ねずみを食べる。これがまたおいしい。バンコクに住む都会のねずみは食べられないが、イサーンの田んぼに住むねずみは汚れなくおいしい。酒飲みには大切なつまみになるが、通常はこれをおかずとしてもち米と一緒に食べる。

「いや違う、違う。食べるためにねずみを捕まえているんじゃないんだ。ここ数年、イサーン全土でねずみが大発生して農地を荒らし、農民たちを困らせているんだよ」

「どうしてそんなことになっちゃったの？」

「たぶんさ、ちょっと前までイサーンには水牛が沢山いて、田んぼの草を食べてくれてただろ。けれども最近ではそのほとんどが、耕運機に変わってしまったから、雨季に入って田植えが行なわれる前のこの時期には、雑草が増えてしまって、ねずみのすみかができてしまったからだよ。クボタは雑草を食べてくれないからね」

おいしいねずみも増えすぎてしまうと害になる。

「ところで、このバナナ元気に育っているだろう。実は駄目になりかけたところに私の小便を毎日かけていたんだ。そしたら数日後にはこんな見事に蘇ったんだ。小便も大事な自然資源だから有効に利用しないとね」

笑いながら言っているが、彼は地元のあらゆる資源を大切にしている。自分の小便も大切な資源なのである。

「たまに用事で町に出て外食すると、舌がしびれてしまったり、それが長く続くと気分が悪くなる時もあるよ。地元の資源を使った食べ物を食べるのが一番おいしいよ」

医食同源である。パッチャイ・シーを基礎とした生活に慣れてしまった人が、それを崩すと体のバランスが崩れてしまうのである。

彼のパッチャイ・シーを基礎とした生活は、村レベルにまで広がった。彼は、視学官を辞職すると同時に村長に就任し、村の開発にも関わった。そして、まず始めに手がけたのが村の朝市である。

チャイパッタナー村では、複合経営農業が徐々に広まってきているが、そこで必要になってくるのは、その農作物の売り先である。単一作物栽培のように、一つの作物を大量に生産するやり方は、販売することが目的になっているため、そのほとんどが業者によってまとめてどこか遠くの市場に運ばれてしまう。しかし、沢山の種類の農作物を少量に生産するような複合経営だと、その売り先に悩まされることが多い。自家消費では余ってしまい、外に売るには中途半端な量ということになる。身近な売り先が必要になってくる。

朝市の第一回目は一九九九年三月に開かれた。週に一回の日曜日に開かれている。その売り上げの方は、いい時で、一日一人あたり二〇〇〜三〇〇バーツになるというが、それよりも彼が強調することは、朝市を開いたことで村人たちの交流の場ができたことである。

九九年五月、JVCは、東北タイのNGOのネットワークであるイサーンNGO-CODと共同で朝市に関するミーティングを開いた。その場に参加したスワンさんは言う。

「以前村人たちは、農作物の販売をポン郡の町に出かけて行なうか、村に来る業者に直接引き渡していた。今は村で朝市を開いているため、農作物の売買に村の子供たちが参加できる。もちろん男女問わず、お年寄りも参加できる。村が元気になったよ」

「現在の朝市の問題点は?」

「週に一回、日曜日しか朝市を開いていないため、農作物が腐って駄目になってしまうことがあるんだ。朝市の回数を増やすことも考えているが、これからは農作物の加工が必要になってくると思う」

これからの課題を話す彼の表情からは、農に対する愛着と希望が感じられた。元気な村には、必ずスワンさんのような元気な村のリーダーが存在するのである。

「みなとん里」のかあちゃんたち

九九年五月のミーティングを皮切りにJVCはイサーンNGO-CODと共同で、朝市に関する調査活動を重ねてきた。対象村は三人の農民が住む村とポン郡にあるノンヤプロン村の計四村である。調査といってもこちら側が村人から一方的に情報を奪うようなものではなく、四村に住む農民たちと共に「朝市」の意味について考えてきた。実際に朝市が取り組まれているヌーケンさんの村で話し合いの場を持ったことがきっかけとなり、まだ朝市が始まっていなかったサナンさんの村でも朝市が始まった。

九九年一二月には日本の農民に協力してもらい、「日本・タイ農民交流会」を開催した。サナンさんやヌーケンさんの仲間がいる「置賜百姓交流会」や三里塚「実験村」、そして佐賀県唐津市湊にある農産物直売所「みなとん里」のメンバーが参加し、地場の市場、朝市について活発な意見が交換された。

「みなとん里」からは、代表の伊藤イソ子さんが直売所の活動を紹介した。

「『みなとん里』ができて八年になります。生産者は、朝七時に農作物を出荷し、夕方五時に引き取りに行きます。この間直売所は、単に農作物が売り買いされているだけではなく、生産者同士、消費

「日本・タイ農民交流会」で発表する「みなとん里」の仲間たち。

者同士、生産者と消費者との交流の場にもなっています。高齢者が作る作物なので、同じ種類の作物を販売してしまうような問題点もありますが、こうした問題を解決するために、昨年加工場をオープンしました。売れ行きも順調で、消費者は新鮮な食べ物を手に入れることができて大変喜んでいます」

「みなとん里」のおかあちゃんたちは、イサーンで朝市を開いている村人たちと同じような問題に直面し、同じような意味を持って直売所の活動に取り組んでいる。そしてそのおかあちゃんたちの元気さが、村の元気さを作りあげているのは、どこも一緒である。

「朝市は女性ががんばらなければ成功しません。私たちも野菜作りから加工のしかたまで、一所懸命に勉強してがんばっております」

加工場代表の藤田富美江さんのこの言葉に、タイのおかあちゃんたちから大きな拍手が送られ、交流会の最後を盛り上げた。

タイの農民を連れて行く、という理由ができたお陰で、私自身がタイの農村だけではなく、日本の農村に出かけて、農民たちと交流する時間が増えた。農民の口から出る言葉には真実味、説得力がある。その話に地元のお酒が加わった時、活力が与えられる。すっかり農民の虜になってしまった。農村の風景に魅せられていたと思っていたら、気がつくとそこに住む人たちに会いたいから足を運んでいた。タイの農民から学んだことは数知れないが、日本の農民から伝わってくることも同様だった。

身土不二の世界

日本の農民たちからよく聞く言葉で、特にお気に入りの言葉がある。「身土不二《しんどふじ》」である。身土不二には、身体と土は一つのものである、自分が住む三里四方内の食べ物を食べていれば、健康は保たれる、という意味がある。

タイでもこの言葉は通用する。ヌーケンさんの村の朝市ができた背景にもこの言葉があるし、スワンさんが好きな言葉、パッチャイ・シーに関しても身土不二に共通するところがある。長井市で取り組まれている「レインボープラン」の土台にもこの言葉があるし、三里塚実験村が目指すことにも当てはまる。唐津市湊の「みなとん里」では、身土不二、地産地消の運動が村のおかあちゃんたちによって創り出されている。

戦後日本の農村が変貌した姿を見続けてきた農民作家山下惣一さんは、自らの経験を踏まえた「農」と「食」についての総括として、九八年に『身土不二の探究』（創森社）を出版した。以下はその書からの抜粋である。

「近年では、たとえば遺伝子組み換え農作物を推進する人たちが『安く生産できるから世界の飢餓の解消に役立つ』などと主張しているが、それは詭弁にすぎない。事実が示しているように、農作物の輸出は、それを必要としている人たちのもとへ届くのではなく、もっとも高く売れるところへしか向わない……。結局、食糧は可能なかぎり自前でまかなうという以外に道はない」

山下さんを始め、農民たちはよく口にする。「日本の農業が衰退しても私たちは困らない。自分の食べる分さえ確保すればいい」と。これは決して身勝手な農民から発言された言葉ではない。農と食の現状をよく知る農民からの警告である。それだけ農と食をとりまく現状は緊迫しているのだ。一人一人がその重大さに気づかなければならないと思う。都会に住む人たちだって飯は食う。農の問題は私たちが食う飯の問題である。

現在日本の耕地面積は、四九一万ヘクタール(一九九八年度)である。一方、海外で日本向けに作られた農作物を耕地面積に換算すると一二〇〇万ヘクタール必要と言われている。日本人が口にする三分二以上の食料が海外から運ばれ、その海外の農地も同時に荒れているという現状がある。私たちの活動は、タイの農村が豊かになってほしい、というような一方的なものではない。タイの農村で起こっていることは私たち自身の問題でもある。日本の農村が疲弊して、海外の農村が発展するということはありえない。タイの人々も日本の人々も共に私たちの食のことを考えていかなければならないのだ。

白い木綿糸

毎年雨季に入る五月に、イサーンの各地で「ブンブークバーン」という行事が催される。気をつけて村をよく見ていると、家と家の間に白い木綿の糸が結ばれ、村全世帯が繋がり合っている。これから始まる田植えに向け、村が強化される。雨乞いの儀式でもある。

たった一つの村でさえ、違った性格の人々が住み、村が成り立っているために、たまにはいざこざも起きる。そんな村をこの白い糸が静かに結びつけ、村を一つにする。

私たちの活動が目指すものは、この「ブンブークバーン」で喩えると白い木綿糸の役割を担うことではないか。上からの力で、社会を単一化、均一化し結び付けるようなものではない。それぞれが持つ力を結び付け、刺激し合える場を作る。みんながそれぞれの立場で元気になることで、社会全体が元気になる。そんな元気が継続できる社会づくりの一役を担えればと思っている。

タイの三人の農民や日本の地域グループ、イサーンNGO-CODやアジア農民交流センターと協力しあい、パッチャイ・シー、身土不二を基礎とした交流が始まった。

タイ側ではまず、四つの村に白い糸をあずけてみることから始めてみた。実直なサナンさん、冷静なヌーケンさん、パッチャイ・シーのスワンさん、彼らの住む村が柱になる。そしてその柱が深く根づくことができれば、その白い糸は他の地域へも結ばれていくことだろう。

個の力は微力である。単体では何一つできない。だからといって、個が均一に結ばれていくのではなく、出る釘は打たれずして個が結ばれ、社会が形成されていく。そんなことを願いながら、これからも活動に勤しんでいきたい。

（タイ事業担当）

第2章 あの豊かさを再び村に

❖揺れ動くカンボジアの村人と共に

岩崎美佐子

カンボジアの農村

カンボジアの村に住む人々の暮らしは、国土を貫くメコン水域によって大きく特徴づけられている。北から南へと流れるメコン川、そこから北西に流れ大きな湖を形成するトンレサップ川とトンレサップ湖、その流域にはたくさんの人々が何世代にもわたって、川のシステムに依拠した生活を営んできた。

メコン流域にはまた、無数の沼や池があるのが特徴である。雨季には満々と水を湛え、乾季にはただの水たまりや原っぱとなるそれらは、「大きな湖」と呼ばれるトンレサップ湖と同じように、水量の調節機能を果たしてきた。人だけではない。魚、鳥、虫などたくさんの生物たちもまた、雨季と乾季では八メートルも水位を変える川のシステムに基づいた生活を、数千年の年月をかけて作り上げてきた。

流域の人々は作物を作り漁労で生計を立てている。水によって運ばれてきた養分を蓄えた肥沃な土地では、果樹も野菜もよく育つ。プノンペンからメコン上流のクラチエまで、スピードボートに乗って三四〇キロほど川をさかのぼる時、私たちは両岸がずっと緑に覆われているのを目にする。よく見るとそれは自然の緑ではなく人の手になる緑であり、その木々の背後には畑があったり、村があったり、絶え間なく人の住んでいる気配が感じられる。川に沿って驚くほどたくさんの人々が生活しているのだ。

しかし、メコン水系を少し離れると、成分の違う土壌の大地が広がっている。メコン流域のように養分を外から与えられることがない、痩せた土壌である。しかも自ら養分を生産し、土地に与え、土壌の肥沃さを保つ装置として機能していた森林が、相次ぐ戦争や紛争、伐採、耕地化、人々の経済活動などさまざまな理由で消失してからは、土壌は疲弊する一方である。その植生は、かつてはともかく、今ではとても貧しく、乾季の乾燥は人も含めた生物の生存をとても厳しいものにしている。

ＪＶＣのプロジェクト地、カンダール州オンスノール郡のマカッ集合村やトゥールプレッチ集合村はそんな地域の一つである。

オンスノール郡のあたりは、どこまで行っても一見まっ平らに見える土地が続く。それでも少しずつ起伏があり、低い所は水田として開墾され、ちょっと小高い所は荒れ地となって硬い芝草が生えている。道は迷路のように張り巡らされている。

村は奥行きがなく、道に沿って家が一列に並んでいるだけで、その後ろはすぐに畑や水田になっている。

人々は家を建てる時、盛り土してその上に建てる。そうすると、毎年、雨季に行き場のない雨水があふれる時、家が水浸しになるのを防ぐことができるし、うまく掘れば土を取った所が溝や池になって、乾季の間も水を蓄えてくれるというわけだ。

「ちょっと前まではこのあたり森林が豊かだったんだけどね」と人々は口々に言う。

しかし、見渡しても森らしい森はまったく存在しない。大きな木といえば、農家のまわりに植えてあるココナツ、マンゴー、ジャックフルーツなどのわずかな果樹、低地という低地に生えていて、カンボジアの農村の風景を特徴づけている、だいじな収入源でもあるオウギヤシ、そして、精霊の棲むとされる土地に残されたほんのわずかな木々、お寺の境内の木々だけである。

それでもよく見ると、乾燥した芝しか生えていないと見える荒地のところどころに、人間の背丈にも満たない「森林跡」の灌木林を見つけることができる。木の種類もそこそこ多い。しかし、この木たちはいつまでたっても成長することがない。絶え間ない牛と人との圧力で大きくなる隙を見つけられないからだ。

村の乾季の景色は特にみすぼらしいものである。水田の地表にはりついた枯れ草は灰色に見える。その草にも牛が群がり、黙々とはがしていく。そのあとに風が吹くと、わずかな枯れ草をはがされた水田から細かい砂が舞い上がり、薄い、膜のような表土は飛ばされ、土はいよいよ貧弱化の一途をたどる。そのような土地に、人々は雨が降り始めると苗代を作り、田植えをし、コメを栽培する。しかし、森林が失われた今、いったん地下に吸収されてさまざまなミネラルを含んだ水と違い、ただの雨水である農業用水には養分も少なく、加えて有機物の循環のない田んぼであるために、コメの収量は少ない。

しかもこのあたりでは、一人あたり一〇アール平均しか占有していないので、人々は不足したコメを買うために、乾季にはオウギヤシの砂糖作り、家具作りなど、収入を求めて副業に精を出すことになる。

失われた自立生活

たいていの伝統社会では、自然と見事なまでの折り合いをつけ、そのバランスの上に文化を深化させてきた。しかし、外的な要因が加わって社会が混乱し、変動するとバランスは瞬く間に崩れてしまう。オンスノール郡でのヤシ砂糖作りは、今ではまったく持続的ではないものになっている。というのは、毎年外から砂糖作りに要するすべての資材を買うことなしには、成り立たなくなっているからである。

ヤシ砂糖作りに使う道具類は、煮詰めるための鍋、花芽に傷をつけるための腰刀など金属類を除いてほとんど自然の産物である。太い竹で作った樹液を集める筒、これは一〇個も担いで木に登るので軽量にするために外の皮を剝ぎ、薄くして使っている。そのためひび割れやすく、ひび割れると樹液が漏れて使いものにならなくなる。毎日洗ったり運んだりする竹の筒は、したがって、二、三年しかもたない。近年はプラスチック製のものに取って代わられつつある。

高いヤシの木に登るための梯子は、竹の節をちょっと長めに残しただけのもので、男たちはこれを裸足でするするとのぼっていく。梯子は砂糖を取るすべての木にくくりつけておくものなので、オウギヤシの木の数だけ必要である。

すべての竹の筒には、採集した樹液の酸化を防止し、香りをよくするためにフタバガキ科の木片(ポペール、hopea recopei, dipterocarpacees)を入れなくてはならない。しかもその木片はたった一度しか使えない。ポペールは成長に時間のかかる大木で、大きくなるまでに五〇年以上を要する。その枝より幹の方が効果があるということでことごとく切り倒され、今ではこのあたりではポペールの木は一本も見あたらない。また、各農家の庭先で砂糖を煮詰めるために使う薪は、半年近く毎日、しかも長時間煮るため、驚くほどたくさん準備しなくてはならない。

オウギヤシからは砂糖だけでなく屋根、壁、ゴザなども作る。これは稲苗をゆわくヒキを作っているところ。

かつて、人々はこれらの材料をすべて地元で調達してきた。しかし、今では遠い地域、カンボジア国内だけではなく、ベトナム、タイ、ビルマなどから買わなければならない。今、彼らが自分たちの地域で手に入れることができるのは、古いオウギヤシを切って作るわずかな薪、全体の使用量から見ればほんの少しの薪だけである。

かつては共同林も含めてすべての森に所有者がいた。そのため森林の永続的な使用に心がけていた、ヤシ砂糖作りが今と同様盛んであったにもかかわらず、森林もまた豊かだったと言う。しかし、ポル・ポト時代以後、土地法もなく無秩序になってしまった混乱期に乗じて人々は我勝ちに木を切り、材木や薪にして売って戦後の困難な時代をしのいだ。そのため、森林は再生不可能なほどに消失してしまっている。ヤシ砂糖作りもそれに拍車をかけた。

ヤシ砂糖作りに関するすべての道具を外から買うことによって、ヤシ砂糖作りは環境面の破壊だけではなく、経費がかかりすぎて経済的にも破綻を招く原因になりつつある。彼らは一二月頃からおよそ半年間樹液を集める。滑りやすく、時には落下して死ぬこともあるヤシの木に毎朝夕のぼって樹液を集め、一年で最も暑い時期に朝からお昼近くまで毎日大鍋一杯の砂糖を煮詰めても、経費を差し引くと利益は半年でわずか三〇ドルにも満たないと言う。

しかも今年はシーズンを過ぎたのに平年のように値が上がらない。底値が続いているため、ほとんど儲けのなかった農家もあれば、鍋などを新調して赤字の出た農家もある。安値の原因は、ヤシ砂糖を使った伝統的な菓子類が減ってきていること、近隣国でサトウキビ砂糖の生産が伸びていることなどである。これまでヤシ砂糖のお得意さんだったタイやベトナムがあまり買わないどころか、今年は逆に安いサトウキビの砂糖がタイやベトナムから大量に流入して来た。

ＪＶＣの活動――外部に翻弄されない村作りをめざして

このような農村で、ＪＶＣがめざしているのは、外部に翻弄されないような村作りに助力することである。農民が彼らの直面する問題を把握し、共有する場を作ることによって、彼らが自分たちなりの解決方法を話し合い、助け合うことによって、農村のさまざまな問題を解決していくことができるようになる、それは関わる私たちをも大いに勇気づけることであろう。

今手がけていることは、水不足の問題を軽減するために、井戸や池を掘り、雨水を溜めたりして安全な飲み水や農業用水を確保すること、農業の方法を変え、地域で手に入る有機物を利用して貧弱な土壌を肥沃にすること、人々の生活に恵みをもたらす森林を再生すること、農業の主幹であるコメの

学校での水瓶づくり。子供たちの飲み水とする。

生産を増やすこと、生活安定のために、いろいろな相互扶助システムを機能させること、そしてこれらの活動を通して農民たちが生き生きと暮らせるような豊かな社会を農村に取り戻すことなどである。

活動方法は三つの部分に分かれている。最初の方法(1)は実際に農村に入り、農民とともに実践する活動である。次の方法(2)は志を同じくする人々に対して、持続可能な農業に対する知識を高めたり、トレーニングの場を提供する、「持続可能な農業資料センター」の活動である。持続可能な農業や農村開発に関する図書、ビデオなどを備え、各種のトレーニング、スタディーツアー、集会などを企画・実行し、広く海外ともネットワークを組んで情報収集・発信をしている。そして最後の方法(3)は、他のNGOなどと共同して政策提言などを行なっていく活動である。

もともと活動は、実践から始めた。しかし、それだけでは不十分であったために、持続可能な農業と開発に携わる人々をもっと育成して裾野を広げるために資料センター活動を開始し、さらにそれを補うために、調査し、共同し、発言していくようになったという経緯がある。では、実践だけではなぜ不十分なのであろうか。

たとえば、土地をめぐってトラブルが頻発しているという問題がある。一九八八年にとりあえず作られたの現行の土地法は、人々が慣習的に住んでいるという現実に配慮を払っていないなどさまざまな不備があり、そのために全国規模で土地をめぐる問題が起こっている。

土地法の不備に乗じて土地を取得しようとする組織、私企業、個人などが活発な動きを見せており、土地の二重登記、慣習として長年使ってきた土地の別の人による登記や転売、共有地の不明朗な私有化と転売などなど、各県の裁判所に持ち込まれる紛争は年々増えていると言う。

JVCのプロジェクト地も例外ではない。そして、その土地法をもとにして、新しい土地法が作られようとしている。実践だけではなく、これらの問題にも取り組まなくては、地道に普及した持続可能な農業や活発な活動をしている相互扶助グループなどは、土地の売買などによってまたたくまに意味を失い、崩壊してしまう。

JVCは上記の三つの方法を有機的につなげることによって、農村の生活向上を図ろうとしている。そして、ごく大ざっぱに言ってしまえば、村に入って実践する活動と資料センターの活動はカンボジア人が中心となり、それを支え、情報の収集や発信、政策提言などを行なうのは日本人が中心となってという役割分担をしている。

持続可能な農業の普及と農村開発

農村での実践については、関わっている村人の声を紹介したい。彼らの多くは一般的なメンバーであり、委員などになって特に活発に活動している人たちではない。紙面の関係で、一部のプロジェクトの紹介しかできない。

❶牛銀行

人々は雨季のはじまりに田植えの準備に入る。雨で柔らかくなった田を牛二頭で耕すが、牛を持っていない貧しい家族は牛を人から借りなくてはならない。しかし、耕起適期は誰もが同じなので、借りたい時に借りられないという問題がある。また、牛の借り賃を労働で返すのも大きな負担となっている。

ＪＶＣはそのような人々のために牛銀行活動を行なっている。最初は各村あたり一～四頭の母牛をＪＶＣが用意し、それをメンバーのうちもっとも貧しい人に預ける。やがて子牛が生まれ、それが雌牛だったら牛銀行に返して、返された子牛は次のメンバーへと渡っていく。しかし、一年目に雄牛が産まれたら、そのまま自分のところに置いておく。そして、二年目になっても雄牛しか生まれない場合は、他のメンバーのところに生まれた雌牛と交換するなどして、とにかく牛銀行に返していく。そうやって、産まれた子牛を合計二頭まで返さなくてはならない。二頭返すと、母牛、そしてその後から産まれた子牛は育てた人のものとなる。

この活動は他の活動と比べて原理が単純で、複雑な計算もなくわかりやすいプロジェクトであるが、村でも最も貧しい人々を対象としているのでその意味での難しさはある。妻が亡くなって夫は子供をおいたままどこかへ行ってしまったり、借金で家族が夜逃げをしたりするケースがままあるからだ。しかし、そんな場合でも牛は残され、次の人へと渡っていっている。

【ムール・タムさんの話】女性、五〇歳、マカッ集合村、アントンクロビアン村（五四世帯）

私は一六年前に離婚して、娘四人を育ててきた。うち二人は結婚したから末娘たちと三人暮らし。結婚した娘たちはどこに住んでるかって？ ここよ、同じところ。こっちの小屋がそう。でも、うち一人は離婚しちゃったの。孫は一人、女の子よ。

私の夫はそんなに働き者でもなかったけれど、オウギヤシにのぼって砂糖にする樹液を集めたりして、離婚する前はまあ、そこそこの生活をしていたわ。でも、離婚して、一二年前に病気を患ってから一気に貧しくなっちゃった。

何の病気かって？ ずっとお腹が痛くて、伝統医療師に見てもらったの。そしたら豚のラードを毎日どんぶり一杯飲めと言われて、一回飲んだらそのままぶっ倒れてしまって、プノンペンの病院へ直行、そして手術して五ヵ月間入院。その時、病院代を払うために、それまで飼っていた牛は売ってしまったというわけ。医者にもう一度手術しに来いと言われているんだけど、お金がないから行っていない。それ以来、身体の調子が悪くって力いっぱい働けない。なんというか、力が出ない。人生への希望がなかなか持てないのよ。

一六年前と違って子供たちが大きくなったので、よく働いてくれるから楽じゃないかって？ そうでもないわね。田植えなんかはやってくれるけど、みんな女だから遠くへ行ったりできないし、思い切った商売なんかもできないからねえ。

牛銀行の牛をもらってからもう三年、四年目よ。昨年は雄牛が生まれたの。一二月には二頭目が生まれるわ。牛を飼っていて世話がたいへんじゃないかって？　そんなことない。牛に草を食べさせるのは農民の仕事だからね。多少手がかかってもなんとも思わない。

このところちょっと子牛の具合が悪かったの。牛の病気だけが心配。元気なら世話はいとわない。

家の田？　どのくらいあるかちょっとわからないわ。でも、コメは昨年は六〇〇キロとれた。これだけあれば食べていけるんだけど、借金を返さなくちゃならないから苦しいの。何で借金したのかって？　病気やコメの不作やいろいろ。昨年も六〇〇キロのうち、三〇〇キロは借金のかたに返したの。借金は収穫時に毎年返している。そうでないと次を貸してくれないから。借りたコメは二〇〇キロ。二〇〇キロ借りると返す時は三〇〇キロになるってわけ。

この村にはコメ銀行はないわ。うちは貧乏だけど他のみんなはけっこう裕福で食べられているから。村の中の親戚？　五、六軒あるわ。でも、ただで何かくれたりしない。助け合いっていうか、仕事をもらうの。だから娘たちをせっせと助け合いに出して、それでおコメをもらったりしている。

去年は他の人たちの牛の世話を引き受けたけど、今年はやめてしまった。田植えのあと、そこいらに牛を放牧できないから、人の牛を預かって、その間だけ草を探して食べさせるんだけど、四ヵ月くらい世話して一頭につき一万リエル（約二・五ドル）しかもらえなかった。今年は田植えとか、家の手伝いとか、もっと手っ取り早くて割のいい仕事をするようにしているの。

牛銀行のこと？　牛銀行のことではＪＶＣには何と感謝したらいいか。本当に、本当に嬉しく思っている。私たち農民にとっては牛は耕起に欠かせないものでしょう。最も大切な財産だし、それに牛がいれば田に入れる牛糞だってとれるし。今年はまだ幼くてダメだったけど、来年から子牛と母牛とているところよ。

二頭で田を耕せるわ。もう牛を借りなくていいのよ！ 牛のための小屋も作ってやらなくてはと思っ

❷コメ銀行

コメ銀行は一年のうち数ヵ月間コメが不足する人たちのための互助機関で、現在一三ヵ所にあり、三ヵ所で新たに始めようとしている。まず、みんなでコメ銀行グループを作り、収穫時にコメを出し合うと、その四倍のコメをJVCが貸し、これを米倉に納め、毎年コメが足りなくなってきた時期に貸し出すシステムである。メンバーは米倉建設費用の一部もコメなどで用意し、米倉の建設はすべて自力で行なわなくてはならない。

コメ銀行所有米は、毎年利子によって増え続けるので、数年後にはJVCに元コメを返すことができる。さらに余裕ができると、メンバーでない人にはちょっと高い二〇％の利子で貸し出すなど、運営は安定的に行える。但し収穫時と一年に一、二回の貸し出し時には、利子計算をし、コメを正しく計り、分配し、それを記録するなどなかなか煩雑な作業をしなくてはならない。

村によって三％から七〇％（五〇ヵ村の平均は一九％）の世帯が三ヵ月から六ヵ月分のコメが不足する（ちなみにまったく不足しない世帯は平均八％）。そのため、農民の借金の最大の原因はコメを買うお金を借りることである。コメ銀行を設置しても、彼らの生産するコメが増えるわけではない。しかし、他からコメやお金を借りると一シーズンに五〇％という高い利子を払わなくてはならないものを、自分たちのコメ銀行では利子を一〇％、一五％に押さえることができ、家計への圧迫度はずっと低くなる。

【トゥイ・ファンさんの話】女性、四一歳、マカッ集合村、ヴェン村（七三世帯）

三年前、コメ銀行を開く時に参加した。委員じゃない、普通のメンバーです。最初の時は、ＪＶＣの人たちがいろいろ説明してくれたけど、今と比べればコメ銀行って何か、よく理解してなかったと思う。でも、今はよくわかってきた。もうコメは高い利子を払って外から借りなくてもいいし、コメ銀行は不作の年の安全弁になっている。全員高利貸しから借りなくてもすんでるかって？　少数だけど、まだ外から借りなくちゃならない貧しい家族もあるわ。

今年は八月に一度米倉を開いて、コメがなくなってきた人たちが借りたの。私は一〇〇キロ借りたけど、九月の終わりか一〇月のはじめにもう一度開く時、また一〇〇キロ借りたい。コメ銀行の委員の人たち？　みんなとてもよくやっているわ。

コメが借りられる他に、活動を始めて何かよくなったこと？　そうねえ。みんなで助け合う機運が出てきたことかしら。だから、コメは十分あるからと言ってメンバーにならなかった人たちが、今度入れてほしいって。みんなが協力しているのを見て、いいなあと思ったみたい。

うちは年寄りも入れて九人家族。コメは一年に一五〇〇キロは必要なんだけど、昨年とれたのは一二〇〇キロ。しかも、昨年はコメ銀行から四〇〇キロも借りていたから、それを返したら八〇〇キロになってしまった。足りない分は、小さな店を出しているからそこからの収入を充てたり、あとは娘二人の給料で買っている。二人は縫製工場で働いているの。今日は一人体調を崩して休んでいるけどね。

【縫製工場を休んだ娘の話】

工場? まるで刑務所ね。朝は七時から夜は九時か一〇時まで。お昼休みは一応一時間あるんだけど、うかうかしていると逃しちゃって、休めないことも多いわ。食事がとれない時、倒れたりするの。きつい、きつい。土日? ないない。毎日働くのよ。お給料は月給で六〇ドル貰っています。

❸村作り委員会

村作り委員会は、開発に関するいろいろな活動を村の人たちが自身が担っていく母体となる組織である。村作り委員会を設立するまでには、半年から一年という長い準備期間を要する。そして選挙で選ばれた五人の委員たちは、定期的に会議を持ち、村の問題を相談し合う。とはいえ、その活動は創造性のない、何か外からの働きかけを待っているような人であったら、何もできない、難しい仕事でもある。

コメ銀行にはコメ銀行の委員がいる。また、相互扶助グループには相互扶助グループの委員がいる。彼らは日々直接活動に関わっているので、さまざまな問題にぶつかり、それを解決するうちに、自らを深化させ、経験を積むことができる。しかし、村作り委員会には、今のところ決まった仕事はない。いろいろな活動を統合するための組織なので、自らの仕事をさがし出し、そして行動していこうとする以外、経験を積むことも難しい。

【チェイ・ドンさんの話】男性、五七歳、マカッ集合村、ルムハッチ村(六二世帯)

村作り委員会のリーダーになってから一年。生活が変わったかって? 前と何も変わらないよ。一月に一回は委員が集まって会議を開いている。おかげで村の様子はよくわかるけどね。時々委員ではないメンバーの人たちが困った時に相談に来るくらいかな、前と変わったことは。

私はコンポンスプーの生まれ。そう、妻がこの村の生まれなんだ。子供は娘ばかり三人。私自身教師をやっていたんだけど、長女は近くの小学校の教師、次女はＪＶＣの事務所の隣の保健所の看護婦、三女は今学生だけどゆくゆくは教師になるつもり。長女は結婚して家を出ているから、妻、妻の母、娘二人の五人暮らしだ。コメは一二〇〇キロとれるけど二ヵ月分足りないかな。昔は買っていたけど、今はコメ銀行から借りている。副食で買っているのは魚と野菜。野菜は自分でも作っているけど、一年を通してはまかなえないから。

【チェイ・ドンさんの妻の母、チャイ・ソックさんの話】女性、六五歳

五〇年くらい前の話？　大きな木がいっぱいあったわねえ。バサック山まで歩いていくのが大変だった。トラが出たから。まあ、昔はよくバサック山のお寺まで行ったものよ。三時間てとこかな、朝早く起きてね。もちろん歩いていくのよ。でも不思議よね。あの当時はバサック山はとても近かったけど、車で行ける今の方がすっかり遠くなっちゃって、ちっとも行きゃしない。森の中に村はなかっただろうかって？　いやいやあの当時からいっぱいあったよ。でも一つの村というのが、たった二、三軒ずつの小さい小さい村だったけどね。

そうねえ。牛車でちょっと遠くまで行って、川のほとりで二、三日泊まって魚を捕って、プラホック(魚の塩辛、調味料)を作っておくと一年中使えたわね。プラホックを自分で作らない時は、コメやヤシ砂糖と交換したりしたねえ。今じゃあ買わなくちゃならないけど。

ヤシ砂糖作り？　ああみんなやっていたよ。今より盛んだった。どうして今は減ってしまったか？

女性相互扶助グループの活動の1つ、お菓子作り。村の中を売り歩く。

そりゃあ昔は薪にする木がいっぱいあったからよ。当時は森の所有者が決まっていたから、みんな木を大事に使ったのよ。この辺の木が壊滅的になくなったのはポル・ポトからの解放以後ね。誰も統制する人がいなかったから、みんな切りたい放題切って、薪にしたり材木にしたりして売っぱらってしまったの。ヤシ砂糖の売り方？ 今と同じ、商人が買いつけに来た。

今と昔とどちらがいいかって？ ううん、今がいいかなあ。オートバイに乗せてもらえば、座っているだけでどこでも行けちゃうし。でもこの頃、収入は増えないのに、出費はやたら増えたよね。世の中もなんだか複雑になったしねえ。ううん、どっちがいいんだろ。

❹相互扶助グループ

カンボジアの村では、女性が小さな商いなど何か事業を始めたい時、自分で元手を作るのはなかなか難しい。また、仲買人に元手を借りると高利を取られてしまう。

そのような女性たちの要望に応えて、JVCは相互扶助グループ活動をしている。まず、一〇人前後の女性がグループを作り、毎週一回集まって、一定額のお金(二〇〇〇~二〇〇〇リエル)を一四週間、全員で貯蓄し続ける。毎週の集会では集金をするだけではなく、どんな事業を始めるのか、それは実践可能か、今やっていることを拡大するとどうなるのかなど、みんなで話し合い、お互いの親睦もはかる。無事一四週間、一人の落伍者もなく貯蓄することができ、会議の出席率もよく、責任を持ってグループを運営できそうなリーダー格の人たちの目安もついたら、JVCはそのグループに彼らが貯めた額の三倍のお金を貸す。

一回目の貸し出しはメンバーがシステムを理解し、不公平感をなくすために、全員に均等に貸し出す。つまり、自分の貯蓄した額の四倍の資金を借りられる。そして月三%の利子を付けて返す。また、二回目からは話し合いで、必要な人が多く借り、借りなかった人も他の人が借りてくれるとその利子で全体のパイが大きくなることを理解する。JVCから借りた資金は相談の上、返すべき時が来たと感じた時に返す。JVCはそれを、他のグループにまた貸し出していく。

【チャン・チャントーンさんの話】女性、二四歳、マカッ集合村、トロピアン・コック村(六四世帯)

私のグループのメンバーは一二人、活動はもう二年以上やっています。私はこの村で生まれて育ち、家族は夫と子供二人。相互扶助グループの利点?　それは、資金が簡単に借りられること、そしてそれを元手に事業ができることかしら。

私は借りたお金をヤシ砂糖取り引きの資金として使っています。ヤシ砂糖売りはもう五年目、父がやっていたのを引き継いだから、相互扶助グループができる前からやっている。町から商人も買いつけに来ているし、ヤシ砂糖売りがどうして商売になるかって？ 生産者は作っても運べないでしょう。だから生産者から砂糖を買ってプノンペンまで売りに行くの。モト（オートバイ）を使うこともあるし、まとまったら車で運ぶこともあるわ。去年は四〇万リエル（約一〇〇ドル）の収入だったけど、今年は赤字だったわ。相互扶助グループへの返済？ 夫がモトの運転手で稼いだお金を充てます。

私たちのグループは最初の一四週間は一人一五〇〇リエル貯めたの。今は二週間に三〇〇リエルだけ。このグループに入ってとても助かっているから、ずっと活動を続けたい。資金だけではなくて、助け合いもよくするようになったわね。集会に来ないと、「病気かしら」と思って行ってみたり。お互いのことがよくわかるようになった。緊急資金もあるから助かっているし。

私たちを見ていて、最近新しい相互扶助グループができたのよ。そう、同じ村の中にね。そちらのメンバーは八人よ。グループに入ったきっかけ？ ＪＶＣが何度も何度も会議を開いてくれたの。それで参加したのよ。

来年は何するかって？ やっぱりヤシ砂糖売りよ。値段がどうなるかわからないじゃない。

ＮＧＯとは

ＪＶＣカンボジアではスタッフ数も多く、日々の活動は意欲的なスタッフたちがそれぞれ自発的に考え、行動している。また、お互いの考えを共有し、忌憚なく発言できるさまざまなレベルでの定期会議があり、議論された課題を統合し、決定していくシステムも整っている。活動そのものはしごく順調にいっていると言える。しかし根本のところ、関わる私たちの間で、どのような開発を目指すかという最も基礎的な部分の認識において、お互いになかなか理解し合えない、いくつかの永遠のテーマを抱えている。

まず、この地球規模の経済システムの中で、どのような価値観を持ち、どのような生活を選びとるのかという大きな命題がある。お金があれば機会も物も情報もより多く得られるという趨勢の中で、いったい私たちはどう生きればいいのだろうか。

一般的にはより豊かな、そしてより快適な生活を目指して富を追いかけていくという構造がある。多少の矛盾には目をつぶるし、自分のことで精いっぱいである。しかし、ＮＧＯに関わる人々の間には、少なくとも、「今の発展は止められるものではない、しかし、その中で生じた環境破壊、経済格差、貧困化などに対してできるだけ軽減するために働きたい」とする考えがあることは確かであろう。そうでなければ、国際協力などには関わっていなかっただろうから。

もう一つ、今の経済システムそのものを疑い、それに変わるものを探していこうとする、さらに一歩踏み込んだ考え方がある。

人々の生活の経済的な側面の拡大を前提としながら活動するのと、そうではない方法を探りながら活動するのでは、プロジェクトの外見はそう違わなくても、人々に与える影響は違ったものになるであろう。

たとえば塀を作る時、地域の資源を活かすことを念頭においておくと、コンクリートの塀を作るより、目的に照らして、食料になる木や牛の侵入を防ぐ木で生け垣を作った方が環境にも、経済的にも、また食の安全上からもいいのではないかという考え方に容易に到達する。続いて、村にはすでに見事な実例があることにも気づき、受け継がれてきた知恵は生け垣だけでなく、さまざまな分野に見られることにも気づいていく。

しかし、自分の中にそのような命題を抱えず、知識だけで目前の事象を解決していこうという姿勢を持っていると、そのような農民たちの知恵が見えないばかりか、自分の行動も知識から考えただけのものになってしまう。

たとえば生態系を傷めない農業という分野においての知識を持っている人がいたとする。その分野においては自分の知識で適切な判断ができるとしても、生態系を傷めない農業を自分の生き方全体に関わる問題としてとらえてなかったら、それと気づかないで一貫性がない行動をとることが往々にしてある。そのような人は、学校の塀としてコンクリート柱の塀の建設を頼まれると一も二もなく賛成したり、自分の使った洗剤を含んだ水が菜園に流れ込むことや、毎日買うお弁当が発泡スチロールの箱に入っていて、それを使い捨てていることに何の疑問も持たなかったりする。

もちろん、すべての文明の利器から遠ざかることは今や私たちには不可能なことである。私たちは飛行機を使い、コンピューターを使い、Eメールで交信しないことには毎日の仕事もできない状況にある。しかし、代案のあるものはそれを使っていこうと考える姿勢のあるなしでは、大きく違ってこないだろうか。

もう一つの命題は、開発協力をする人とされる人との間にどのような関係を築けるかということである。多くの場合は、貧しいので助けてあげる、お金がないので建設してあげる、教育がないので教えてあげるという関係を築こうとするし、そのような関係しか築けなかったりする。自発的なグループ活動においてすら、「自発的にやりなさい」と言いながら、会計も運営もしっかりNGOスタッフが管理していたりする。これでは、開発協力をする人たちは常に資金を持ってくる人であり、教育を施す人であり、情報を与える人であるという、一方通行の関係しか築けない。

私が日本で農民を訪ねたとしよう。私と彼の関係はまったく対等なものであり、私たちは同じ地平に立っていろいろな話をするだろう。しかし、多くの国や地域ではそうではない。高等教育を受けた都市の人と、そうでない農山漁村の人との間には、どちらから見ても大きな格差が存在する。一方はいつも上に立ち、上に立つものとして振る舞う。もう一方はあきらめにも似た気持ちでいつも下に立つものとして振る舞う。

これらは、植民地支配など、支配から生まれた関係であろうか。

人は誰でも同じ地平に立つことができる、これは数多くの日本人が持っている、誇るべき、数少ない美点の一つではないだろうか。私はどこの国に行っても、どんな人々と会っても、同じ地平に立とうとする。その関係を、「おやっ」と思ってくれる人が多ければ多いほどいいのではないか。それが、わざわざ遠い国まで出かけてきて、その土地の仲間たちと働く私にできる、最大級のことではなかろうか。

（カンボジア事務所代表）

第3章　森を守り、田を作る

❖ラオスの村の伝統と知恵を生かす

渡辺龍也

ある村長との出会い

頭でっかちな、短足の「タツノオトシゴ」みたいな形をしたラオス。そのミゾオチあたりのところに、メコン川に面した町「ターケーク」がある。ターは港、ケークは客。つまり「客が出入りする港」という意味である。

川の向こう岸はタイで、日中三〇分おきに渡し船が往復し、お客や日曜雑貨・食料品を運んでいる。が、のどかなメコン川の風物詩にひたる間もなく、息苦しく黒煙をはきながら川を渡るフェリーが目に飛び込んでくる。運んでいるのはラオスで伐採された材木を満載したトラック。雨季前の駆け込み時には一日三〇～四〇回も往復し、ターケークの波止場にはトラックが三〇台、四〇台と順番待ちをしている。

材木が出て行く先はタイだけではない。東隣のベトナムに向けても、毎日トラックが険しい山道を越えて材木（主に松）を運び出している。その多くはベトナムの港で船に積みかえられ、日本に向かうという。日本で、かつては竹で有名になったラオス（タバコのキセルに使う竹はラオス産が良く、昭和の中頃まで街で見られたキセルの掃除屋＝ラオ屋の名前はラオス竹に由来するという）は、今や松で有名になろうとしている。

　ターケーク市があるカムアン県でＪＶＣが森林保全活動を始めたのは一九九三年だった。きっかけは、ある村長との出会いだった。それまでのＪＶＣの活動は、母子保健（トイレ作り、井戸掘り）や農村開発（養鶏や機織り、コメ銀行の支援、家庭菜園の普及）で、森林はノータッチだった。が、支援する村を回る中で、村の森が危うい状況にあることがわかってきた。それを最初に気づかせてくれたのが、ブングファアナータイ村の村長モックさんだった。

　彼の話によると、ある日家具工場の人間がやってきて、家具作りに必要な材木を村の森から切り出すと言う。モックさんは、先祖代々の森を切らせるわけにはいかないと、銃を持ち出して追い払った。が、次には相手が警察を連れてやってきたため、抵抗のかいなく、村人が大事に守り、使ってきた森が伐採されていくのを、指をくわえて見ているしかなかったという。

　ラオスはもち米が主食だが、稲作はお天気次第。雨が多ければ洪水、少ないと日照りという具合で、まともに収穫できる年はほとんどなく、三ヵ月から九ヵ月のコメ不足が当たり前である。でも、村人が飢えて死んだなどという話はついぞ聞いたことがない。なぜか。それは豊かな森があるからである。

　森は村人のスーパーマーケットという言い方がある。タケノコ、キノコをはじめ、果実、草木の葉っぱ、花、茎、根っこ、それに鳥、野ネズミ、ヘビ、トカゲ、アリ、虫など、森は食糧の宝庫となっているからだ。村人がつい最近まで野菜類を植えたことがないのも、野菜類は植えるものではなく、森から採ってくるものだったからである。小川から取れる魚は村人にとって重要な食糧・蛋白源で、川の水そのものが生存に欠かせないが、それも水源を守る森があってこそである。そのほか、毎日の煮炊きに欠かせない薪、病気・ケガをした時の薬草（それも優に二〇、三〇種を越える）など、森はスーパーマーケットという以上に、村人の生命線といっても決して誇張ではない。

共有林を作る活動のはじまり

その生命線が脅かされていることを知ったＪＶＣは、九三年に林野庁と契約を結んで共有林を守る活動を始めた。最初に取り組んだのは、一八の対象村で森林保全活動を担っていく森林ボランティアの養成だった。

次の課題は森林をどう保全するかだった。その答えは「開発」によって森を失った東北タイへの旅から見つかった。タイの村人の経験談を聞いたボランティアたちは「自分たちの森を持ちたい」という思いを強くした。今は、森はあっても自分たちのものではない。だからよそ者に伐採されてしまう。

問題は、社会主義体制下では森林、土地はすべて国のもので、村には慣習的な利用権しか認められていないことにあった。これといった産業がないラオスにとって、木材は重要な外貨獲得源である。国は「国有」である全国の森を伐採業者に切らせて外貨を得ようとする。そうした合法の伐採だけでなく、偽の許可証を作ったり、軍隊と結託して行なう違法伐採も村人の森を脅かしてきた。森を守るには、管理利用権が保証された自分たちの森（共有林）を持つことが欠かせなかった。

折しもラオス政府は、世界銀行などの助言をもとに、土地・森林の管理利用権を村や企業体に譲る「土地森林移譲」政策をとりはじめたところだった。政府が管理利用権を握りしめたままでは、いつまでたっても、国民や民間企業の間に、土地・森林を有効に使って生産を上げようという意欲が生まれない。そこで国民や企業に管理利用権を譲り渡して、米や換金作物の生産に励んでもらい、森林の保護・利用にも力を貸してもらおう、というわけである。

この政策を利用すれば、村人は森の管理利用権を確保できる。が、政策を実施に移すのに必要な施

共有林作りを終え、森をバックに記念撮影。

行令が欠けていた。そこでＪＶＣは、法律作りという、これまで経験したことのない分野に足を踏み入れ、県と一緒に施行令を作ることになった。

では、ＪＶＣが支援する共有林作りとはどのようなものなのか。概略は次の通りだ。まず、隣接する村との境界線を確定する。次に、村の中にある森を、森の実態や村人のニーズにしたがって分類してもらう。動植物の多様性を守る「保護林」、水源を守り山肌の侵食を防ぐ「保全林」、豊かな森に戻す「再生林」、建材などを切り出してもよい「利用林（生産林）」、農地として切り開いてもよい「荒廃林」、その他、村の守り神が宿る「精霊林」、死者を葬る「埋葬林」などに分けるのだ。

区分したそれぞれの森について利用規則を作ってもらい、さらに、森を管理する委員会を組織してもらう。村人が主体となって作った原案を尊重しつつ、県・郡、ＪＶＣが改善案を出して話し合いを重ね、コンセンサスを作っていく。

最終的に合意した村と森の境界を示す地図、森の区分、各森の規則、森林管理委員会の構成に、国や県の関連法令を加えた公文書を作成する。それに村長、郡・県の土地森林移譲責任者が署名捺印し終わると、晴れて村は、村内にある森に対して「法律に裏づけられた」管理利用権を獲得する。そうすれば、政府も村の同意なしにみだりに伐採許可を出すことはできない。よそ者が入ってきても、土地森林移譲文書を示すことで追い返すことができるのだ。

新たな展開

九七年からの新しい三年契約でＪＶＣは活動の幅を広げた。一つは、それまで森林移譲＝共有林作りにしか関わっていなかったのを、土地の移譲・分与にまで関わるようにしたこと。もう一つは、自然農業の普及を始めたことである。

その二つは密接に関連しあっている。初めの三年間に共有林作りを終えた村では、森はもう守れるようになったから、生産や所得を増やして生活を良くしたいという要望が強くなってきた。村によっては、保護林の木を売ったり、田畑を広げるために切り開いたりという「事件」も起きはじめていた。現金が欲しい、米が欲しいという「もっともな」ニーズが満たされなければ、どんなに立派な規則があっても、「背に腹は換えられない」村人が森に手をつけることになってしまう。

また、政府は村人に土地を移譲・分与し、灌漑や化学肥料を使った「近代農業」を奨励して、米や換金作物の増産を促している。が、それは長期的には土地を痩せさせ、環境や人体をもむしばんでしまう。そうではない農業、自然の摂理に従い多様性や地域循環に立脚した「自然農業」を普及し、持続的に生活を良くしていくことがラオスでは急務なのだ。

では、生産や所得の向上をどのように支援したらいいのだろう。ラオス政府は、灌漑によるコメの増産と、遊休地や荒廃林での換金作物の栽培を奨励している。が、それは次のような多くの問題をはらんでいる。

(1)現金を持たない村人が借金づけになる。
(2)化学肥料を使うことで土地が痩せる。
(3)農薬を使うことで人体や生態系がむしばまれる。
(4)一種類の作物だけを栽培することで病虫害を受けやすくなる。

そのほか、荒廃林(中にはけっこう豊かな雑木林もある)が次々に伐採開墾される、傾斜地を無造作に切り開いたために土壌が流出する、同じ川沿いの村々が灌漑を始めたために川の水が涸れたり水争いが起きる、などの問題も起きている。それでも、一ヘクタールあたり一トンしか取れなかったコメが一〇トンも取れた、タバコやコーヒーを植えて大もうけした村がある、といった話を聞かされ、村人は灌漑と換金作物をやればいっぺんに生活が良くなるという「幻想」をふくらませている。

そうした「うまい話」に惑わされず、村人が自然と共生しながら生活を良くしていくにはどうしたらいいのか。答えは、自然の摂理に従い、多様性と地域循環を重んじる「自然農業」だった。短期的には生産や収入を増やせても、長期的には自然を傷つけ、生産力を落としてしまう「近代農業」に代わる農業を成功させ、広めること。それは決して容易なことではないが、挑戦に値するNGOならではの活動だ。

先に、JVCは森林移譲にしか関わってこなかったと書いた。中でも保護林や保全林の設置に力を入れ、換金作物の栽培につながる荒廃林の設置は避けてきた。ましてやコメの増産や換金作物の栽培のために林地を分配する「土地分与」には関わらない方針をとってきた。しかし、JVCが避け続けても、いずれ政府が土地分与を実施し、荒廃林を設置し、近代農業を奨励することは目に見えていた。そこで、避けるのではなく、積極的に関わることで、村人のニーズに応えるとともに、近代農業に代わる農業を身をもって示していくことにしたのである。

村に入る

JVCが新たな方向性を定めてから最初に本格的に関わった村がピートシーカイ村である。ターケーク市から国道12号線を東に向かうと、切り立った岩山が次々と現れてくる。この一帯は石灰岩の典型的なカルスト地形で、洞窟や鐘乳洞もあちこちにある。中国の名勝地「桂林」もこんなものか、などと思いをめぐらしながら岩山の間を縫っていく。台湾資本の大きな合板工場を通り過ぎ、五〇キロ地点にさしかかると、左手に五稜をいただいた屏風岩が見えてくる。するとピートシーカイ村である。

村の歴史は古く、三五〇年ほど前にタイとの戦に破れて捕虜となった一家が逃げ戻ってきて村を再興したという。今の村人はその子孫で、全員が親戚同士ということになる。村の三方には岩山があって、七〇年代のベトナム戦争とそれに続く革命戦争中は、洞窟や鍾乳洞に逃げ込んで難を逃れたという。

どの村にも名物男はいるが、この村は何と言っても村長と区長の二人だ。二人は双子で、何度会ってもどっちがどっちだか見分けがつかない。ズングリムックリした身体に似合わぬ大声で掛けあいをやり、人を笑わせるかと思うと時にはにらみつける。なかなかの役者だ。それでも、この村は女性の力が結構強く、村の共同資金も女性が管理している。

ピートシーカイ村で寝泊まりしながら活動したのは九八年七〜八月。まずは情報収集である。村の人口は七一家族、三二四人、水田面積は九八ヘクタール、一家族あたり一・四ヘクタールで、慢性的なコメ不足は二六家族。家畜は水牛三一五頭、牛二七〇頭、豚二四〇頭と、平均よりは暮らし向きの良い村である。中学三年までの区（村と郡の間にある行政単位）の学校はあるが、診療所はない。水は浅井戸と小川、池に頼っている。

森は平地部分に約一五〇ヘクタールあるが、自然のままの森は残り少なくなっている。一九八〇年代の初めと終わりに、軍の組織「山岳開発公社」がめぼしい木を何百本と伐採していったのが原因だ。また、八〇年代半ばまで村人が焼き畑をしていたのも一因で、人口が増えて森の再生が追いつかなくなったのだ。八〇年代末からは焼き畑をやめ、村独自に保存する森を決め、学校林も設けて子供たちに森の重要性を教えはじめたという。

情報収集のあと、郡の森林部と今後の進め方について打ち合わせた。森林部長のブンタビー氏は、赤銅色の丸顔に笑みを絶やさない好人物である。九五年にも一緒に共有林作りをやったことがあるので、私たちの考え方は理解している。ただ、今回は土地分与も行なうし、九六年末に森林法が施行されたので、それを村人にどう分かりやすく伝えるかを話し合う必要があった。県・郡が独自に実施する土地森林移譲では、法令を棒読みするだけで村人はチンプンカンプンだからだ。「村人主体」を実現するには、村人自身が意味や目的をキチンと理解しなければ始まらない。

話し合いの末、土地森林移譲の目的五項目、土地分与の意味六項目、それに森林法の中でも重要な一八条項を選び出して、村人に説明することにした。村人の中には字を読めない人も多いので、理解を助けるために目的・意味・法律を絵に表すことにした。

私たちが追求し続けているのは「村人主体」である。似たような言葉に「参加」がある。今では政府が行なう援助でも盛んに「参加」を強調する。が、問題はその中身である。援助機関がすべて段取りを決めても、村人が少しでも労力を提供すれば村人は「参加」したことになる、とはよく聞く話だ。また、援助機関が一から一〇まで全部やってても、計画に賛同すれば村人は「参加」したことになる。「参加」はそれほどいい加減な言葉になってしまっている。私たちが目指すのは、当事者である村人が、自分たちの将来を自分たちで考え、決め、実行していく「村人主体」の活動である。

ではその時、私たちはただ黙って見ていればよいのだろうか。そうではない。村人が重要な点を見落としていないか、一つの選択肢を選んだらそれが将来どんな結果を招くか、問題が起きた時にどうするかなど、しっかりした計画ができるよう、村人が深く考え、議論しつくす手助けをすること。また、村人が知らない情報——たとえば他の村での成功例・失敗例、地場の技術、村人の生活に影響を与える政策や開発事業など——を提供することは、第三者として重要な役目だ。

簡単に言うと、良き質問者、議事進行補助役、良き情報提供者となることである。それは資金や物資の提供以上に重要な役目だと考えている。

「村人主体」を追求

事前の準備を終えて本格的に活動を始めたのは七月二七日。この日は、森の現状と重要性を村人に再認識してもらうのが主目的だった。まず、用意した絵を使ってブンタビー氏が土地森林移譲の目的を説明する。続いてＪＶＣのスタッフが森の重要性について啓発する。

啓発といっても村人に「教える」のではなく、村人が「みずから気づく」ことが大事なので、質問形式で進める。森には何があるか、村人は何を使い、何を売っているか、森は村人の生活にどんな意味を持っているか、昔と比べ森はどう変化しているか、その原因は何か、森がなくなったら生活はどうなるか、と尋ねていく。村人は、森は食糧(タケノコ、キノコ、野菜、果物、動物、蜂蜜)、建材、杭、棺桶、薪、薬、たいまつ用の油など日々の生活必需品を採ってきたり、現金収入を得たり、新鮮な水や空気を与えてくれたり、精霊が宿る場所であるなどと答えるうちに、森がなくてはならないものであることを再認識していく。

その森が、伐採や人口増加で減ってきている。昔は家のすぐ裏まで森が迫っていたのに、今はタケノコを探すのにも一キロ近く歩かなければならないという。確かに、焼き畑をやめたり、村の森林ボランティアがＪＶＣの研修を受けたあと、村独自に保護林・再生林を設けたりしてから、部分的に回復してはいる。しかし、森の使い道・使い方を今キチンと決めておかないと、将来生活が立ちゆかなくなってしまう、という認識を村人は新たにした。

午後は、男二組、女一組に分かれて、村の概略図と、森や田畑、川がどこにあって、それぞれの森がどのように使われ、どんな状態なのかを模造紙に書き出してもらった。これは、私たち部外者が村人から情報を集めるだけでなく、村人が自分たちの持っている情報を共有し、確認しあうことに意味がある。また、男女別に分けたのは、女性が意見を言いやすいように、女性の視点が反映されるように、という配慮からだ。

情報が出そろったら各組に発表してもらう。特徴的なのは、男は境界や位置関係の情報が詳しく正確だったのに対して、女は森や川をどう使っているかという生活に関わる情報が詳しかったことだ。情報を共有したところで計画作りの説明である。まずブンタビー氏が、保護林、利用林など五種類の森について説明した。そして、(1)森の区分(現在の森の状態や使い方をベースに、どの森を何林にするか)、(2)

それぞれの森の規則作り(許可事項、禁止事項、罰則など)、(3)森林管理委員会のメンバー選びを、三日かけて村の中でよく話し合って決めるよう伝えて一日目を終えた。

三日たった七月三一日、村が立てた計画を発表してもらう。と、集まりに招いていた隣のクアンパン村の村人が、自分たちの村に境界線が食い込んでいると噛みついた。ピートシーカイ側は、昔から自分たちの土地で、侵入してきたのはそっちだと反論し、口角泡を飛ばしての激論になった。

村の計画とすり合わせ

前からもめていたらしく、とても折り合えそうにないので、郡に調停をあおぐことになった。境界はさておき、村の計画は、保護林二ヵ所、保全林一ヵ所、再生林一ヵ所、利用林三ヵ所、荒廃林二ヵ所、精霊林と埋葬林それぞれ一ヵ所を設けるというものだった。村人主体とはいえ、目的や意味の理解が十分でないこともあるので、そのまま受け入れるわけにはいかない。計画が森の実態に合っているかどうか、実地にチェックする必要がある。

実際森に入ってみると、村が保護林に予定している所は人の手が入っていて、決して豊かな森ではないこと。逆に、利用林に予定しているうちの一ヵ所はうっそうとした森であることがわかった。そこで、区分計画を練り直す話し合いを持った。

郡とJVCは、村で一番豊かな森を保護林にするのが原則であることを改めて説明した。それに対して村人は、あの森を保護林にすると建材などを切り出せる森がなくなってしまうと主張。結局、原則と村人のニーズを両立させるべく、豊かな森の西半分を保護林に、東半分を利用林にすること、保護林予定地のうち一ヵ所は再生林、一ヵ所は利用林にすることで合意した。

三日目は規則と委員会作りである。村が作った規則の発表のあと、県が作った規則の「ひな型」を紹介し、両方をすりあわせる。再び男二組、女一組に分かれて模造紙に折衷案を書き出してもらい、皆で議論して最終案を作った。規則全部はとても紹介しきれないが、主なものは次の通りである。

(1)保護林内でタケノコ、キノコ、枯れ枝、薬草は採ってもよい（ひな型は禁止）。

(2)保全林内に個人が植えた木は切ってもよい（同）。

(3)利用林内の木を建材用などに切る時は村に申請して許可を得、所定の利用料を支払う。

(4)荒廃林を切り開く時は村の許可を得る。

(5)従来はたいまつ用の油が採れる木に所有権を認めてきたが、今後は利用権のみ認める。

(6)価値の高い三種類の木は全面伐採禁止、次いで価値のある木は直径三〇センチ以下が伐採禁止。

(7)木を村外に売った者は一本七五〇〇キープ（約七〇キープが一円に相当）、製材して売った者は一本二万キープの罰金（見逃した者も同罪）。

特徴的なのは、女性たちの発案で片や保護林内の食糧などの採取を認め、片や木の伐採・製材への罰金を重くしたことである。最初から県のひな型を紹介しないのは、そうすると村人は自分で考える力を失い、ひな型を丸のみしてしまいがちだからだ。森林管理委員会の方は村の原案通り決まった。村長や長老、警備担当、森林ボランティア（男女各一人）など九人から成り、うち三人が女性だった。次いで村の計画が煮詰まったところで、森林班と土地班に分かれて測量だ。森林班は、隣村の村人も交え、境界沿いに歩いて境界線を確定する。クアンパンを除く三村とは大きな問題もなく確定できた。次いで各森の測量だが、雨季で足場は悪いし、時間の制約（全部で二週間が目標）もあって全部は測量できない。保護林、保全林、再生林など主だった森を優先して境界を確定する。と同時に、森の名を書いた標示板を森の境界に沿って打ちつけてゆく。

土地班は、土地を耕してはいるが登記していない村人、将来の耕作予定地としてツバをつけている村人、新たに耕作地が欲しい村人とともに土地の測量を行なう。

村人が分与を申請した土地はほとんどが洪水地帯の雑木林だ。申請は全部で二五家族。分与の適、不適を決めるのは、基本的に村長をはじめとする村の行政委員会である。村には土地なしが四家族があり、JVCの方針として彼らに優先的に土地を分与するよう要請した。法律では、分与を受けた村人がきちんと耕作すれば、三年後は正式の土地証書が発行されてその人のものとなる。逆に耕作せずに放っておくと、三年後には土地を没収される。

保護林が伐採された!

測量を始めて四日目、一大事が発生した。クアンパンの村人が保護林の中に彼らの主張する境界線を引いてしまったのだ。幅三メートル、長さ二〜三キロにわたって村一番の自然林が切り倒されてしまった。彼らにしてみれば、自分たちの主張が認められないまま境界が確定してしまうという焦りから実力行使に出たのだろう。

郡役場に出かけて善後策を話し合う。郡は九四年に調停した現在の境界が有効で、クアンパン村の行為を違法とした。が、一度調停したにもかかわらず事件が起きたわけで、これで本当にケリがつくのかどうか。

この事件に私たちは大いに考えさせられた。これまで二つの村は森や耕作地を一緒に使ってきた。ラオス的な柔軟性で「固いこと」を言わずに共用・共存してきたのだ。「あいまいさ」が和を保ってきたところに、境界や管理権という近代的な「固い」概念を持ち込むことで、和が壊れ、争いが起きる。

同様のことは他の村でも目撃した。しかし、管理権を明確にしなければ、よそ者の侵入・伐採を防げない。ジレンマである。しばらくして、共用している村が森を共同管理する方法を思いついた。が、時すでに遅し。なぜ初めから考えつかなかったのか悔やまれた。

問題はまだあった。測量をするのに、郡のスタッフはラオス的なおおらかさで方位や距離を測っていく。そんな測量値をもとに図面を引いたら、実際の森の位置・形とは大きく違ってしまう。見るに見かねて、日本的な精確さで測量をやってみせた。初めのうちは熱心に学んでいたが、気がつくと姿が見えない。振り返ると、蟻の卵を探して食ったり、村の娘とじゃれたりしている。図面引きの時も抜け出してつまみ食いをする始末。こちら任せの態度に思わず大きな声を出してしまった。

しかし、よく考えてみると私たちがでしゃばりすぎていたのだ。援助する側が手助けすればするほど、相手は依存してくるのは十分承知のつもりだったが……。それ以来、県や郡が「主体」となるよう、細かいことには目をつぶって任せるよう努めている。それでも頼ってくることがある。特に村人主体の計画作りの時がそうだ。村人主体が大事なことを頭では理解しても、身に染みついた「上意下達」的な接し方から抜け出せない。そこで私たちが手を出すとこちら任せになってしまうのだ。

六日かけて森林、土地の測量を終える。森の面積は、保護林二七ヘクタール、保全林二一七ヘクタール、利用林九一ヘクタールなど、計三九二ヘクタールとなった。土地の方は、二五人の申請者のうち一九人に計四一七ヘクタールを分与した。残り六人は今ある土地で十分というのが村の行政委員会の判断だった。土地なし家庭で分与されたのは二家族で、残る二家庭は労働力がなかったり、親戚の土地を耕すので十分という理由で申請をしなかった。

最終日、一九人に仮土地証書を授与し、村の全体図と森の位置・境界を描いた標示板を村の入り口に立てて、ピートシーカイ村での活動を終了した。

ピートシーカイ村で村人主体の土地森林移譲の新しいスタイルを作り上げてから、JVCはその普及に力を入れはじめた。新たに二つの村で土地森林移譲を支援した際には、森林関係の活動を行なっている他のNGOや援助機関を招いて、村人主体のアプローチの実地研修を行なった。その中には、新たに森林保全プロジェクトを始めるJVCベトナムの提携機関「森林研究所」もあった。

また、九九年六月に林野庁とカナダのNGO「CUSO」が共催した、二〇〇〇～二〇〇二年の共有林事業の計画立案会議では、最初に発表した私たちの経験・手法が会議の方向性を決定づけ、結局JVCの村人主体のアプローチを基本にして、各県が今後三年間の共有林事業計画を立てることになった。九九年一二月には、村人主体のアプローチのハンドブックを作ってカムアン県の全九郡の土地森林移譲担当者を対象に研修を行なった。二〇〇〇年以降はカムアン県に限らず、他の県に「出張研修」を行なうことも考えている。

自然農業の普及に乗り出す

九九年二月、JVCは自然農業の研修を行ない、その本格的な普及に乗りだした。もともとピートシーカイ村は自分たちでキュウリの栽培に挑戦して成功するなど、進取の気質に富んでいる。その分、化学肥料や農薬にも関心を持ち、使いはじめている。そこで、近代農業に浸かってしまわないうちに自然農業を理解し実践してもらおうと、重点村の一つに選ぶことにした。

最初に普及を図ったのは緑肥――空気中の窒素を取り込む豆科の植物を植えて土を豊かにする――である。希望者に大豆を提供して試してもらい、結果はまずまずだった。不覚だったのは、水

自然農業の研修。村人と共に堆肥作り。

牛・牛に食われたり、浸水・日照りに弱い大豆ではない、もっと土地に合った豆科の植物が村に三〜四種類あることを知らなかったことだ。わざわざ外から大豆を持ちこまなくても、もっと良いものが村にあったとは。シーズンをはずさずに早く緑肥を試してもらいたいと、はやるばかりに、地場のものを最大限活用するという原則をみずから侵してしまったこと、情報収集が足りなかったことを恥じた。

村からは、村ぐるみの自然農業実践計画として共有池での養魚と共同菜園を提案してきた。養魚は、一年間共有池で養殖して、小さな魚は分け合って食べ、大きな魚は売って村の共同資金にする(将来電気を引く)という。村全体が受益できるので、養魚の規則と管理体制を作ってもらい、稚魚を買う資金二〇万キープを貸すことにした。稚魚は六月に池に放した。

その養魚池のまわりで共同菜園をやりたいと村は言う。複合農業の一つの形として支援を検討したが、参加＝受益できるのが一三家族だけなので見送ることにした。すると村は、国道沿いの雑木林八ヘクタールを切り開いて、全家庭参加の共同菜園をやることを提案してきた。

話し合いの末、困窮家庭に配慮して土地を配分すること、多種多様な果樹・野菜を植えること、化学肥料・農薬は使わないこと、堆肥・マルチング（しき藁）など自然農業を実践すること、などを条件に支援することを決めた。村人自身が開墾し、杭や釘を用意するのに対して、ＪＶＣは有刺鉄線三〇〇〇メートルを提供した。実際に栽培を始めるのは二〇〇〇年に入ってからで、これからが楽しみだ。

オルタナティブの実現をめざして

共有林作りにせよ、自然農業にせよ、ＪＶＣラオスがめざしてきたのは、従来とは違う発想ややり方で、村の人たちが政府や援助に依存することなく、自分たちの手で地元の資源を管理利用し、伝統的な知恵や技能を活用して、自然と共生しながら持続的に生活を良くしていくことである。

従来とは違う発想、やり方、目標を一言で言い表すと「オルタナティブ（これまでに替わるもの）」ということになる。従来のやり方を批判するのはやさしい。だが、批判するだけでは相手は耳を貸さない。大事なのはオルタナティブをみずから実践し、それが広く実現可能なことを実証することである。それは地道な積み重ねだ。

だが、地道な努力だけでは「賽の河原の石積み」のようなもので、大きな流れには押し流されてしまう。時には政策や法律といった大きな枠組み・流れを変える必要がある。地道な実践実証の努力と、大きな枠組みを変えるための働きかけ、それは車の両輪のようなもので、その両方があって初めてオルタナティブは実現可能になるのだと思う。共有林作りでは、多少なりともその両方ができたのではないかと思う。これからも、オルタナティブが「絵に描いた餅」で終わらないよう、両輪のバランスが取れた活動を推し進めてゆきたい。

（ラオス事務所代表）

第４章 女性の想い、女性の働き

❖ベトナムの女たちの生活と意見

伊藤幸子

「なにもかも私たち女がやっているの。だから年取るのが早いのよ」

「男はね、仕事もしないで、どっか出かけちゃう。おしゃべりしたり、酒飲んだり。夜もね、やることないと思えば、さっさと寝ちゃうのよ。ごはん食べてね。女はね、農作業がなくたって、家の中のこと、いろいろやらなくちゃなんないでしょ。掃除とか洗濯とか料理、豚の餌やりとか。どれだけの時間働いてるなんてわかんないけど、とにかく女の方が日数も一日に働く時間も、ずいぶん多く働いてるわね。寝る時間？　そうね、男は一〇時間ぐらい寝てるわね。女は五時間ってとこかしら。本当に、私も友達とおしゃべりしたいし、テレビなんて見てみたい。そうねぇ、本当に思う存分寝てみたい」

これは、ホンバック村の八人のパコ女性の口から出てきた、夫や息子に対する不満の声だ。

「ごはんのおかずは、子どもや夫が優先。子供が多いから、私たち女が食べるのは、サツマイモの葉だとか、タケノコだとか野菜ばっかりね。お金？　お金は夫が握っているのよ」

私は、一九九三年からベトナム中部のフエ省で農村開発の活動に関わってきた。最初から男女を分

アルイ郡のパコ女性。足で踏んで脱穀する。

けて別々の活動を進めるというより、会合の中で女性の声を聞き、意見を取り上げながら活動を進めた方が、男女のありかたが改善ができると考えてやってきた。一般ベトナム人の村では、女性が積極的に発言して活動を進めている村もあった。でも山で暮らす少数民族のパコの人々の村の会合では、女性がほとんど発言せず、参加する女性の数も徐々に減ってしまっていた。「あぁやっぱりパコ女性にとって、外国語にあたるベトナム語は理解できないんだろうなぁ、男性の前で自分の意見を言うなんて無理な話なんだろうなぁ」と思っていた。そして今回(一九九九年五月)、女性と話し合いを持ってみたら、上のように出てくる出てくる泉のように。女性から不満の声が吹き出してきた。

私は腰が抜けるほどびっくりしてしまった。そしてとても恥ずかしかった。私が六年間もの間、パコの女性に持ち続けていた考えは、実は根も葉もない偏見だったのだから。パコの女性が受け身だって? パコの女性に意見がないだって? これじゃ、一般のベトナム人が、少数民族に対してよく言う「少数民族の人たちは、教育程度が低い。遅れている。だから子沢山で貧乏なんだ」という一方的な見方と、なんら変わりがないじゃないか、何を今まで聞いていたのかと。

パコの人々の労働と役割分担

ホンバック村の八人の女性が、一日の仕事、家事や農業での労働の役割分担、家庭内で誰が決定権を持っているかなど話しあったのが次ページの表である。

これは、女性だけに聞いた結果だ。男性に聞いたらもっと男性の責任が増えるかもしれない。しかしながらこの表からは、女性が家事も農業も市場への農産物の販売にも重要な役割を担っているのがわかると思う。男性の家事の分担で言えば、家の建設や修理など毎日あるわけでもないから、夫の重要な仕事はまき集めとまき割りだ。その他はほとんど、妻と娘の仕事になっている。

農業も、水牛で田を耕作することと農薬散布は夫の仕事になっているが、毎日のこまごました世話は妻が責任を持っている。ここには載せていないが、豚・鶏・アヒルの世話もほとんど女性の仕事となっている。その女性の分担を、当然のように、お母さんは娘に引き継いでいる。息子は時間を見つけるとどこか遊びに行ってしまうらしい。家族内で仕事の役割分担を変えるような動きは今のところない。

❶ 一日の仕事

時	妻	夫
2	起床	
	市場へキャッサバやバナナを売りに行く。	
4	娘も行く。徒歩一時間半	（七・八月のみ）起床。山へパイナップル収穫
5	市場で日用品を購入して家にもどる	起床（乾季） 豚の餌作り
6	朝食（茹でたキャッサバなど）	朝食。青年はおしゃべりに出かける。
7	農作業（大雨時のみ、起床七時）	起床（雨季）
8		農作業（耕作など）、老人は水牛・牛管理
	昼食準備	
12	家にもどり昼食（畑が家に近い場合）	昼食
	昼寝	昼寝
13	畑に出かけ農作業	農作業
15		青年は家にもどりサッカーなどで遊ぶ
16		老人家にもどる。菜園手入れ
18	家にもどる（乾季一八時、雨季一七時）	
19	夕食準備、部屋の掃除	
20	夕食	夕食
21	洗濯	就寝
22	豚の餌作り・水浴び	
	就寝	

❷家事の分担

●主　○副

	妻	夫	娘	息子
料理	●	○ 妻が遠出の時	○	
水汲み			●	●
洗濯	●		○	
部屋の掃除・片づけ	●		●	
子守り	●	○	○	○
まき集め	近場 ●	遠場 ●	○	○
まき運び、まき割り		●		●
キャッサバ乾燥	●			
市場への買い物	●			
市場で農産物を売る	●			
服を作る・繕う	●			
籠作り	○	●		●
野菜の採集	●		●	
屋根ふき用草刈り	●		●	
家の建設と修理		●		●
酒作り	●	○		
子どもの散髪	●			

❸農業の分担

稲作	妻	夫	娘	息子	雇用
水牛での耕作		●		●	
苗代準備	●		●		
種まき	●		○		
苗とり	●		○		
田植え	●		○		
草取り	●		○		
農薬散布		●		●	●
施肥	●				
収穫	●	○	●	○	
家までの運搬	●	○			
脱穀	●		●		共同●
乾燥	●				
籾摺り	●		○		

山の斜面での陸稲栽培	妻	夫	娘	息子	雇用
草や灌木を切り燃やす	●	○	○	○	
畑に種子を持っていく。種まき	●	●	●	●	
草取り	●		○		
畑で石を使って脱穀	●	○	○		
乾燥	●				
杵と臼で籾摺りと精米	●				
労働時間／シーズン	1-2ヵ月				

斜面での作物栽培	妻	夫	娘	息子	雇用
畑の草や灌木を切って燃やす	●	○			
キャッサバ・サツマイモ・パイナップルの植え込み	●		●		
トウモロコシ・豆などの種まき	●		●		
種子の購入	●				
堆肥・緑肥作り	●	●			
草取り	●		●		
追肥	●		○	○	
農薬散布		●			
収穫	●	○	○	○	
家までの運搬	●	○	○	○	

村から郡中心部の市場まで歩いて一時間半。途中二本の川を渡る。大きな籠にキャッサバ、バナナ、七月八月にはパイナップルを詰めて担いでいく。これが重要な収入源だ。得た現金で塩・乾し魚・ヌクマムなど調味料を買う。時には服も買う。でも残った現金は、夫に返さなければいけない。大雨が降った時は、川が増水して流される危険があるので、その時は市場へ行くのを見合わせる。だから大雨の時だけは、ゆっくり寝ていられるというわけだ。

家事も育児も農業も市場に行くのも

男性にも不満はある。それは、「嫁いだ娘の家の物は親の物」という習慣だ。たとえば努力して水牛を買っても、妻の親がほしいと言えばあげなければいけない習慣があるらしい。

一家族当たり平均の農地面積は、水田一〇〇〇平方メートル、陸稲六〇〇平方メートル、他に山の斜面でキャッサバやパイナップルを栽培している。牛は財産で、平均して一家族あたり一頭飼っている。また鶏やアヒルも一家族で平均三羽飼っている。豚飼育・魚飼育・野菜栽培・果樹栽培はやったことがなく、さかんではない。

女性同盟ががんばるベトナム人の村

パコの人々は、もともと山を移動して森を焼き払い、畑として陸稲やキャッサバなどを栽培し、森から蜂蜜や野生の動物を頂いて暮らしてきた。ベトナム戦争が始まり、森の中に作った道を使って、北から南へいろいろな戦争のための物資が運ばれた。パコの人々も道案内や物資運搬に大いに協力した。この道を閉ざそうとしたアメリカ軍が枯葉剤やナパーム弾を使って森を焼いた結果、一九七五年に戦争が終わりベトナムが統一された時には、森もなくなり、野生動物もいなくなった。政府は焼畑を禁止し、人々は村に定着し暮らし始めた。山の民は山を移動することなく定着し、そして低地からは、この山に農地を求めて平地の民である一般ベトナム人が移住してきた。新しく三つのベトナム人の村ができた。

ベトナム人は水田でコメを作る、豚を飼う、野菜を作ることに長けている。この山に移住してきた人たちもコメ作りを中心に生活している。パコの人々のように山に土地を持っていない。労働力によって分配された家族当たりの水田面積は、平均一三〇〇平方メートルと狭い。

ＪＶＣは、このベトナム人の村でも活動している。活動の一つに農業の多様化のための村銀行がある。豚を買って飼育を始めたくとも、銀行からお金を借りるには、複雑な書類手続きと担保が必要で、ほとんどの農民は銀行からお金を借りたくない。特に貧しい人々は、失敗することを恐れて銀行に借金をしたくない。

そこでＪＶＣが基金を提供し、その村人が簡便に利用できる村人のための銀行を設立してきた。運営は、村によって村作り委員会が運営をしている所と女性同盟が運営している所がある。このソンフック村では、女性同盟が管理運営し、特に貧しい女性の生計安定のために積極的にこの基金を回転させている。当初基金が小さく一八家族（総家族数一八〇）しか借りられなかったが、今は基金も増え、年間五九人が借りられるようになった。

「私たちは、低地（フエ市近郊）から移住して来たんだけど、水田しか持っていない。それもほんとに狭くてね。これだけじゃ暮らしていけない。だからどうしても他にできる仕事を見つけなくちゃいけないわけよ。ＪＶＣからクレジット基金を支援してもらったでしょ。特に私たちは、どうしたら経済的に貧しい女性が仕事を持てるか考えたわけ。ただお金を貸してもご飯に消えちゃうでしょ。それで

白砂地に投入する有機物（水草や堆厩肥）を運ぶ女性たち。

ね、二、三人のグループを作って、キャッサバのイモからデンプンを作ることにしたのよ。キャッサバは、ここで買えるし、加工も売るのも難しくない。それで毎日仕事はあるし、収入もある。少しだけど貯蓄も始めたのよ」

女性同盟のリーダーであるクワットさんは言う。この基金は、三ヵ月毎に利子を集め、一年後には貸りたお金を返済する。お金の使い道は、上のようなキャッサバの加工のほか、豚飼育、野菜栽培、小さな商いに使われている。すでに最初の基金は五回ほど回転させている。

「今回ね、合作社に私たちの計画を話したら賛成してくれて、私たちお店を持つことになったのよ。五〇平方メートルのね、店のための土地がもらえたの」

キャッサバイモの加工をするとカスが出る。それを今まではフエ市から来ている商人に豚の餌として売っていた。

「でもね、それじゃ安いのよ。だからね、トウモロコシの粉と小エビ（アミの一種か）の粉を混ぜて、繁殖用豚に特別栄養のある餌を作って売るっていう案を思いついたわけ。それで商人に売るんじゃなくて、ここに店を構えてここの人に売ろうっていう計画」

「他にもね、テレビでマッシュルーム栽培のことやっていたの。ここじゃまだやっている人がいないから、私たちでフエ市に勉強に行って、それで始めてみようと思っているの。ここに稲わらはあるし。まず自分たちでやってみて、うまく行ったら、みんなに教えるの。使い終わった稲わらも、豚のフンと混ぜたら堆肥ができて、これも売れるじゃない？　寝る前にいろいろ考えて、いいアイディアがひらめいた時は本当にワクワクしちゃうのよ」

メンバーのフエさんが、うれしそうに話してくれた。ここの女性メンバーは、病気になった女性がいれば見舞いに行く、病弱で仕事がなかった独身の女性には、野菜販売をやるように助言して、今その女性は本当に道のわきで小さいながら商売を始めている。

クワットさんやフエさんは、実に楽しそうだ。「どうしてここの女性同盟グループは、こんなに一生懸命貧しい人のために働こうとするの？」と聞いてみた。

「私たちは政府からトレーニングを受けて、女性同盟で働いている。ここには困難な人がたくさんいる。この人たちと働くのは私たちの責任だと思っているの。ＪＶＣからクレジット基金がもらえて、これを貧しい人のために村で回転させる必要があると思っているのよ」

ある時、郡から会計の監査が来た。「会計がきちんとしているし、皆がこの活動のことを知っているので監査の人もびっくりしていたわね」と利子の集金ノート、元金の集金ノート、貯蓄のノートを見せてくれた。

それぞれの立場――パコとベトナムの女性

JVCがクレジット基金を支援したことが、ソンフック村の女性たちの活動を次から次へと繰りひろげる起爆剤になっているようだ。自分たちで考え、計画を練り、活動を実践していくそこにおもしろさを見つけている。自信もある。誇りもある。しかも自分たちの利益だけを考えているのではなく、どうしたら弱者である女性たちが自立していけるか考えている。どうしてこんなふうに自主的に活動できるのだろう。

女性の立場を理解するために、一般ベトナム人女性とも女性の立場や労働分担について話し合いを持った。そこからわかるのは、パコの女性もベトナム女性も、家事でも農業でも、男性より、より多くの時間働いていること。睡眠時間も女性の方が少ないことがわかった。しかしながらベトナム女性のほうが、より夫から理解を得ているように見受けられたし、誇りを持って、家事・農業に精出していることがうかがえた。次の表は、家庭内での決定を誰がするかを聞いたものだが、ここではベトナム人とパコの人々で異なる点だけを書いてみた。

	一般ベトナム人	パコ
財布の紐を握る	女性	男性
会合や研修に参加する決定権	女性	男性
クレジット基金を借りる	女性	男性
クレジットを何に使うか	女性・協議	男性

財布の紐を握るというのは、やはり大きな要因なのだろうか。パコ女性は必要な時に夫からお金をもらっている。しかしやはり自分で管理運用できるのとは、女性の行動や前向きに考える姿勢に差が出てくるものなのだろう。私は別にパコ女性がベトナム女性と同じようになってほしいわけではない。でもどうしたらパコ女性が、もっと生き生きと、活発に、自分自身の活動を担っていけるのか、どうしたら男性から理解され、誇りを持って生きていくようになるのか考えてしまう。

私は、クワットさんに、パコ女性がおかれている立場や彼女たちの不満を話してみた。

クワットさんは言う。

「パコの人たちは、私たちより広い面積の畑を山の斜面に持っているし、労働力もあるじゃない。土も肥えているし。キャッサバを作って、余れば私たちが買って加工できる。それに、私たちが加工の方法を教えてあげることもできる。キャッサバをたくさん作れば、豚を飼う可能性もある。でもキャッサバの渋味を取り除かないで、そのまま餌として豚にやれば豚は太らないわね。それを知っているかしら。男の人もまずキャッサバやサツマイモの畑を手入れしてから、遊びに行くことね。そう徹底しなきゃだめね。ここにホンバック村の女性に来てもらってもいいし、もしホンバック村で勉強会をするっていうなら、私行ってもいいわ。そうよ、ぜひやりましょう」

可能性と誇り

そうか、パコの人々には、可能性があるのか。こんな言葉は、私には想像もできなかった。

ホンバック村では、一九九三年から複合農業を進めるために、稚魚を支援したり果樹苗木を支援するとともに、技術研修も実施してきた。魚飼育・豚飼育・稲作・作物・野菜といろいろな農業研修を行なった。でも参加者はほとんど毎回男性。でもこの技術や知識を実際に必要なのは、重要な責任を担っている女性だったのだ。そこで最近になって、鶏の研修を女性対象に実施してみた。ホンバック村の女性リーダーのチュンさんは言う。

「私たち、もっといろいろ勉強したい。鶏の世話の仕方や病気の見つけ方を勉強したでしょう。女性だけで。もっといろいろ勉強したい。アヒルのことも、豚のことも勉強してみたいのよ。それでやってみたいのよ」

その提案を受けて二日間の研修を行なったところ、人民委員会の集会室は、両日あふれんばかりの女性が参加して、講師もびっくりするほどであった。技術を身につけて自信がつけば、家庭内での立場や夫からの理解にきっと変化が現れる。そう思う。

男と女、パコの人とベトナム人とで話し合う

六月になって、ホンバック村で男女合同のワークショップを開いた。それは、男女ともに女性のおかれた立場を理解して、立場の改善を考える目的で行なわれたものだ。前回、女性と話し合って出てきた男女の家事や農作業での役割分担や、一日の労働などの結果を大きな紙に書いて部屋にはりつけ、皆に見てもらった。

男：エェー二時に起きるってのは、ちょっと早すぎるんじゃないのぉ。

男：そうだよな。せいぜい三時か四時だろう？

女：市場に遠い村じゃ二時に起きるでしょう？

男：それにしたって二時っていうのは早すぎるぞ。

女性は人前で自分の意見を言う機会はほとんどなかった（アルイ郡でのワークショップ）。

男：男が一〇時間寝て、女はたった五時間か。これも変だぞ。あんまりだなぁ。

幸子：正確な数字じゃないかもしれないですね。でもね、女性がこう感じているってことなんですよ。

この会合には、ソンフック村から三人の女性も参加してもらい、ソンフック村の状況とそこでの豚飼育や牛の世話のこと、お金の管理やホンバック村の女性の労働について気づいたことを話してもらった。

「私が毎日三時に起きていたら、すぐ死んじゃう。夫が起こしても私なら拒否するわね。健康が大事よ。睡眠時間が短いと健康に影響がある。病気になっても体はくたくたで回復しない。三時に起きなさいよ。男女は同じ条件で生まれてくるのに労働の量は全然違う。よく考えたほうがいい」

男性から、どうしてソンフック村はそんなに改善が早いのかという質問があった。それに対する答え。

「JVCから資金を受け取り、活動の回転資金としています。金持ちにとって三〇万ドンとか五〇万ドンというのは少ないと感じるかもしれないが、貧しい人にとっては大きな額です。よくお金を管理して使えば、貧困を克服することができる。女性が妊娠している間や生理の時、男性は一生懸命働いてほしいと思います。斜面での仕事はきつい。妻をいたわってもらいたい。病気予防や公衆衛生も女性の健康にとって大事なことです」

ソンフック村の経験を聞き、それじゃこれからどうしようかという話になった。多くの女性から、ソンフック村を訪問して勉強したいとの意見が出て、またソンフックの女性からぜひ来てちょうだいとの返事で、トントン拍子で訪問計画が立てられた。

そして五日後の六月一五日に二〇名の女性がソンフック村を訪問、豚飼育・野菜栽培・堆肥作り・稲作について農家を訪問、実際やらせてもらいながら学んで帰ってきた。

（ベトナム・フエ農村開発担当）

第5章 飢えの出ない村づくりを目指して

❖エチオピアで流した汗は

壽賀一仁

エチオピアは遠い国だ。日本から西へ一万キロ、飛行機を乗り継いでほぼ一日かかるアフリカの一国である。その名前から日本人が連想することと言えば、やはりアベベ選手（ローマ、東京の両五輪男子マラソンで優勝）やファツマ・ロバ選手（アトランタ五輪の女子マラソンで優勝）、モカ・コーヒー、そして干ばつ、飢餓、難民といったニュースだろう。

エチオピアとＪＶＣ

実はエチオピアはシバの女王で有名な王国伝説に起源を持ち、アフリカでは数少ない文字を持つ独自の文化を育み、ヨーロッパによる植民地化の時代も独立を守り通してきた歴史ある国である。この国はまた、約七〇の民族と一〇〇の言語を擁する多民族国家で、人口三〇〇万の大都会アジスアベバ、標高四〇〇〇メートルを越える山々、灼熱の沙漠、大地溝帯の美しい湖といった多彩な顔がある。

しかし、こうした実像は少しずつ伝えられてきてはいるが、やはり日本人にとって遠い国なのか、上述したようなエチオピアに対する乏しいイメージはこの十数年ほとんど変わっていない。

一方、エチオピアはとても近い国でもある。今でこそマンデラ元大統領の南アフリカには負けるが、野生動物で有名なケニアと並んで日本で最もよく知られているアフリカの国の一つに違いない。これはもちろん、他のアフリカ諸国と違って、上述したエチオピアのイメージが日本でよく知られているせいだ。そしてＪＶＣにとっても、まさにそのイメージの一つである飢餓によって、エチオピアは非常に近い存在となった。一九八四年の大干ばつで飢餓に見舞われた人々への緊急救援以来、この国に関わってきた時間はすでに一五年、ＪＶＣ二〇年の歴史の四分の三にもなっている。

マーシャ村に入る

一九八四年、エチオピアの北部から、栄養失調でお腹が異様に膨らんだ子供や痩せて骨と皮だけになった人の姿が世界中に報道された時、ＪＶＣは人々の命を救うために現地へ飛び、ウォロ州のアジバールという寒村で緊急医療救援を行なった。こうして初めてエチオピアに出会ったＪＶＣは、何の手も差し伸べられなければ失われていたであろう数万の人命を救ったと感謝されたが、その一方で五百余名の死を看取り、飢餓が起きてしまってから助けに行く緊急救援の対症療法としての限界もあらためて味わった。

この緊急救援に関わったＪＶＣのスタッフが現地で一様に驚いたことは、飢餓に見舞われたエチオピア北部の高原台地にはほとんど木がなくはげ山同然になっていることだった。そして緊急救援の終了に向けた村人との話し合いを通じて、こうした自然環境の破壊が土壌流失による畑の荒廃と農業生産の低下という飢餓の背景につながっていたことを知った。

こうしてＪＶＣは、自然環境を回復しながら農業や保健衛生の向上を目指す根本治療としての総合的農村復興支援、「飢えの出ない村づくり」に取り組むことを決定した。具体的には、緊急医療救援終了後の八六年、アジバールからさらに奥に入ったマーシャ村でプロジェクトを開始した。

現在もベトナム中部のフエ省でJVCスタッフとして活躍中の伊藤達男・幸子を中心に取り組まれたマーシャ・プロジェクトでは、苗木の育苗と植林、土壌流失防止のための段々畑や石垣作り、家庭菜園の普及、保健衛生や栄養改善に関するお母さん学校の開催、水汲み場となっている泉の保護などさまざまな活動を着実に実施してきた。

しかし、達成に数十年はかかる「飢えの出ない村づくり」は、遠大すぎてプロジェクトの具体的な指針にならず、達成目標が漠然としたまま多様な活動がずるずると日常化していくことに、やがてスタッフに懸念が生じるようになった。また当時行なわれていたフード・フォー・ワーク（復興活動に参加した住民の労働に対する報酬として食糧を配給する手法）に対しても、エチオピア政府が設定したプロジェクト実施の前提条件で変更が困難とはいえ、やはり人々の依存心を助長するという懸念が何度も出されていた。

こうしてプロジェクト開始から三年が過ぎた八九年、それまでの活動内容を整理しつつ具体的な中期目標・中期計画を立てていくための議論が行なわれた。

残念ながら同年一〇月、エチオピア国内の内戦によってマーシャ・プロジェクトは中断を余儀なくされたが、この議論の問題意識はその後、一九九〇年代の活動に引き継がれていった。

この章では、JVCがエチオピアにおける活動目標として掲げた「飢えの出ない村づくり」の具体的な実践をめぐる試行錯誤を、一九九〇年代の一〇年間にわたって追ってみたい。なお一九八〇年代の活動であるアジバール緊急医療救援およびマーシャ村総合的農村復興支援については、それぞれ『アジバール病院』（一九八六年、連合出版）と『NGOの挑戦（上、下）』（一九九〇年、めこん）に詳しいので、関心のある方は是非これらもあわせてご一読いただきたい。

ビチェナ郡で緊急救援を開始――内戦と干ばつのなかで

一九八九年一〇月、激しさを増して南下する内戦の戦火はついにマーシャ村に達し、一帯は反政府勢力であるエチオピア人民革命民主戦線(EPRDF)の支配下となって、活動は中断を余儀なくされた。JVCはスタッフの研修などを行ないながらしばらく様子を見ていたが、支援を必要する人々が各地に大勢いるエチオピアで、NGOとしてただ戦況の好転を待っているわけにもいかなかった。そこで九〇年二月、青ナイル川をはさんでマーシャ村の対岸にあたる東ゴッジャム州ビチェナ郡において、干ばつ被災民に対する緊急救援プロジェクトを行なうことを決定した。ちなみに私はこの調査段階より現地の活動に加わり、その後九三年九月までエチオピアに駐在している。

前述の通り、JVCはそれまでの活動を振り返り、具体的な中期目標・中期計画を立てていくための議論を八九年に行なった。内戦による活動中断のためマーシャ村では実践に反映できなかったが、活動のターゲットとなる対象者を明確にし、その主体的な参加に向けてきちんとステップを設定していくことなど、議論の中で確認された重要な点は、伊藤達男・幸子の後を引き継いだ江原浩昭・広美らのスタッフにより、ビチェナ・プロジェクトで生かされていった。具体的には、緊急救援として小麦の配給や栄養失調児への粉ミルク配給を実施するかたわら、水汲み場となっている泉を共同で利用・管理する住民のグループ「ウハ・コミッティ」(ウハとは現地のアムハラ語で水のこと)に注目して調査を行なっていった。

ビチェナ郡の高地は標高二四〇〇メートル前後の台地で雨も多く豊かな穀倉地帯だが、緊急救援の対象である青ナイル川沿いの低地は険しい崖の下にあって雨も少なく、水の確保が住民の一番の問題であった。そこで緊急救援の後に続く復興支援のステップにおいては、まずウハ・コミッティと一緒に既存の泉の改修や改善を行なうという小さな取り組みから始めて、有効な成果を上げ、それと並行して植林や土壌保全の重要性を伝えていくというアプローチを想定し、そのための調査を積み重ねていった。

また食糧不足の状況調査で、ある村を訪問した時には、次のようなエピソードに出くわした。車で行ける高原台地の端から徒歩でまる一日かかるその村は、青ナイル川に降りていく崖下の低地にあり、その遠さのために食糧不足の状況がなかなか伝わらず、緊急救援の対象に入っていなかった。私を含むＪＶＣのスタッフは朝から歩いて、夕方ようやくその村に到着し、その夜は村長の家の庭先に泊めさせていただいた。翌朝になって、その敷地内に別の小さな家が何軒かあるのに気づき、誰が住んでいるのか尋ねてみた。すると彼らは母子家庭など特に貧しい数家族で、その村では村内でもっとも困っている人々を養い助けることが村長の役割になっているということだった。

当然、それら数家族は緊急救援の対象に入ったが、村の助け合いのあり方を無視して村長の家の敷地内に暮らす人々に直接食糧配給するのは問題だと思われた。そこでこの件はかなりスタッフ間で議論された末に、救援対象となる人々の分の小麦を村長にまとめて渡し、村長から配ってもらうことにした。これは他の食糧配給需給者への対応とは異なるやり方で、配った小麦がきちんと対象者に渡らない可能性もありうるが、村人同士の助け合いや人間関係を尊重しようと議論した結果、このような対応になったのである。

マーシャ村での経験を生かし、活動のターゲットとなる対象者との関わり方にできるだけ注意を払ってきたビチェナ・プロジェクトだが、小麦の輸送・保管・配給という緊急救援本来の仕事も大変で、現地で雇った高卒の若いアシスタントたちとともに毎日作業に追われていたのが現実だった。現地の行政から出てくる食糧配給の対象者リストは、生活状態の良い親類縁者が載っている一方で、明らかに困窮している人が載っていなかったりして、いつも苦労させられた。

今でも私の頭から離れないぼろを着た小さなおばあさんは、リストに載っていないのにいつも配給所に来て、身振り手振りでひもじさを訴えていた。独断で勝手に配給する訳にもいかず、「ごめんね」と言って断るしかなかったが、公正な配給をめぐる悩みはいつもつきまとった。

また九〇年六月には、マーシャ・プロジェクトから共に活動してきたエチオピア人スタッフが集団で退職するという事件も起きた。表向きには待遇が原因だったが、内戦のためとはいえ、マーシャ村のあるウォロ州や首都アジスアベバにいる家族や友人と遠く離れ、同じアムハラ人といっても気質の荒い東ゴッジャム州でよそ者として仕事をすることは、都市化して地域差や地縁血縁が薄くなり、転勤も日常的な日本人にはわからない心理的なストレスがあったのだと考えさせられた。

こうした困難の中でもっとも大きかったのは、やはり内戦だった。危険ということもあるが、なにより私が見ている前でさえ強引に徴兵や戦争税の徴収が行なわれるような戦時体制の中では、誰も将来に向けた村づくりを落ち着いて考えることなどできなかった。

こうして「飢えの出ない村づくり」の具体的な実践を新たにめざしたビチェナ・プロジェクトは、そのうちJVCにも軍が兵員輸送を要求してくるなど状況が悪化し、最終的には、九一年二月東ゴッジャム州全体が反政府勢力の手に落ち、マーシャ・プロジェクトと同様中断に追い込まれてしまった。

東西冷戦の終わりを象徴するソビエト連邦の崩壊によって、強力な後ろ盾を失ったメンギスツ大統領の社会主義政権は、またたく間に劣勢となり、ついに九一年五月、内戦は終結した。一党独裁の軍事政権を打倒したエチオピア人民革命民主戦線（EPRDF）は暫定政府を樹立し、内戦後の混乱に対処しながらエリトリアの分離独立承認、地方分権化による連邦制の確立など、民主化に向けた施策を次々と打ち出していった。こうして社会環境が激変するなか、一時エチオピア国外に待避していたJVCも、プロジェクトの再建に向けて調査を開始した。そしてマーシャ村やビチェナ郡はもとより南部の地方などでも調査を行なった結果、やはり人口が多く植生の喪失による土壌流失が深刻な北部高原台地が最も活動の必要性が高いと判断し、人間関係と経験の蓄積があるマーシャ村での活動再開を決定した。

マーシャ村での再挑戦

当時、内戦が終わって間もないマーシャ村はさまざまな意味で混乱していた。以前の長老たちは前政権に協力したことを理由に公職を追放され、代わりに内戦を闘ってきたEPRDFの戦士たちが村を解放区として支配していて、行政組織はまだ復活していなかった。また前政権の強制移住政策や徴兵によって連れ去られた人々が着の身着のままで帰還してきたものの、土地の再配分も受けられずに困窮しており、さらに内戦で十分な耕作が行なわれなかったところに前年の少雨で食糧が不足していた。

JVCの側も江原浩昭・広美が現場を離れるなど、スタッフの移動があって、開発協力プロジェクトにすぐ取り組める力量がなく、その一方で管理体制を強める新政府が早期に活動を行なわないNGOには滞在を認めないと圧力をかけてきたため、早急にプロジェクト契約を結ぶ必要に迫られていた。

こうした状況を総合的に考えて、JVCは内戦終了後の必要性に応える緊急食糧救援を当面実施し、行政組織の再整備や土地の再分配の進行状況を見ながら、開発協力に移行していくための調査を並行して行なっていくことにした。九二年一月からＪＶＣは、困窮している強制移住地や徴兵からの帰還者と特に食糧不足が深刻な一部の人々に対して、食糧配給を開始し、同時にマーシャ・プロジェクトを開発協力の段階に進めていくための新しいスタッフ、協力者、協力団体探しに精力を注いだ。

しかし、八九年以来、具体的な達成目標の曖昧さやフード・フォー・ワークの悪影響について問題意識を持って議論を重ねてきたにもかかわらず、いわば将来の開発協力のための時間稼ぎとして活動再開後最初のプロジェクトで食糧配給を行ない、あらためてＪＶＣはモノを配る団体だというイメージを人々に与えてしまったことは実に問題が大きかった。内戦による活動中断はマイナスではなく、むしろそれまでのアプローチを変更して復興支援から開発協力の段階に活動を進めていくチャンスだったが、当時の力量不足と新政府による早期活動開始の圧力の前に、結局、緊急食糧救援の実施を選択してしまった。こうして絶好のタイミングを逃しただけでなく、一部の役人や住民の中に既得権益としての小麦が戻ってきたという理解まで生み出してしまった。

「やっぱりＪＶＣはモノを配る団体だ」と思った役人や住民にしてみれば、どうやってより多くもらうかと考えるのはごく自然である。ところが、今回の食糧配給は強制移住地や徴兵からの帰還者と食糧不足に悩む近隣の村が対象で、マーシャ村でのフード・フォー・ワークはなかった。このため、マーシャ村のＪＶＣの倉庫に届いた小麦なのに、自分たちには何の利益もないという強い不満が生まれていた。

また、ＪＶＣが活動のために雇うアシスタントワーカーは非常に貴重な雇用の機会だったが、以前も雇われていて仕事に慣れている者が再雇用されたため、ここでも多くの人々には利益がなかった。

一方、開発協力プロジェクトのための調査は新スタッフのリクルートの遅れからいっこうに進まず、JVCが今後マーシャ村で何をしていくのか、どんな利益があるのか人々にはさっぱりわからない状況が続いた。

こうしてJVC、特にエチオピア人スタッフに対して、役人や有力者から食糧の配給や親類縁者の雇用の要求などさまざまな圧力がかけられ、嫌がらせやハラスメントが行なわれるようになった。小麦は自分たちを素通りして近隣の村ばかりに配られ、アシスタントワーカーの雇用は、一部のエチオピア人スタッフが勝手に決めていて、思い通りにならない。自分たちには恩恵のない活動のためにJVCは車を乗り回し、夜は発電機を回して電気を使っている。こう思えば、嫌がらせやハラスメントが起きるのも当然だろう。

しかし、今振り返って簡単にわかることも、当事者の一人として現場にいた私には全くわかっていなかった。国連からの小麦の配分や輸送の遅れに頭を痛めながら、限られた食糧を誰に配給するか役人と議論し、決まった対象者にきっちりと配ることに神経を使い、援助依存が拡大しないよう対象外の村へは一切配給せず、アシスタントワーカーには仕事に慣れている人を雇う。

私とソロモン・フェイサをはじめとする当時のエチオピア人スタッフは、力量不足にもかかわらず随分背伸びをしながら、新政府と契約したプロジェクトをいかにも真面目に遂行しようとしていたが、それがマーシャ村の役人や住民にどのように受け取られていたのかという視点は抜けてしまっていた。これはつまり、マーシャ村の人々と正面から向き合って、本当に腹を割った話をしてこなかったということだろう。確かに役人とは仕事以外の話をした記憶はほとんどなく、市の立つ毎日曜日に開かれる名物ママさんのいる飲み屋で篤農家のおじいさんたちと話はしていても、結局当たり障りのない会話しかしていなかったのかもしれない。そして結局、内輪のスタッフやアシスタントワーカーとばかり話していたのではないかという思いは、当時の私への苦い反省である。

いずれにしても、プロジェクトのあり方やNGOの役割への思惑が食い違ったまま、JVCは食糧配給の拡大やワーカーの雇用、さらには発電機の寄贈といった役人の依頼や要求にはほとんどノーを言ってきた。その結果、九二年九月末の深夜、スタッフへの個人的な脅しとして空の倉庫に手榴弾が投げられるという大事件が起き、活動のあり方の真剣な見直しをせまられることになった。

住民主導への模索と挫折

なかなか見つからなかった開発協力プロジェクトに向けた新スタッフとして、九月にエチオピアに赴任した高田昌幸は、正に着任早々この大事件に遭遇し、モノを配ることがもたらしたJVCへの誤った期待感とそれがかなえられないことによる妬みの大きさを思い知らされた。専門が都市計画で村づくりのプランニングの経験も持つ高田は、マーシャ村の中心部にある町の住民や役人への配慮として飲料水の揚水と夜間の電気供給に使える発電機の寄贈を対策として打ち出しつつ、食糧やモノの配給からの脱却を明確にし、フード・フォー・ワークがもたらしたJVCへの歪んだ依存構造を脱却し、住民主導の農村開発に移行する試みを打ち出していった。

この時期、以前のマーシャ・プロジェクトで活躍し住民の信頼も厚いトーマス・カタマがJVCに復帰し、九三年二月にはタイやラオスでの活動経験を持つ北詰秋乃が赴任するなど、開発協力プロジェクトへの移行に向けたスタッフの体制も徐々に整っていった。またアフリカツリーセンターを支援する会の鳥居ヤス子さんからの紹介で出会ったケニア有機農業協会（KIOF）のジョン・ジョロゲ氏など、精力的に人を訪ねることで探していた新プロジェクトへの協力者や協力団体もどんどん広がっていった。

その中で最も重要だったのはソロモン・エシャテとの出会いである。九二年一〇月、当時アグリサービスというエチオピアの現地NGOで活躍していた彼が中心となって開催した「第一回NGO農業技術者会議」で初めて出会った時、私はその柔軟な発想と旺盛な行動力に強い印象を受けたのを今でもはっきり覚えている。

その後、マーシャ・プロジェクトについて相談を持ちかけて現地を視察してもらう一方、アグリサービスのプロジェクトへJVCスタッフがスタディーツアーを行なって交流を深めていったが、最終的に九三年五月、彼がJVCに移って全力でマーシャ・プロジェクトに取り組むことになった。

こうして九三年には高田のリーダーシップの下、ソロモン、北詰、トーマス、さらにはブラハネ、ダニエル、ツァダレほかのエチオピア人スタッフが強力なチームワークで一体となって、新しい活動の基盤作りに取り組んでいった。実際この頃の記録には、スタッフとの腹を割った話し合いの結果、木の盗伐は自分たちで解決するからJVCはしばらく外で見ていてくれと住民が発言する集会のエピソードや、深夜まで酒を酌み交わしながら続けられる議論の様子など、チームの熱気が満ちあふれている。

今後一切食糧配給を行なわないという姿勢を明確にして、緊急救援やアシスタントワーカーの雇用を終了し、その一方じっくり住民と自立のための村づくりを話し合う皆の努力は、同年末にJVCと行政、住民三者による新しい開発協力プロジェクトの合意に結実した。

しかし、これはモノの配給の終了が確定したことでもあり、この時から再び行政や住民の一部によるＪＶＣへのハラスメントが始まった。そして住民との集会が妨害されたり、スタッフが拘束されたりするにおよんで、九四年四月には活動を凍結せざるを得なくなった。その後も話し合いを行なったが、食糧配給再開を求める行政の姿勢は変わらず、またこうした状況に抗して自ら自立のための村づくりに取り組もうという住民の積極的な意思表示も見られなかったため、ＪＶＣはついにマーシャ村からの最終的な撤退を決定するに至った。

バルハット・プロジェクト――「開発協力」への一歩

マーシャ村の食糧配給への依存構造は、過去のＪＶＣの活動が作り出してしまった余りにも大きな負の遺産で、結束したチームワークで自立のための村づくりに切り替えていこうとした二年間の取り組みをもってしてもはね返すことはできなかった。この苦い経験からＪＶＣは、援助への依存構造がなく住民の自主的な取り組みが見られる地域をプロジェクト地に選択することが、エチオピアで自立のための村づくりを実現する重要な鍵だ、と考えるようになった。また最初の時点で住民からＪＶＣの活動方針への理解を得ることや、短期間に目に見える成果を出すことで「飢えの出ない村づくり」の具体的なビジョンを示すことの重要性は、大きな教訓となった。

しかし、この間の意志疎通の齟齬などにより私は東京事務所の担当から外れ、高田はＪＶＣを離れた。そして大半のエチオピア人スタッフの解雇という厳しい選択の末、九五年北詰とソロモンを中心に再出発することになった。

この時期は「あらゆる制約から自由になって」という表現が活動記録に多く出てくるように、まず

村人といっしょに苗木づくりに励む。

何よりもプロジェクトに対する考えや役所との関係など過去の負の遺産との決別を目指した。それは時に東京事務所との摩擦ともなったが、シャプラニール等で活動経験の長い村上真平（現JVCタイ事務所代表）をアドバイザーに迎えて粘り強い議論が行なわれた結果、住民参加を基本にした自立のための開発協力という明確な方針のもとで活動案の具体化が進められていった。

農村開発の新プロジェクト地選定では、限られた力量でも十分な活動ができ、北部高原台地での過去の経験が生かせるという点から、首都アジスアベバに比較的近いアムハラ州北ショア県が第一候補となり、ＪＶＣの活動方針を説明した上で県庁から推薦があった郡を順に訪問していった。

こうして、過去に援助機関が入ったことがほとんどなく、土壌流失防止のための石組み作りや牛糞を畑に撒いて有機物を還元する伝統のあるバルハット郡が、援助への依存構造がなく住民の自主的な取り組みが見られるという条件に合う候補地に挙がり、七月に外部の専門家の協力も仰いで農業や環境、女性の生活状況などについて基礎調査が行なわれた。過去の反省から、当初は地域を知り人間関係を作っていくことに時間をかける計画だったが、プロジェクトを実施していないＮＧＯの活動許可は取り消すというエチオピア政府の態度は変わらなかったため、とりあえず畑の土壌流失防止のための植林という最小限の活動でプロジェクト契約を結び、九六年一月より活動を始めていくことになった。

植林そして土づくりへ

プロジェクト地選定や専門家を交えた基礎調査など、立ち上げにおいて過去の教訓を生かしてきたバルハット・プロジェクトでは、実施においても慎重に活動が進められた。初年度はまず地域の状況を学んでいくために大きな活動をせず、六月からＪＶＣに加わったタファセッチとゼネブの両スタッフが、郡の中心のマタビラ町に住み込んで各村の寄り合いに参加し、人間関係を作っていくことから始めた。

同時にスタッフの能力向上にも力を注ぎ、新しい日本人スタッフの市来が赴任した九月にはジンバブエのＮＧＯによる有機農業のトレーニングに全員が参加した。また東京事務所の担当の船川とアドバイザーの村上は、プロジェクト開始直後の二月とジンバブエのトレーニング終了後の一〇月にエチオピアを訪問し、活動の進め方について現地のスタッフと議論を重ねていった。

こうした準備の後、土壌流失防止のための植林によって畑を守り土を良くしていく活動に関心を持つ農民たちと話し合い、一九九七年から具体的な取り組みを開始した。これは関心を持つ農民同士でグループを作って育苗場の土地を確保し、堆肥作りから植林まで自分たちで行なうという活動で、ＪＶＣの役割は定期的な訪問による技術的指導とトレーニングやスタディーツアーの実施を通じてその

大きく育てた木々の中に立つ農民。

自主的な活動を支援することである。

何かモノをもらえるといったメリットがないため、同年八月の初植林時にはわずか三ヵ村二九世帯と一小学校による四〇〇〇本の植林という小さな規模から始まったこの活動だが、植林した苗木の成長にしたがって徐々に関心が高まり、他地域の農民の取り組みを見学するスタディーツアーの効果も相まって、中間評価が行なわれた翌年秋には四ヵ村一一二世帯と二小学校による二万七〇〇〇本の植林へと大きく広がっていった。

特にゴルドソロモン村のカサさんのようなリーダー格の篤農家は単に植林本数を増やすだけではなく、畑への牛糞還元や石組み作りの伝統を守りつつ、川から水を引いてマルチを多用した果樹栽培を取り組むなど、さまざまな工夫をしており、そうした積極的な姿勢は他の農民にも大いに刺激を与えている。

このように過去の苦い経験から得た教訓を生かしつつ、ＪＶＣのエチオピアでの活動はようやく

「飢えの出ない村づくり」に向けた開発協力への一歩を踏み出した。活動内容も家庭菜園や雨水利用の普及、小学校での環境教育、川沿いの低地での井戸作りなどへと広がってきている。しかし地域のニーズは大きく、特にマタビラ町を含む高台の村への給水活動は行政と住民の一致した一番の希望で、これにどう応えるかが現在の課題である。

一方、かつてＪＶＣに関わった人々もそれぞれのやり方で「飢えの出ない村づくり」に取り組んでいる。元エチオピア人スタッフの何人かは国連や他の国際ＮＧＯで活躍している。高田がエチオピア人の仲間と設立した現地ＮＧＯは、国際機関の支援も得て着実に総合的農村開発を進めている。またソロモンは環境教育を進める現地ＮＧＯの立ち上げに邁進している。そしてマーシャ村の人たちも苗木を育ててマーケットで販売したり、ニンジンを家庭菜園で栽培したり、いろんな工夫をして頑張っている。一部は切られたものの、植林地も守られていて木々は大きくなっているそうだ。

歴史の国エチオピアの農村が抱える問題は実に大きい。「飢えの出ない村づくり」を目指すロングランは、一五年の試行錯誤を経ていまだ始まったばかりだ。

（エチオピア事業担当）

第6章 アパルトヘイトの「傷痕」を乗り越えて

❖虹色の国南アフリカの未来は

津山直子

四月二七日は、南アフリカ共和国(以下南ア)で「フリーダム・デー/自由の日」と呼ばれる祝日になっている。これは、一九九四年に初めてすべての人種が選挙権を持つことができた総選挙の日を記念したものである。

一九九四年、初の総選挙

初めての選挙当日、夜明け前から投票所の前で長い列を作るアフリカ人有権者の一人は、「これまでの人生で初めて投票するんだ。この権利を得るまでの長い道のりを考えれば、今日何時間待ってもなんでもないことさ」と語っていた。この日は、人口の八〇%を占めるアフリカ人にとって、そしてアパルトヘイト(人種隔離)体制での人種別の国会に反対して、選挙権を放棄してきた非アフリカ人にとっても、初めての投票日となった。

選挙の前日まで白人右翼による爆弾テロにより死傷者が出るなど、緊張した中での選挙だった。初めて投票箱に投票用紙を入れた瞬間の喜びで踊りだす人もいた。電気も通信の手段もないホームランド(黒人が民族別に強制移住させられた遠隔地)では、朝暗いうちから夕刻まで投票用紙の到着を待った末に投票できなかった人々もいた。初めての総選挙は、緊張と混乱、喜びと興奮の中で実施された。そして、南アの歴史の中で、また多くの人々にとってその人生で忘れられない日となった。

選挙の結果は、一九一二年に設立され、八〇年以上にわたって民主化運動を進めてきたANC(アフリカ民族会議)が六三%の票を集め、旧政権党で二〇%を獲得した国民党、一〇%を獲得したインカタ自由党との連立政権が樹立された(後に国民党は連立政権を離脱した)。新しい国会は、肌の色の違う議員が一堂に会しただけでなく、女性議員の割合も全体の二七%と、それ以前の二%未満から飛躍的に増えた。

私と南アフリカの出会い

その選挙の日、私は選挙監視団の一人として、JVCが九二年から支援していたジェフスビル・スラムのあるプレトリア市アトリッジビル地区で選挙を見守っていた。ジェフスビルでは住民委員会が進める生活改善の活動に協力し、水道・トイレの設置、保育園の設立と運営などにあたっていたが、その保育園が投票所となり、投票する一人一人の笑顔を見ながら、私自身も喜びをかみしめていた。

この初めての総選挙があった一九九四年からさかのぼること八年の一九八六年、私はスウェーデンにいた。高校・大学時代と社会福祉に関わるボランティア活動に参加してきた私は、大学を卒業してから三年間働いた後、スウェーデンでの福祉の現実に触れたいという望みを実現させていたのだ。

その当時、南アでは非常事態宣言が出され、白人政権は高まる反アパルトヘイト運動に対して徹底的な弾圧を加えていた。アフリカ大陸の最南端で起っていたことが、アフリカとヨーロッパの二つの大陸を隔てたヨーロッパの北の端にあるスウェーデンで、新聞の一面に大きく報道される日が続いていた。また、市民による南アの人々への支援活動も活発で、小・中学生も南アで拘留されている同年代の子供たちへの弁護費用を集めようと、路上コンサートをしたり、手作りのケーキを売ったりしていた。

「国内の福祉を充実させていくことと同じように、世界の他の地域においても、すべての人々が人間として尊ばれ、自らの可能性を生かすことができるようにするために国際協力をしていくことは当然のことだと考えている」と語る友人の言葉が心に残った。スウェーデンの小・中学生のように、自分のできることを実行することで、アパルトヘイト下で抑圧される人々を支援したい、と思ったことが南アに関わるようになった最初である。

一方、国連で南アへの経済制裁が決議されていたにもかかわらず貿易高が増え、一九八六年には南アとの貿易高が世界一となっていた日本は、国際社会から非難を浴びていた。そして、南ア国内で非合法組織とされながらもアパルトヘイト撤廃への運動を続けてきたANCが、東京に駐日事務所を開設し、スウェーデンから帰国した私はそこで働くことになった。

欧米のようにはアパルトヘイト廃止に対する世論が盛り上がっていなかったが、ANC駐日事務所は日本各地でアパルトヘイト問題に対する理解を広げようと活動する人々とともに、日本における反アパルトヘイト運動を進め、南アの人々への連帯と支援を行なっていた。南アでは、アパルトヘイト廃止に向けての民主化運動がそれまでにはない大きなうねりになっていたが、同時に子供たちを含む多くの人々が逮捕・拘留されたり、指導者が暗殺されたり、といった知らせが毎日のように入る緊張した日々だった。ANCは世界四〇ヵ国に事務所を設けていたが、各地の事務所で爆弾入りの小包が送られ死傷者が出ていて、郵便物一つの取り扱いにも注意を払う必要があった。

当時の南アでは、「パンビリ」という言葉が民主化運動の合言葉の一つになっていた。パンビリはズールー語で「前進する」という意味で、悲しい時や苦しい時も「パンビリ！」と言いながら、自分たちを元気づけるように歌い、踊り、「前進するんだ。決して後退はしない」と力づけ合い、政府の抑圧を跳ね返していた。

「一九九〇年」は、一九九四年の初の総選挙と同じくらいに南アの人々にとって重要な年であった。ネルソン・マンデラ氏を始めとする政治囚の釈放、ANCを含む反アパルトヘイト運動団体の合法化が実現され、民主化への協議が始められた。二月に釈放されたマンデラ氏は世界各国を回り、一〇月には日本を訪問した。訪問を市民レベルで歓迎しようと作られたネルソン・マンデラ歓迎委員会は、多くの人々の支持を受け、東京や大阪での集会やコンサートに、のべ四万人以上の人々が集まりマンデラ氏を歓迎することができた。

二七年間の投獄生活ですでに七二歳になっていたマンデラ氏は、アパルトヘイト時代の抑圧とそれに対する闘いを力強く語るのではなく、「アパルトヘイト下で教育の機会を奪われてきたアフリカ人が教育や技術訓練を受けられるよう支援してほしい。それが、新しい国づくりのために一番必要なことだ」と静かに、しかし強い信念を持って人々に語りかけた。

私は、訪日中のマンデラ氏に同行しながら、南アの人々にとっての次の大きな課題である新しい国づくり、人づくりを支援することの大切さを感じていた。

JVCの活動開始

その頃、JVCでは、アパルトヘイト下でもっとも底辺におかれてきたスラムや農村の人々への支援活動を始めるための現地調査を計画していた。一九九一年にその調査に協力した私は、九二年からJVCが南アでの活動を始めるにあたり、

ＪＶＣ東京事務所で南ア担当スタッフとなった。ＪＶＣは、初代の現地駐在スタッフとして高梨直樹を派遣し、日本のＮＧＯとしては初めて南アに事務所を開設した。そこで、ジェフスビル・スラムでの生活改善とともに、トランスカイ・ホームランド（現東ケープ州）で女性の技術訓練と協同生産組合活動に取り組む「イシナンバ地域開発センター（以下イシナンバ）」という現地ＮＧＯの活動への支援を開始した。イシナンバというのは現地のコサ語で、「最後に笑うのは私たち」という意味である。

そのイシナンバの女性リーダーであるノクゾラ・マギダさんとの出会いは、ＪＶＣにとっても私にとっても大きなものであった。トランスカイなどの農村地域では、土地を奪われ、男たちは低賃金労働者として金鉱山に出稼ぎに行き、年に一度しか戻ってこられない。村には、女性、子供、老人が残されていた。

「アパルトヘイト下では、アフリカ人は能力がない、自分たちでは何もできない、と言われ続けてきた。その中で、私たち自身が自信をなくし、依存的になってしまった。自分の可能性に気づき、自信を取り戻すことが南アにおける開発の第一歩だと思う」と、ノクゾラさんは言い、村でわずかな送金を待つだけの暮らしを続けてきた女性たちが自らの可能性に気づいていくよう、ろうそくを作ったり、鶏を飼ったり、衛生状態の改善に取り組んだり、生活の中での身近なことから実践を始めていた。

女性たちは、医師はもちろん看護婦や保健婦もいない村で、基礎保健を担う草の根保健婦としての役割を担うとともに裁縫、養鶏、パンづくりなどの協同生産組合を作り、村での生産活動を始めるようになった。

そのようにして、自分たちで行動を始めた女性たちは、「アパルトヘイトが終わり、新しい政府ができても、政府が私たちのために何をしてくれるかではなくて、私たちが新しい社会づくりのために何ができるかを考えていきたい」と語っていた。

アパルトヘイトから「虹色の国」へ

一九九四年に民主化が実現した南アでは、多人種、多民族が共存し、多様な文化、宗教、言語、価値観を尊重する社会をめざし、それを「虹色の国（レインボーネーション）」と表現している。アパルトヘイト下では、「南アフリカ」という国に住みながらも、物理的にも精神的にも人種別の枠組みに縛られてきたのだが、民主化後に初めて、「サウスアフリカン（南アフリカ人）」として共通の未来図を持てるようになった。

その一方で、「南北問題」の縮図のような現実は変わっておらず、白人の大部分が「富める」層であり、人口の七〇％以上におよぶ「貧困」層のほとんどがアフリカ人である。白人とアフリカ人の平均賃金の格差は一二倍にのぼる。

南アの人々の多くは、「多人種、多民族が共生する南ア」「すべての人々の人権が保障される南ア」という民主南アの最も重要な部分では、後戻りすることはないという自信を持っている。しかし、「虹色の国」の理想は、「社会の底辺に生きる人々の生活を向上させる社会改革こそが、南アの最も重要な課題である」ことがしっかりと認識されなければ、本物の虹のようにいつの間にか消えてしまうと思う。

民主化後の最初の五年を振り返ると、アパルトヘイトからの変革は思っていた以上に困難で、複雑で、時間のかかるものだった。アパルトヘイト時代のものに代わる憲法や法律を制定しなければならず、二年の年月をかけ民主的な憲法が作られ、五年間で五〇〇件を越える新しい法律が国会を通過した。

すべての行政機構は人種別に分かれていたため、統合・再編成された。そこでは、アパルトヘイト下で、全く違った考えと環境で仕事をしていた人々が一緒になるわけであるから、さまざまな軋轢が起こっていた。

また、行政区分を再編成し、地方自治体が作られた。九六年に初めて地方自治体が導入された旧黒人居住地域では、人材、経験、予算が不足しており、せっかくの新しい法律や政策を施行する体制が整っておらず、深刻な問題となっている。

JVCの現場から

民主化された南アで活動していて、アパルトヘイトがアフリカ人から「生産」の機会を奪っていたことの深刻さをつくづく感じる。アパルトヘイト下では、アフリカ人は「生産」や「商売」することを禁止されていた。自分たちが生産の主体となることがなく、白人企業や白人農場の底辺労働者となり、そこで作られたものを消費するという構造が長年続いたことは、アフリカ人社会を経済的、精神的、物質的に自立させることを非常に困難にしている。

アフリカ人社会に生産の場を取り戻すことは、「作る」ために、創意工夫、試行錯誤を繰り返し、自己決定をしていくことになる。「創意工夫」や「自己決定」ということも、アパルトヘイト下では否定されてきたことである。ＪＶＣは、生産を担う「人づくり」のために、草の根で活動する現地ＮＧＯと協力して職業訓練に力を入れてきた。訓練において焦点をあてたのが、「持続可能な農業」と「職人養成」の分野である。

アパルトヘイトのもとで農民は土地を奪われ、同時に男性は鉱山や都市に出稼ぎに出て、農村の生活はすっかり変わってしまっていた。アフリカ人で農業に関わるということは、白人大規模農場で働く「農業労働者」となるということであった。これは、底辺労働者の中でも最も過酷で、低賃金の仕事であり、農業に対する誇りや畏敬の念を消してしまった。持続可能な農業のトレーニングコースに参加した人々は、土地を生かし、自然と共生し、自分たちで考え、工夫し、収穫の喜びを得る、という農業の最も基本的なことを再認識することができた。

同じことが「職人」の分野でも言える。大工、溶接、機械工などは体を使い、専門的な知識と経験を積むことで一流になっていく職であるが、南アでは、「底辺労働者」としての位置づけしかされず、経験を積む中で技術を向上させる喜びや誇りがなくなっていた。

農村でも都市でも、若者が一番希望する訓練の分野は「マネージメント（経営管理）」である。白人が指示し、アフリカ人が体を動かす、というアパルトヘイト時代の構図は、そのことに反発しながらも、体を動かす仕事を低いものとする意識としてアフリカ人の中に深く入り込んでいるのかもしれない。

ここで、ＪＶＣが支援して訓練に参加した二人の青年の例を紹介したい。

【プムジィレ・ムタラネさんの場合】

プムジィレ・ムタラネさんは、ソウェトの建築訓練センター（ＢＴＣ）で一年間にわたり、レンガ積み、大工、内装・外装、配管などの建築技術を学んだ。二九歳で二人の子を持つシングルマザーである彼女は、二人の妹と一人の弟とともに祖母に育てられた。祖母が亡くなってからは高校を続けることができず、臨時雇いとしての仕事でわずかな収入を得て、弟や妹、そして自分の子供を養ってきた。

「私の住む地域での一番の問題が失業。一〇代後半から二〇代の働き盛りの若者の失業者が多い。私

建築コースを受講中の訓練生。

のように、高等教育を受けることができなかった者は就職がむずかしい。建築技術を学ぶことで、手に職をつけ、自分で仕事を開拓していけるようになりたかった」

男性がほとんどを占めてきた建築業界だが、最近ではプムジィレさんのように女性で建築技術を学ぼうとする人も出てきていて、BTCの訓練生の二割は女性である。

「最初は不安だったけど、訓練を受けるうちに自信がついてきた。成績でも男の子に負けなかったし。でも、この仕事は奥が深いので、これからもいろいろなことを吸収していきたい」と言うプムジィレさんは、同期卒業の二人とグループを作り、自分の住む地域で家のリフォームの仕事を請け負っている。

私が訪ねた日は、れんがで塀を作っていたが、なかなかモダンなデザインだった。依頼した家の人は、「近所でこの人たちにやってもらった家があり、その出来がよかったので、私も頼んだのですよ。それに、直接労賃を払うので、町の業者より安くすみます」と語っていた。

働く者にとっても直接自分で仕事を受けた方がよい収入になるし、地域内の経済循環により、地域が元気になる。まだ資金がないので、材料は依頼主に買ってもらい、労賃だけをもらう、という方法をとっている。今年に入ってからは、「アレコパネング」という現地NGOで女性たちの住宅づくりを手伝った。彼女は「ボランティアで働くことは、自分の技術を地域の人たちのために生かせるし、自分の経験を積むことにもなるので、これからも機会があったら手伝いたい」と語っていた。

【シムピウェ・サキウェさんの場合】

シムピウェ・サキウェさんは二六歳で、「カルサ」という現地NGOの地域開発委員会のメンバーである。彼の住む「カラ・リザーブ」は、白人の町として作られた「カラ」で働く労働力を確保するために、周辺の村から強制的に人々が連れてこられた村である。七〇年代にカラ地域は「トランスカイ」というコサ民族のホームランドの一部として再編され、白人はカラを去ったが、アフリカ人は元の村に戻ることはできず、そのまま取り残された。カラ・リザーブには約四〇〇〇人が住んでいる。

「高校にも行けず、仕事もなかったが、地域開発委員会のメンバーとして活動することで、やりがいを持てるようになった。九四年以降変わったことの一つは、カルサが中心になりカラ地域のコミュニティーラジオ局を開設したこと。地域の問題や開発についての議論、お葬式や行事のお知らせ、音楽など、地元の人々に情報と娯楽を提供しているので、地域のつながりを強めることになった。残されている問題は、『水』『仕事』『教育』。ほとんどの人が川の水を利用しているが、きれいな水ではない。それに、仕事がないので、若者のほとんどが村から離れ、開発委員会に入っている若者は僕しかいな

カラ村のシムピウェさん一家。

い。教育は、教科書の不足や教育内容向上への意識が低いため、全国統一テストの成績も全国平均を大きく下回っている」

地域開発委員会は村人が主体となり、泉の保護や井戸掘りによる水の確保、識字教室や保育園の運営、土地の再配分についての理解促進などに取り組む。また、土地を有効に使い、食糧の自給・販売と環境回復を目標に農業グループを作り、シムピウェさんは村の代表として選ばれ、「持続可能な農業」についての研修に参加した。その成果を次のように話してくれた。

「これまでは主食のトウモロコシぐらいしか栽培してこなかったので、最初は戸惑ったが、すべての生物や植物がお互いに助け合いながら生きていて、それを生かせば土地も肥えるし、いろいろな種類の食べ物が得られることがわかった。村にある木の葉っぱが牛の餌によいことも新しい発見だった。学んだことをいろいろ実践しているが、前より農業をやるのが楽しくなった。土地を生かすことで収入につながれば、同世代の若者も関心を持ってくれると思う」

シムピウェさんら一〇人の参加者が村で報告し、学んだことを少しずつ仲間たちと実践したことで、農業という「生産」への意欲は高まり、一年後には村に専門家を招いて、二週間の持続可能な農業の研修を実施することができた。

つくる人、生産する地域をめざして

JVCがこれまでに「持続可能な農業」や「職人養成」の分野で支援した人々は一〇〇〇人を越えている。訓練や研修に参加した人々は、知識や技術とともに自信がついて、それを自らのコミュニティーで生かそうとしている。一人の実践で成功することは難しくても、グループを作ったり、協同生産組合という形で助け合い、協力し合えば、夢の実現もより可能性が出てくる。

九四年の民主化達成から始まった第一期は、南ア政府にとって、人種統合の政府機構や人種差別のない法律を制定していく、民主化の基盤づくりの時期であった。そして、九九年六月の第二回目の選挙後は、その基盤をもとに実質的な変革のスピードを上げていく時期だと言える。

それと同じように、JVCの活動も、技術と自信を得た人材を基盤に、コミュニティーでの実践を支援し、それを広げていくことが次の挑戦だと思う。少しずつでも、地域で生産していくことのモデルとなるような例を作っていきたい。南ア社会では、アフリカ人も白人もいろいろな面でアパルトヘイトのトラウマ（精神的な後遺症）を抱えていることが多い。社会が変革していくのに自分は変われない、というあせりや不安を持つ人も増えている。また、犯罪の多発、教育現場の荒廃、女性や子供に対する暴力などは、新しい南アが抱える深刻な問題となっている。その背景には失業と貧困、外国からの犯罪組織や麻薬の流入、アパルトヘイト時代からの暴力的な社会の遺産、不十分な警察活動や関連法の改革など、さまざまな複雑で根深い要因がある。

しかし、社会の中で責任を押し付け合うのではなく、複雑な背景を持ったこの社会の問題解決に一人一人が関わっていくことこそが重要である。ＪＶＣや現地ＮＧＯが取り組んでいる具体的な行動と達成の中で自信を取り戻し、生活を変えていくことは、そのままアパルトヘイトのトラウマを克服していくことにもつながっていくと思い、日々活動を続けている。

（南アフリカ事務所代表）

第７章　憎しみを越えて、共生社会建設の夢

❖パレスチナ、政治的和平のかなたに

佐藤真紀

ＪＶＣがパレスチナで活動を始めたのは一九九二年のことだ。当時はまだ和平合意もなされていない状況だったので、イスラエルとの政治的な緊張感や、パレスチナ人に対する人権の侵害は想像を絶するものであった。ＪＶＣは、「一〇年以上耕作した形跡の見られない土地は、農地として認められず、イスラエルが没収する」といった政策に対抗し、パレスチナ農民の土地所有を明確にし、農地を守るためにオリーブ等の植林をサポートしてきた。しかしユダヤ人入植者やイスラエル当局は、苗木を抜いたり、農民へ暴力を加えることで我々に圧力をかけてきた。

時代の変化とともに

オスロ合意でパレスチナ自治政府が国際的に認められると、状況は幾分改善されたかに見えた。ＪＶＣは引き続き農業による経済的な自立をめざして、農道作りなどのインフラ整備を支援していった。あれから、時代は変わった。パレスチナの農業ＮＧＯは、農道を年間六〇〇キロメートルも作れる規模に成長している。これには日本政府の資金援助も、ＵＮＤＰを通してであるが、含まれている。ＪＶＣがあちこちから一生懸命お金を集めてきても、せいぜい六キロメートル位しか作れない。

パレスチナ・スタディーツアーでのひとこま。

当時前線で一緒に活動していたムハンマドさん(仮名)は、農業委員会をやめて、自分で小さな植木屋を始めた。マーレアドミムというユダヤ人入植地の近くである。訪ねてみると「彼は今はいない」という。なんでも入植地へ行っているという。「また入植者ともめごとでもあったのですか」と聞くと「いいや、仕事です。彼は入植地に苗木を植えに行っているんですよ。いや、パレスチナ人に売るよりはいい商売になりますからね」

かつて入植者から土地を守るために、抜かれても抜かれても、オリーブの苗木を植えていた同志が今では、金のためにユダヤ人の入植地に木を植えているのである。時代は変わったものである。

「まさに平和が訪れたのですね」と言いたいところだが、イスラエルの入植地の拡大は、いまだに続いていて、アラブ人の土地が没収され続けているのである。あるパレスチナ人は入植地のために農地を失った。あるパレスチナ人は入植地のおかげで、職にありつける。

多くのパレスチナ人が実は入植地で働きたがっている。給料が良いからである。そうした状況の中で、ＪＶＣに何ができるのか、を私たちは問い続けている。

敵意と寛容の間で

ＩＰＣＲＩ（Israel Palestine Center for Research Institution）は、イスラエルとパレスチナが共同で運営しているリサーチセンターで、一九八九年に設立されている。ラビン首相が暗殺された一九九五年より、平和教育の研究に取り組もうというプロジェクトが開始された。平和教育を学校教育のカリキュラムに取り込もうと双方の教師が意見交換する場所を設定したり、アカデミックなワークショップを開催している。

生徒を対象としたワークショップでは、ユダヤ人、パレスチナ人の高校生が泊まり込んで、二日間ディスカッションするのである。初日はお互いが自己紹介をしたり、ゲームをやったりして、打ち解けていく。参加した動機は、お互いもっと知り合わなければいけないとか、友達になりたいとか、非常に前向きだ。

「ユダヤ人とパレスチナ人お互いどこが違う」というセッションでは、スポーツや、音楽、食べ物のこと、日常生活の違いなどを議論する。テレビや商品を通してイスラエルの文化はかなりパレスチナに浸透しているし、アラブ地域からのユダヤ人移民も多いことなどから、共通の話題は容易に見つかるのである。「同じ神を信じる者として我々は一緒にやっていける」という自信が芽生える。

ところが、「今まで印象に残った体験」を語るコーナーになると、パレスチナ側は、インティファーダの体験になる。友人が撃たれたり、家族がイスラエルの兵隊に銃を向けられたり、殴られたりしたことなどが、子供たちの脳裏に焼き付いている。ユダヤ人の生徒も黙って聞いていない。「イスラエルの兵隊は、私たちをあなたたちのテロから守ってくれる。あなたたちがテロを起こすからこんな状態になっちゃったんじゃないか」と言った具合で討論は敵意に満ちてくる。

実際、パレスチナ人にはテロは祖国解放のための正義の戦いである。ユダヤ人の子供たちの乗ったスクールバスがイスラム原理主義者に爆破されそうになったことがあったが、パレスチナ人の中にこのテロ行為を非難するものは殆どいなかった。

一方でユダヤ人にとっては、パレスチナ人はすべてテロリスト、あるいは潜在的テロリストとして位置づけられている。このような構図を打ち破らない限り、お互いの信頼関係を醸成していくのは難しいのである。

なまなましい体験が消えないうちはお互い友人になるのは難しいが、こういったセッションをきっかけとして語り会うことは寛容性を身に付ける点で非常に重要である。今のところ一五のパレスチナの学校が参加しているが、すべてキリスト教関係の私立学校であり、ごく限られた生徒たちが参加している。パレスチナで大多数を占めるイスラム教徒の生徒たちは、このようなユダヤ人と討論することには否定的である。

「ピースライブラリー」を作る

エルサレム問題はオスロ合意の枠組みで議論されることになっているが、そう簡単には解決しないのは誰の目にも明らかである。西岸地区とガザ地区をパレスチナに明け渡したとしても、聖地エルサレムだけはイスラエルは絶対に手放さない。アラブとユダヤの紛争はたかだか五〇年あまりであるが、エルサレムを巡る紛争は二〇〇〇年以上も続いているのである。

城壁に囲まれたわずか一キロ四方の旧市街。ダマスカス門にはアラブ人の子供たちやおばさんたちが威勢よく野菜や雑貨を売っている。イエスキリストが十字架を背負わされた道でもアラブ商人は盛んにビジネスに精を出す。さすがにキリストの聖墳墓教会まではアラブ商人は入ってこない。ここはキリスト教各宗派が細かく分割して管理している。アルメニア地区に入ると、人々はかたくなにアルメニア文化を守ろうとしているのがよくわかる。そしてユダヤ教区に入ると、夏でも黒装束に身を包んだユダヤ人たちがぞろぞろと嘆きの壁へお祈りをしに出かけていく。その上には黄金のモスクがそびえ立ち、イスラム教徒が礼拝にやってくる。文明の断層がくっきりと見える。アラブ文明と西欧キリスト教社会の対立。ユダヤ人がヨーロッパで虐待され、ホロコーストを経験するに至った経緯が、すべてこの狭い空間に凝縮されているような気さえするのである。

ダマスカス門をくぐって城壁沿いに二分くらい階段を登っていくと、スパッフォード子供センターがある。ここは一八八一年に巡礼にやってきたアメリカ人、スパッフォード家の人々が住み着いたところで、彼らが現在ホテルとして使用されているアメリカンコロニーに移動してからは、子供センターとして使われている。

このセンターは設立当初から人種、宗教、民族にかかわりなく、貧しい子供たちへの食料援助や医療援助を行なってきた。その精神はオスマントルコ、イギリス、ヨルダン、イスラエルとエルサレムの統治が代わっても続いている。第一次世界大戦、パレスチナ戦争、六日戦争と三度の大きな戦争中にも、このセンターは活動を続けていたのである。

ＪＶＣはこのセンターの納屋の部分を改装してピースライブラリー（平和図書館）を作った。内装や家具の設計も私がやらなければならない。家具は、障害者の職業訓練所に頼んで作ってもらった。素敵な家具に仕上がったが、旧市街は車が入れないので、トラクターを頼んだ。

乱暴な若者がやってきて、家具をトラクターに載せる。結局一つはボロボロに壊れてしまった。しかもお金だけはちゃっかりと取っていく。私は頭に来たので「絶対に払わない」と言い張ったが、図書館のスタッフが「お願いだから払ってくれ。彼らに逆らうと後で何をされるかわからないから」と言う。エルサレムはイスラエルが統治しているが、アラブ人のもめごとに関してはイスラエルは手を出さない。だから、やくざのようなパレスチナ人がはびこってしまったのである。

できあがってみると、納屋が見違えるように綺麗になった。しかし、数ヵ月で壁のペンキがはがれてくるし、ドアは何回も壊れてしまう。彼らのいい加減さには、うんざりしてしまう。

平和への思いをつくりたい

ピースライブラリーの目的は、若い世代が平和について考えたり、語り合える機会を創出することである。パレスチナにはガンジーやキング牧師のような非暴力を掲げる指導者が必要だ。非暴力をテーマに掲げたNGOは結構多いので、非暴力でパレスチナの独立を勝ち取ろうということかなと話を聞きに行くと、それらのほとんどがパレスチナ人の家庭内の暴力を問題にしている。つまり、女性や子供に対する暴力なのである。

残念なことに、ガンジーやキング牧師のことを知っている子供たちはあまりにも少ない。そもそも本がないからである。一方で、パレスチナ人にはヒットラーを敬愛している人がいる。自分の子供にヒットラーという名前をつけたり、鉤十字を鞄に描いたりしている子供なんかを見かける。なぜか。これも本がないからだ。詳しくは知らないが、ナチスが多くのユダヤ人を殺したことは知っている。もっともっと殺してくれてユダヤ人が絶滅していれば、パレスチナは占領されることはなかった？

ホロコーストは世界の同情を集めるためにユダヤ人が誇張して語っているのだ、と考えるパレスチナ人は多い。

紛争の続く地にあって歴史を正しく認識することは難しいが、まずは資料を集めなくてはならない。しかし、私が買ってきた「アンネの日記」を見つけたパレスチナ人は激怒した。

「これらの本にはユダヤ人がかわいそうな目にあったと書いてある。かわいそうなのは我々パレスチナ人なんだ。そんな本をここに置くんだったら、もう協力しない」

私は無視していたが、しばらくして、スパッフォード・センターのマネージャーがやってきて、かたっぱしから本をチェックしだした。私が抗議すると「パレスチナ人は単純だから」と説明した。逆にパレスチナ人を喜ばすのは簡単で、ガッサン・カナファーニ、マフムード・ダルウィーシに岡本公三を付け加えれば完璧である。

同じ若者とコソボ問題を話したことがある。

「イスラエルはコソボ難民を人道的理由から受け入れることを宣伝している。なんて偽善的なんだろう。自分たちが五〇年前我々パレスチナ難民を作り出したことを忘れたとでもいうのだろうか。我々はいまだに難民として存在するんだぜ」

「平和的解決方法は?」

「パレスチナが全世界を支配する。難民の気持ちを思いしらせてやるのさ」

その若者は、職を求めてベネズエラへ移住したパレスチナ人の子供で、ベネズエラ国籍を持っている。和平合意以降、ごく最近パレスチナに戻ってきたのである。難民の気持ちなんて彼に本当にわかっているのか疑わしい限りだ。

一九八七年から始まったパレスチナ人の抵抗運動で、パレスチナ人の教育水準は著しく低下したと言われている。検閲はきびしく、出版は規制され、本の輸入も著しく制限された。

自治政府ができてからは、随分と改善されてきている。しかし、逆にパレスチナ自治政府の検閲が始まり、ナショナリズムを助長し、おかしな方向へと向かう可能性もあるわけである。今まさにパレスチナの子供たちには平和教育が必要とされている。

インティファーダはまだ続いている

難民キャンプに行くと、子供が寄ってくる。日本人だとか、空手とかさんざんからかって、「お金をくれ」とせがんでくる。「だめだ」と言うと石が飛んできたり、瓶が飛んできたりする。

大人のパレスチナ人にそのことを話すと、「それは子供が君のことをユダヤ人だと思ったんだ」と言って子供を叱ろうともしない。「石の革命」と言ってもてはやされた抵抗運動も随分と落ちぶれてしまったものだ。

ラムゼイ・フセインは、アマリ難民キャンプで育った。一九八七年インティファーダが始まった頃、彼は八歳だった。学校帰りの途中、人だかりがしてイスラエル兵ともめていたので見に行ったら、銃声がして、隣にいた友人が撃たれた。ラムゼイは、泣きながら石を兵隊に投げつけた。その子供の写真は全世界へ報道された。それから一〇年経って彼は再びマスコミに取り上げられることになった。今度はビオラを弾いている。九三年にできたナショナル・コンサルバトリー（音楽学校）の優等生としてだ。

彼が抵抗運動をやめた理由は、パレスチナ自治政府ができたからだ。「イスラエルに捕まれば、保釈金を払えば出してもらえる。自治警察に捕まってみろ。それこそいつ出してもらえるかわからないぞ」と脅されたからだ。

音楽について彼は語る。

「音楽は自由だ。国境なく世界が繋がれる。僕はパレスチナ人がこれだけできるんだということを訴えていきたい。難民キャンプの人間だってモーツァルトが演奏できることを世界に知ってもらいたい。僕たちは石を投げるだけではないんだ。今はビオラで戦っている」

パレスチナ人の多くも石を投げることの無意味さを感じている。今では、イスラエル兵に石を投げるとパレスチナ警察がやってきて、殴られてしまうからだ。

政治と音楽

一九九九年一月二八日、ダニエル・バレンボイムがパレスチナの西岸へやってきて、歴史的なコンサートを開いた。

「音楽はいかなる政治的な解決をもたらさないが、私が今日ここにやってきたのは個人としてであり、私の気持ちをあなた方と分かち合いたいからです。私は、国家の共存を信じています。このような相互の関係こそが、文化的実現にたどり着くことだと思います」と言って、彼はナザレのパレスチナ人ピアニスト、サリーム・アブードと連弾を始めたのである。

この件についてのコンサルバトリー側の言い訳というのが『エルサレム・タイムス』に載っていて面白い。

「私たちは、イスラエルとのジョイントプロジェクトを和平プロセスの文化交流としてやろうという気はありません。バレンボイムの場合は、個人として来てくれたわけでして、つまり、アルゼンチン人として歓迎するわけです」スヘイル・クーリー（コンサルバトリー代表）。

バレンボイムはアルゼンチンの出身なのである。

実際、多くのイスラエルの演奏家は西岸での演奏を拒否されている。

毎年夏には、野外でラマッラー・フェスティバルが開かれる。今年のテーマは、「アラブ！」。昨年などは、南アフリカやスペイン、チリなど各国からのゲストが集まり、文化の多様性を感じさせる面白いコンサートだったのだが、アラブ一色にしてしまうと、これが実にうるさいだけの歌謡曲で商業主義にどっぷりと浸かってしまっている。ファイルーズがかつて切々とレバノンからアラブを歌い上げた時代は過ぎ去った。

今回、ナザレから呼ばれたバンドの中にイスラエル人が入っているということで、二人をのぞいて他のメンバーだけが招待されたそうだ。主催者は「和平が停滞している状況で、イスラエル人を西岸に入れる訳にはいかない」と言うのである。

「何が重要かというと、イスラエル人の私が大入りの客の前で演奏し、人々は、政治的ではない関係が今本当に必要だということがわかったことではないだろうか。私は文化的な関係、内面的な関係が本当に大切だと思う。私はこのコンサートが即座に何らかの効果をもたらすかどうかはわからないが、私と彼らの間で、多くのことが達成でき、されるべきであることが示せたと思う。私がそこで、数百人の観衆の中で何事もなく、そして暖かい雰囲気に包まれて演奏できたのは重要なことだ。」

ダニエル・バレンボイムが『エルサレム・ポスト』紙に語ったコメントである。

ジャズは民族を超えるか

バレンボイムには気に入ったピアノがあって、演奏の度にそのピアノを運ばなければならない。ピアノがある所ならたとえ地の果てだろうと、やってきて演奏してくれるジャズ・ピアニストがいる。河野康弘氏だ。

「ピアノを作ろうとすれば多くの木を切らなければいけない。環境破壊によって作られたピアノが捨てられていくのは忍びない」と、誰も弾かなくなったピアノがあるところを訪ねていって演奏する。彼は活動を「出前コンサート」と呼んでいる。場合によっては、引き取って修理して途上国へ送ったりする。パレスチナにも五台のピアノが修理されて送られてきた。

河野氏のオリジナルに「わっはっはのブルース」というのがある。わっはっはと笑うことで身体のバランスを整えるという気功の教えをブルースにした曲だ。聴衆も三・三・七拍子で「わっはっは」と笑いながらビートをとっていく。打楽器で参加したりステージに上がったりしてピアノを叩くこともＯＫだ。

送ったピアノはコンサルバトリーや小学校へ届けられ、未来のバレンボイムのような演奏家を育成するのに役だっている。河野氏のピースコンサートツアーは、一週間でガザ、ヘブロンなども含め合計一一ヵ所を訪問し、「わっはっは」で平和を訴えた。普段ジャズなど聞いたこともない子供たちも「わっはっは」には大喜びで、障害者の子供たちを招待したコンサートでは、ミュージックセラピーの効果を立証できた。

アメリカで公民権運動が成功したのはＭ・Ｌ・キング牧師などの偉大なる指導者がいたことが重要なのだが、一方で、デューク・エリントン、ビリー・ホリデー、マイルス・デイビス、チャーリー・ミンガスなどの活躍から目をそらすわけにはいかない。黒人奴隷が殴られる擬声語を冠したビバップと呼ばれる演奏スタイルで、自分たちの置かれた状況を訴えた。そしてジャズは崇高な芸術へと発展していった。尊敬すべき黒人像を世界へ焼き付けていったのである。

パレスチナ民族主義から発生した音楽に普遍性を見いだすことができるだろうか。ジャズというインターナショナルな音楽とパレスチナ・ナショナリズムをぶつけてみたかった。

河野氏と競演するのに選んだのはナザレ出身の歌手リム・バンナである。彼女は歌うことの意味を語ってくれた。

「一つには政治的な意味あい。マフムード・ダルウィーシャやタウフィーク・ザイヤードの詩、そして母も詩人だったので、彼らの政治的な詩に曲をつけて歌っている。そしてパレスチナのフォルクローレ。若い人は最近聞かなくなっているから、新しいスタイルにして伝えていくこと。私は歌うことにミッションを感じるんです。パレスチナ人として歌うこと。パレスチナをみんなに訴えていく」

「イスラエルは五〇年間土地を私たちから奪って家を建ててきた。でも、それだけでしょ。ヨーロッパ、アメリカ、イエメン、エチオピア、いろんな国から集まってきたユダヤ人たちは、共通の文化を持てない。でも私たちパレスチナ人はずっとここにいて戦いつづけてきた。共通の文化がある」

彼女はユダヤ人と同じステージに立つのを嫌う。

「そういうのは断ってきたわ。パレスチナ人の今の状況は全く改善されていない。それなのに、いかにも平和ですってステージに並べられるのには耐えられない。何かを訴え続けなければね。でもこないだ初めてユダヤ人と一緒に歌った。NOAというシンガーで彼女はイエメン系ユダヤ人。左翼の人ね。スイスのダボスという所でワールド・エコノミック・フォーラムがあってそこで歌った」

「ジョン・レノンの『イマジン』を歌った。最初に私がアラビア語で、そして彼女がヘブライ語で歌った。そして最後は英語でデュエットしたのよ。パレスチナの代表団の人たちが感動して駆けつけてくれた。よくやってくれたってね。私はパレスチナ人の誇りとして歌っていくことに意味があると思うの」

私は彼女にお願いした。

「エルサレムでパレスチナを歌ってもらえますか」と。

前半は河野氏のジャズ。スタンダードが中心だったが、パレスチナ人は河野氏のようなパワフルな演奏に接するのは初めてのようで、皆テクニックに酔いしれていた。バンドも即席で集めたのだが、ニューヨークで活躍しているベテランドラマーのボブは特に河野氏の演奏を気に入ってぼかすか煽りだした。

そして後半はリム・バンナのステージだったが、明らかに彼女も煽られていた。彼女は「ハイファの風」という曲からスタートした。

あの人に、ハイファの海の風をあげて下さい
独房にいるあの人に、ジャアファの風をあげて下さい
なぜならば、独房の中はあまりにも、寒く、熱い
彼を一人にさせないで。独房の中はあまりにも寂しいから

＊ハイファ、ジャアファはアラブの町であったが、一九四八年の中東戦争でアラブ人たちは難民として追われた。パレスチナの失われた故郷のシンボルとして使われる。ガッサン・カナファーニの小説『ハイファに帰って』が有名。

そして、最後には河野氏のジャズバンドが加わって、リム・バンナがパレスチナの民謡を歌ったのである。

ドラムはアメリカ人、ギターが旧ソ連、ピアニストが日本人、サックスがオーストラリア、そしてベースは偶然にもユダヤ人であった。そしてアンコールはこのメンバーで「わっはっは」のブルースをやったのである。

実はリム・バンナは、彼女流のこだわりみたいなものから、あまり「わっはっは」をやりたがらなかった。ところが、最後は自然とみんなが「わっはっは」の気分になってしまっていたのである。

イスラエルとパレスチナの政治的和平はなかなか進まない。しかし、一方で彼らは憎しみ合いながらも経済的共生を続けてきたことを忘れてはならないだろう。これは冷たい共生と言っていいかもしれない。

我々はいったい何をもって共生社会へ夢を馳せるのか。我々がめざす共生社会とは、お互いの文化を尊重し、人間として尊敬しあう関係が存在するそのような平等社会である。

しかしながら、私がアラブ人とつきあうだけでも、お互いの文化が衝突し、時には紛争へと発展する可能性もある。「異なる文化を理解し尊重すること」、口で言うほど簡単ではない。理解すればするほど軽蔑したくなることだってある。これが文化のちがいだ。

しかし文化の衝突から弁証法的な人間関係が生まれる瞬間がある限り、夢を失ってはいけない。エルサレムにはそのような緊張したシナジー(相乗)効果が期待できるがっぷり四つの町だ。我々にできることは土俵から落ちた人を戻してあげることかもしれないが、気がつくと自分も土俵の真ん中にいたりするのである。

（パレスチナ事務所）

第8章 NGOによる調査研究・政策提言活動

❖ひとと情報のつながりを求めて

高橋清貴

「グローバリゼーション」という言葉がある。九〇年代に入って、国、企業、農民などあらゆるレベルの人々が貨幣を介した取引関係によって結びつき、国際社会が一つの市場のようになってきた状況を示すものとしてよく聞かれる言葉である。途上国の農村社会も、国際市場の荒波のあおりを受けている。自給を中心として穏やかでそれなりに充足して送っていた生活から、輸出入を柱にした農業に従事するには、農産物や農業資材の価格などが国際市場で決められても生き抜いていけるような能力を持った「強い個人」となることを要求されるようになってきた。グローバリゼーションは、人々にさまざまな機会を提供するというプラスの面（「光」の面）がある一方で、貧困にあえぐ人々の数を増やすというマイナスの面（「影」の面）もあるのである。

「影」の部分をどうやって「光」に変えるか。世界銀行やアジア開発銀行、日本を含む主要援助国も貧困削減を主目的に掲げ始めた。しかし、「貧困」の意味を曖昧にしたまま、「貧困」を生み出す根本的な構造の問題に手を着けずに、本当に「光」だけの世界を作り出すことができるのだろうか。これまでのように所得水準で「貧困」を定義し、経済的成長を目的として、開発をより農村社会へ、より草の根レベルへと拡げていったとしても、農民を現金獲得だけを目指すような経済人へと変えていくだけではないのか。そして、農村社会の外部への依存を高める結果、むしろ貧富の格差を拡げ、「貧困」に苦しむ人の数を増加させるだけではないのだろうか。

少しずつだが、見直しの契機が生まれ始めている。市場経済と渡り合っていけない「弱い個人」を救う社会的セーフティ・ネットの必要性を訴える動き。循環をベースにした生活のために地域資源を取り戻そうとする動き。市場経済における鍵は情報であるとして、さまざまな場で対話の場を作ろうとする動きなど。しかし、最も必要なのは、これまでの「開発」の考え方の根底にある経済学の見直しではなかろうか。今回、タイで調査を行なってみて、ますます疲弊していく農村を見ていると、これまでとは違った視点で「経済」を捉え直す必要を感じたのである。確かに経済は社会にとって大切だが、あくまでも社会の一面を表す言葉であって、社会のすべてではないはずだ。また、経済の有り様も人々の暮らす環境や文化的背景などによって違うはずである。

社会には貨幣を介さないで行なわれるさまざまな交換行為がある。むしろ、貨幣によって交換できないもののほうが社会には必要である。しかし、今の考え方では、「経済学」を成り立たせるために「貨幣に交換できないもの」を貨幣に換算して組み入れようとする傾向がある。その結果、経済は肥大化し、社会の一部であったはずの経済が社会自身によってコントロールできなくなってきているのである。その一つの現れがバブル経済であり、アジア通貨危機である。このような潮流に対して非力な途上国農村の人々は、どうすれば安心した生活を築いていけるのだろうか。最新技術や情報を持たない農民は、グローバル経済の一端を消費者として担いつつ、その負の影響だけは受けざるを得ない存在に過ぎないのだろうか。

根本的な問題解決は一足飛びには難しいだろう。しかし、グローバリゼーションは、同時に人の移動を容易にする可能性も与えてくれている。国境を越えて、「北」と「南」を分け隔てることなく人々が繋がり、同じ問題を一緒に考えていくことが可能になりつつある。その人のつながりの中で構造的な問題を共に解決していけるのではないだろうか？　そして、そんな人の繋がりを作ることにＮＧＯの一つの役割を見いだせないだろうか？　そのためには何をすればよいのか？　こうした疑問を抱きながら、タイで調査を行なってきた。以下は、その報告である。ここでは、この活動を振り返りながら「グローバリゼーションの時代」におけるＮＧＯの役割、特に調査提言活動の意義を考えてみたいと思う。

なぜそんなに借金をするのか？――タイ農村金融調査に取り組む

切り口は農民の経済、そして借金である。タイの農民は今、膨大な個人負債に喘いでいる。さまざまな理由が挙げられるだろう。以前より農業に多くの資材（化学肥料や農薬）の投入が必要になり、コストがかかるようになったこと。農産物価格が国際市場競争の中で低く抑えられてきたこと。そして、生活面において教育や保健にかかる出費が増え、さまざまな消費財の購入の機会が増えてきたことなどが挙げられるだろう。今回の調査の対象である農業・農業協同組合銀行（ＢＡＡＣ）の登場や車などの大型消費財の割賦販売制度が導入されたことで、消費を促進する環境が整ったことも重要な原因であろう。借金は、農家の営農と生活がますます貨幣に依存するように変わってきたことの「影」の部分の一つの現れである。

今、農家は契約栽培などの確実に売れる作物を大規模に作る農業に向かうか、都市へ出稼ぎに送り出した家族からの収入に頼った生活に向かわざるを得ない。農業と生活が自分のコントロールできない市場の動向や景気に強く依存するようになる一方で、借金などの不安要素を増やしている。タイで政府が進めてきた農村金融の整備は、農民がお金を借りやすい環境を作ったのだが、実際には、一つの借金を返済するために別のところから借金することを容易にして、返済利子だけを膨らませていくという事態を恒常化させる構造を作り出したのである。東北タイで調査中に出会った農民の多くは、複数の個人・金貸し業者から金を借りていた。この現実を分析することで、途上国の農村における市場経済化の一面を考察してみたい。

❶調査の目的

調査に当たって二つの目的を設定した。一つは、タイの農家の経済はどうなっていて、なぜ借金を増やしてしまうのか。そのメカニズムを知ること。そしてもう一つは、タイ農民にとって最大の貸し手である農業・農業協同組合銀行（BAAC）とはどういう機関で、なぜ農民に受け入れられて、どのような業務を行なっているのかを把握することである。

最初の目的は、次の疑問に応えるためのものである。一般に、貧しい農民は金さえも借りられないから貧しさから抜け出せない、貧しい農民も低い金利でお金を借りられれば生活は豊かになる、と言われている。それに対して、金を借りられても借金が増えるという現況をどう考えればよいのか？借りることができた農民は、どのような〝生活の豊かさ〟を享受しているのか？　という疑問である。

これらの問いは専門家ならば既に承知済みのことかもしれない。それでも、こうした素朴な疑問から調査を始めることにしたのは、専門家ではない人たちが借金の増える仕組みと背景を知ることが重要であるという観点から、素朴な疑問から段階的に構造に追っていく調査プロセスをタイの農民やNGOと共有したいと考えたからである。

二つ目の目的であるタイの農村社会におけるBAACの役割の検討は、次の疑問から来ている。BAACは銀行であり、いろいろな方法で集めた金を貸し出して利益を上げることを業務目的としている。その一方でBAACは農業振興のための政府機関としての役割を持ち、さまざまな農業振興政策を行なっている。たとえば、農産物の多様化のために、特定作物を栽培する農民に優先的に資金の貸し付けなどを行なってきた。すなわち、BAACは銀行でありながら、国の農業振興という公的な役割をも同時に持っているのである。この二面性は、農民のBAACに対する認識に不満と期待の入り交じった複雑な感情をもたらしている。

ここから、BAACの行なっている農業振興は、本当に農民の望んでいるものなのだろうか、という疑問が起こる。すなわち、国の農業のためだけでなく、農民という人間のためにどのような公的な役割を果たしているのだろうか、ということだ。農村社会に深くコミットしているBAAC（八〇％以上の農民が顧客）であればこそ、タイ農村社会のあり方を考える上で、その存在は重要なのである。

❷調査方法

調査は次のような方法で行なった。まず、負債の状況を知るためには、農家の世帯別に家計を調べる必要がある。アンケートでもインタビューでも、こうした農家の経済状態、つまり戸別家計の調査においてまず考えなければいけない問題は、得られるデータの信憑性である。どのような目的の調査であれ、誰でも家計の中を覗かれたくないものだ。まして、借金を抱えているような状況では、正し

村の調査協力者たちとの打ち合わせ（カーラシン県ナークラダオ村）。

い情報を提供してくれる保証はない。

この対処には、一つのデータをさまざまな角度から検証するクロスチェックという方法がある。ある知り合いの調査者は、正確な数値の把握はできなくとも、「比較的豊か」か、「比較的貧しい」かを知るだけでもある程度の傾向を計れるということで、相対的な「豊かさ」の度合いを電気の消費量でチェックすることなどをアドバイスしてくれた。また、データを数多く集めて、平均値を取ることで、ある程度のでこぼこをならすことができるだろう。しかし、どちらにしても相当に時間と手間をかけて調べる必要がある。

実質半年という限られた時間の中で、データの確度に必要以上のエネルギーをかけるのは難しい。まずNGOらしくない。結局、アンケートなどを通して数値データを得るにしても、大まかな傾向を知る目的で使うことに限定して、むしろ調査の主眼を「なぜ返済不能なほどの負債に陥ってしまったか」というストーリーをインタビューを通して集めることにした。「負債を抱えるに至ったストーリー」によって、何が問題で借金を増やしてしまったのかを農民と共に省みることで、より真実に迫ることができるだろうと考えたのである。さらに、インタビューを通して、農民と親密な関係を築くことができれば、農民の方から進んで詳しい情報を提供してくれるかもしれないという期待もあった。

実際、調査を始めてみると、多くの農民が自分の状況を聞いてほしいとインタビューで積極的に話してくれた。NGOが行なう調査は、客観的で確実なデータを集めるのが最終目的ではなく、負債問題を農民自身が解決する環境を整えること、すなわち農民が自分の置かれた状況を客観的に知る機会を提供することも重要な役割になる。そして、この観点から、何よりも同じ問題意識を持つタイ人パートナーが調査に加わることが重要と考え、共同調査という方法を真剣に考えることとなった。

結局、この調査に数多くのタイ人が協力してくれたが、それがまた次の活動のための資産となっていった。この点もNGOの、特にJVCにとっての調査成果であった。後述するように、パートナー探しの足がかりは、バンさんというJVCタイのローカルスタッフであった。彼の人脈によって、調査の仲間はNGO-CODというタイNGOのネットワーク組織に広がり、さらにコーンケーン大学という貴重な協力者を得ることができたのである。

今では、タイ人との共同調査であったことが、この調査プロジェクトの最大の成功要因であったと言える。負債問題は長い時間かかって生じてきた構造的なものであり、この問題の解決には同じように長い時間を必要とする。日本のNGOでは長期の関わりには限界があるが、タイ人のNGOや研究者は解決策を農民と一緒に長期的に考えていけるからである。そして、この人のつながりを広げていく上で何よりも役だったのが、時間をかけて集めていった「借金に至ったストーリー」という情報だ

聞き取り調査（ローイエット県チンクワン村）。

った。

調査は「知る」という情報収集の営為だが、改めて、外部の者よりも問題を抱えている当事者にこそ必要なことだと感じた。自分たちの生活を規定する構造を客観的に知ることで、彼らは自らの力で解決方法を探し出す可能性を自覚し、それがアイデアを生み出すきっかけとなったのである。情報の一方的な搾取とならないように、各村でフォーラムを開きながら調査結果をフィードバックしつつ、農民たちの活発な議論を聞いていて、NGOの調査の意義と役割に対する認識を新たにしたのである。

調査から見えてきたこと

❶農民の債務

タイではこれまで、農民と負債はほとんど切り離せないものとして語られてきた。過去二〇年の間、農民は増え続ける負債に悩まされてきた。一九九九年三月に発表されたある政党の報告書によれば、現在半数以上の農民が債務を負っており、農業従事者人口は年々減少していながらも平均負債額が増加している。なぜ農民はそれほど借金を増やすのだろうか？

現在、タイの農民が借金をできる先は複数ある。主なところで、政府系農業金融機関（BAAC＝農業農業協同組合銀行）、民間の銀行、農協などの機関貸し手（フォーマル）。そして、法律では認可されておらず、時には不当に高い金利を押しつけることもあるが、地元の町や村で身近な存在として金を貸してくれる非機関貸し手（インフォーマル）。また、農作物の中間業者やサトウキビ経営者、役人、親戚や近隣の人などもいる。さらに少し性格は異なるが、マイクロクレジットを提供するＮＧＯも農民にとっては貴重な貸し手となる。

今回調査したのは政府系金融機関ＢＡＡＣ（農業農業協同組合銀行）である。ＢＡＡＣが一九六六年に設立されてから、農民は借り入れ先を街金などのインフォーマルな貸し手からこのようなフォーマルな貸し手に比重を移してきた。しかし、それでインフォーマルな高利貸しがいなくなったかというと、そうではない。統計上には現れていないだけで、現実には、インフォーマルを含めて複数の貸し手から借りている農民は多い。彼らからの借金を含めれば実際の農民の負債額はかなりの額になると言われている。ナコーンラーチャシーマー教員大学のソムキエット氏の報告によれば、一九九七年度で約四八〇〇万世帯の農民が総額約二〇〇〇億バーツの負債を持つが、このうち非機関貸し手からの借金は約一三〇〇億バーツにのぼる。農家一世帯あたりの負債は約三万五〇〇〇バーツとなって、農民の平均所得三万バーツを上回る。

❷増える暮らしのリスク

タイは、道路もでき、電気も入り、病院も整い、学校の数も増えて、生活を支える基盤は豊かになった。しかし、その一方で、低迷する農産物価格に対抗して生産性を上げるために化学肥料や農薬などの投入を増やしても、それらの資材価格の高騰もあり、実収入は上がらず、結局は農業に見切りをつける人も少なくない。また、病院や学校などが整備されても、所得に限界があるためにそれらを十分に享受することができない。現金を稼ぐためには、これまでのように農業だけに頼っていただけでは限界があると、借金をしてバクチ的に儲かる作物に転換したり、副収入の賃金労働に頼らざるを得なくなってきている。

この一〇年で農業に携わる人の数は大きく減少し、八九年には約二〇〇〇万人もいた農業従事者が九五年には一六〇〇万人まで減少している。特に一五歳から二四歳までの若者の農村離れが進んでおり、減少率五〇%と非常に高い。タイに出稼ぎが多いのは有名だが、出稼ぎも、新しい事業も、常に失敗するリスクが伴う。そして、借金に頼った生活は、人々にリスクと向き合う機会を増やしているのである。

「貧しさ」を測る指標として使われてきた「所得」という数字だけでは、リスクの大きさが見えてこない。調査の間、以前に比べて生活が不安になったと訴える農民に多く出会ったが、彼らはその不安を解消するためにますますお金を求めてしまうという、皮肉で深刻な状況にある。生活苦から現金を求めて投機的な仕事に投資するが、失敗して借金を増やし、その不安を埋めるためにさらに現金を求める、という図式である。

本来、お金は「生活する」ためにあるものなのだろうが、お金は手段を超えて農民の「精神」にまで影響を及ぼし始めている。タイ農村で出会った多くの農民が「貧しい。お金がない」という言い方をするが、それは不安を表現しているのであって、本当に解決してほしいと思っているのは、この不安の解消なのである。そして「不安の解消」のためにお金を求めていく思考回路が作られていく。それをニーズと捉えてお金を借りやすくするような「開発」（農村金融の振興）は、逆に借り手の不安を増加することにもなりかねない。自己資本が少ない銀行が「危ない」と言われるように、負債が多い農民や村も不安定で危ないのである。農民の借金は、暮らしの安定という観点から、これまでとは違った意味での新しい「貧困」と捉えてみる必要があるのではないだろうか。

❸農村に入り込む農業・農協銀行

BAACは、一九五〇年代、協同組合銀行が不良債権の増加によって経営破綻に陥った後、米国の対外援助機関の調査報告に基づいて、所管を国家開発省から大蔵省に移して一九六六年に設立された農業目的への貸付に特化した銀行である。協同組合銀行破綻に際して指摘された専門家の不足、返済能力のない零細農家への貸付、貸付金の生活費への流用、貸付審査・回収の甘さなどの問題点は、比較的裕福な個人農民を直接管理して融資するという経営を行なうことで改善を図ってきた。

しかし、返済能力の高い比較的大規模な農家を中心的な融資対象とするという設立当初の経営方針も、新規顧客開拓のプレッシャーの中で所得の低い農家にも少額融資を提供して顧客数を増やすという経営方針に変わっていった。その結果、数が多い貧農に対しては、借入限度額だけをしっかりと設定して、後は十分な審査や経営指導などは行なわずに貸し付ける経営戦略をとるようになった。こうして一万三〇〇〇人ものスタッフを抱えながら、一人当たり換算で毎年約七万バーツ（二〇万円）ものボーナスを支払えるほど収益性を上げる銀行として成長を遂げてきたのである。

この利益優先型農業金融機関は、融資という信用事業の他に、ＴＡＢＣＯ（Thai Agricultural Business Company）という農業資機材ブローカーや、それを小売り販売する農業市場センター（Agricultural Marketing Center）と連携して購買事業を行ない、また農民の不安の一つである葬式費用をカバーするための保険などの共済事業も行なって、あらゆる角度から農村社会に入り込んでいった。これによって農村社会の中でのＢＡＡＣの存在が大きくなり、ＢＡＡＣへの返済を第一優先とするようなメンタリティを農民の間に育てることに成功したのである。

インタビューで、多くの農民が負債に頭を抱えながらも、ＢＡＡＣは必要だと答えていたが、農民のこうした矛盾した気持ちは、タイ農民にとってＢＡＡＣの存在がいかに大きいかを示している。借金はしたくないけれどお金がない。返済は厳しいけれど、返さなければ葬式費用などが不安になる。農業はやめたいけれど資金がない。出稼ぎや作物転換に取り組んでみたけれど収入は安定しない。それにもかかわらず、日々出費は大きくなっていく。このように農民は、相矛盾した気持ちを交錯させながらＢＡＡＣとの関係を続けているのである。今では、約八〇％のタイ農民がＢＡＡＣの顧客となっている。

❹崩れていく村の相互扶助

農村社会にＢＡＡＣが深く入り込んでくると、農村社会のあり方も変わってくる。特に顕著なのは、村の農民同士の横の関係が崩れてくることだ。ＢＡＡＣは、農民にとって自分たちでコントロールできない外部の組織である。しかし、融資を受けたり、葬式費用を賄ってもらったり、農民一人一人がＢＡＡＣとの関係を深めれば深めるほど、農民は村自身の組織への関心を失っていく。その結果、貯蓄組合や葬式組合など、かっては村が村人の生活を安定させるために作ってきた組織が弱体化していったのである。

農民が村の住民組織に関心を失っていく大きな要因の一つは、やはりお金にある。たとえば調査した村の葬式組合は、加盟しているメンバーが亡くなった時に約三〇〇〇バーツを葬式費用として提供するが、それでは実際の葬式費用を賄い切れない。それに比べてBAACは、カバーする地域が広く、加盟者が多いので、約一〇万バーツを提供してくれる。この違いは大きく、調査した農民の中には、BAACから借金はしたくないが、葬式組合に入りたいから、顧客登録をして金を借りている者もいたほどだ。また、BAACを銀行ではなく、国が経営している福祉機関だと信じている農民もいて、BAACが農民にどのようなイメージで受け入れられているかがわかる。銀行と公的機関というBAACの二つの「顔」がこういうところでうまく働いているようである。

結局、農民の生活の中でBAACの存在が大きくなってきて、村内の住民組織の役割は小さくなってきたのだが、それでもまだ完全に貯蓄組合や葬式組合がなくなってはいないのも事実である。これは、おそらくBAACには依存しつつも、最終的にはやはり小さな規模でも自分たちで管理できる組織を残しておきたいという「安心」を求める気持ちの表れではないかと想像できる。農民一人一人が自分の生活を良くしていきたいがためにBAACとの関係を深めているが、同時に村人同士の競争意識から横の繋がりが希薄になり、村が分断され、別の意味で不安感が頭をもたげてくる。だから、どこかで横の繋がりを保つためにあまり実質的には役立たないのだけれども、細々と貯蓄組合や葬式組合を続けているのだと、ある農民は述懐していた。

❺問題点

　これらのエピソードは、普通のタイ農民が何を考えて暮らしているかを教えてくれる。それは、農民たちが何よりも「生活の安定」を求めているということだ。あるいは「安心した暮らし」と言っていいかもしれない。「安心」の提供は、本来国が行なうことで、BAACの役割に他ならないはずであった。だからこそ、日本政府は二〇年以上にもわたってBAACを資金的に支援していたのである。

　しかし現実には、ここまで述べてきたように、BAACは葬式組合のような共済事業によって「安心」を提供するように見せかけながら、十分な審査もなしに安易に農民に金を貸し続け、利潤を上げてきた。一定の利潤を上げることは、BAACが組織として自立して存続していくためには必要だから、必ずしも否定されるべきものではないかもしれない。しかし、その利潤の程度と業務のやり方に問題はないのだろうか。民間の商業銀行であるならば、利潤追求に制限は必要ないかもしれないが、公共機関として農業を、そして農民に「安心」を提供していくはずのBAACが、一体何をしてきたのか、もっと公開の場で議論されるべきではなかろうか。

　たとえば、業務のやり方に関しては安易な貸し出しが問題である。返済不能となる危険性を知りながら借り増しを促し、農民はBAACの言うことだからと異を唱えずに言われるままに借り続け、借金を増やしていった。そこに貸し手の責任はないのだろうか。担保を持たない貧農のグループへの短期融資は一〇万バーツが貸付限度額となっている。それとBAACから葬式組合のメンバーに葬式費として支払われる額とがリンクしていることがBAACスタッフへのインタビューでわかった。つまり、一〇万バーツという上限がある限り、返済が滞っても、最終的にその顧客が亡くなって支払われる葬式費用で返済できる仕組みになっているのである。

父親が残したＢＡＡＣへの借金を、葬式費用から返済した若い農民は、このことに倫理的な疑義を訴えていた。ＢＡＡＣの年次報告書で公開されている毎年の純利益の額を農民は知らなかった。その額を農民たちに示した時の彼らの驚きは大変なものだったが、多くの農民はＢＡＡＣの実態を知らずに、ひたすら「お上の機関」と信じて、言われるままに借り入れを続けている。こうした事実を知ると、どうすれば農民自身が必要な情報を得やすくなるかを考える必要があることを痛感する。

調査の仲間たち

借金について調べることは簡単ではなかった。誰が借りられて、誰が借りられないのか？　借りた人は、借りた金をどのように使ったか？　借金が増えるのはなぜか？　借金を増やす人と、逆にうまく利用して儲ける人の違いはどこにあるのか？　お金を貸す人は、特にインフォーマルな貸し手は何に注意して貸しているのか？　プライバシーに触れることを外国人にどこまで正直に話をしてくれたか、一〇〇％の確信はない。

限られた時間の中で農民と協力する形で調査を進めるために、タイ人の協力者を求めた。結局、約二〇〇ほどのタイＮＧＯのネットワークであるイサーンＮＧＯ-ＣＯＤと東北タイの代表的な大学であるコーンケーン大学との共同調査が可能になったが、一年間の調査期間のうちの半分は、この準備のために費やされてしまった。

それでも、この調査プロジェクトを共同で進めたことに一定の意義があると思っている。何よりも、今後も協力者たちとの関係が築かれたこと。そして、彼らを通して、間接的ではありながらタイ農民と関わり合う道が残されたからだ。社会構造として根深く人々の暮らしに入り込んだ借金という問題は、解決には時間がかかる。どのようにすれば解決ができるのか、調査からは明確な答えを導き出せ

調査結果を村人に報告（シーサケート県キーレック村）。

なかったが（更なる資金の投入はむしろ状況を悪化させるだけ）、日本とタイの農民の交流、インドシナ地域内での農民の交流など、さまざまな試みを今後も続けていく環境を準備できたのではないかと思う。以下では、この共同調査を通して、どんな仲間と協力関係を持ち、人のつながりを広げていったか、そのプロセスを紹介しよう。

❶バンさんとの出会い

調査は、現在JVCタイのローカル・スタッフとなっているパイロー・モンコンブンルールート（通称バンさん）との出会いから始まった。この調査を共同調査としてやり遂げることができた要因の筆頭に彼の協力が挙げられる。私はタイ語が不案内だったので、国際NGOの下で一〇年以上も働いた経験を持ち、英語が堪能な彼がいなければ言葉の壁につまずいて調査はおろか、協力者すらも得ることはできなかっただろう。また、人付き合いが巧みな彼は、多くのNGO関係者や農民運動家、大学の研究者を知り合いに持っていたので、彼を通じて多くのタイ人と今回の調査の主旨を共有することができた。その中には、二〇〇あまりのタイNGOのアンブレラ組織であるNGO-CODの全国代表やイサーンNGO-COD支部の代表などの重要人物も含まれる。

調査対象地域は東北タイと既に決めてはいたが、来タイ前はしばらくバンコクでタイ語の学習と農業政策関係の情報収集をする計画でいた。しかし、バンさんから「できるだけ早いうちにコーンケーンに入った方がよい。タイ語はコーンケーンでもできる」と言われて、早々にコーンケーンに拠点を移した。結果として、タイ語の学習が中途半端となってしまったが、タイでは何よりも重要な人間関係をうまく築けたので、やはり早めのコーンケーン入りは正解であった。

加えて、バンコクでは、どんなに資料を読んでも農村のことは知りようがない。また、バンコクを拠点に活動するNGOは、マクロ政策の提言において活発に活動を行なっているが、農村金融のような地味な問題には関心が薄く、情報も限られていた。一方コーンケーンでは、朝早くから近郊の農村から野菜売りのおばさんたちが大通りを埋め尽くすなど、農村を常に身近で感じられる環境にあり、その一方で三〇万都市としてスラム問題を抱えるなど、農村と都市の両面を持つ、まさにタイ社会を凝縮したようなところであった。したがって、ここを拠点を置くNGOには、都市問題から農業まで幅広い意識を持ち、現場と政策の両方に経験の豊富な人たちが多くいて、彼らからさまざまな視点からのコメントをもらうことで調査に幅を持たせることができた。まさにイサーンのNGOはパートナーとして申し分なかった。

❷二人の農村活動家

イサーンNGO-CODを共同調査のパートナーと決定した時に、調査が始まってから既に四ヵ月がたっていた。この時、イサーンNGO-CODは代表を含む運営委員の改選があり、これまでの三年間の活動を総括して次の三年間の方針を決める転換点にあった。その会議で、この調査計画が議題に上がり、団体として協力することが決定されたのである。

ここでまず彼らの間で議論となったのが「なぜ日本人が？」という疑問である。タイは日本と「開発」を介して密接な関係を持ってきた。特に「開発独裁」の影響を受けてきた歴史から、自らNGOを育ててきた人々がそのような疑問を持つのは当然だろう。この時に力を尽くしてくれたのが、四月に会ったデーチャー氏（イサーンNGO-CODの代表）であった。そして、彼を動かしたのがバンさんとの間の信用関係であったのである。結局、紆余曲折を経て、NGO-CODの構成ネットワークの一つであるAAN（Alternative Agricultural Network）のコーディネーターであるウボン氏とジョイ氏の二人が正式なパートナーと決まった。

二人は、それぞれヤソートーン県とマハーサラカーム県の農家の生まれで、NGOとして働きながらも、現在も農民として複合経営農業を実践している。AANのスタッフには農家出身が多く、仲間や家族がBAACや非機関貸し手から多額の融資を受けている者もいて、農民負債問題は他人事ではなく、高い関心を持っていた。

彼らは伝統農法や持続的農業の普及など数多くのプロジェクトを抱えて忙しい毎日を過ごしているため、家に帰って農業をする時間をあまり持てない。このため、まず彼らとのスケジュール調整が大変で、会議が直前になってキャンセルされるなど、予定通りに進まないこともあった。また、調査活動にはあまり慣れていないようで、すぐに目に見える改善を生み出さないことには関心を失いがちになり、そのたびに調査の重要性について時間をかけて話し合いを持った。タイでは、何よりも話をすることが重要である。

一般的な調査手法というものを学んだことのない彼らだったが、農民については誰よりも知っている。そして何よりも農民との接し方がうまい。腰を落ち着けて、世間話からじっくりと話を聞き出していくので、農民の方も信頼を寄せて自分からいろいろな話をしてくれた。しかし、残念なことに、レポートをまとめることが苦手なために、そうした貴重な情報の共有が十分できなかったことがある。それでも、彼ら自身にとって、新たな情報と負債問題をより深く考える材料を得る機会にはなったようだ。

この調査の後、政府が農民負債問題についての連続セミナーを開催したり、テレビのインタビュー番組で取り上げられたりした時などに、彼らはコメンテーターとして呼ばれ、この調査を通して見いだしたことを発表した。調査が彼らにこのような機会を提供することになったのであれば、日本のNGOの活動として一定の意味があったのではないかと思っている。

彼らが考える農民負債問題の解決方法は、農民への直接資金提供である。ここには農民に対する一〇〇%近い信頼と農民の持つ力に対する期待が現れている。一方、政治家や役人に対する不信感は強く、ジャーナリズムで政府内の陰謀や内幕を暴いてほしいと何度も言われた。

❸バムルン・ブンパニアとソムヨット

イサーンのNGO活動を知る上で、重要な二人を紹介しよう。NGO界の精神的支柱である重鎮と、フットワークの軽い世話焼き屋で日本人とも親交が深い若手である。

今回のタイ滞在で最も強い印象を受けたのが、タイ農民とNGOの尊敬を一身に受けているバムルン・ブンパニア氏である。バムルン氏は、「コー・チョー・コー」という森林保護の名目での政府による住民の強制移住が問題となった時に、「母なる大地」を守れ、と農民たちの先頭に立って政府側と交渉を行なった人だ。五〇代後半の彼は、今では穏やかな人柄だが、当時は舌鋒鋭い活動家であったという。バンコクのカセサート大学を優秀な成績で卒業し、イギリスへの留学経験も持っている。緻密な分析と明晰な論理をゆっくりと確認しながら巧みに英語を操って議論する彼の姿には、カリスマ性が漂う。日本ではこんな人物に出会ったことがない。

イサーンNGOの多くがバムルン氏のことを「NGOの父」のように尊敬して慕っている。私も彼の話の明晰さと洞察力の深さに感嘆していたが、ある日東北タイの村でNGOとして働くカナダ人と出会った時、彼もバムルン氏に絶大な信服を寄せているのを知って、お互い古い仲間の様だと言って笑ったことがある。

今回の調査でバムルン氏と知り合いになれたことは、これから先に更なる人間関係の広がりを予感させ、私にとって大きな財産となった。今回、調査がそれなりにスムーズに進んだのも、彼がアドバイザーとして関わってくれたおかげである。当初、日本のNGOが新規プロジェクトを前提とせずにタイ農村を調査することについて、タイNGOから「なぜ日本人が」と疑われ、理解を得られなかった。友人であるバンさんが連れてきた日本人として一定の信用があったが、適当に付き合っておけばよいという感じもまだあった。しかし、何度かの話し合いを通してバムルン氏と親交を深めたおかげで、私とJVC、そしてこの調査プロジェクトに対する他のNGOからの疑いが晴れ、それから調査は驚くほどスムーズに運ぶようになったのである。バムルン氏はまた、大学研究者やインドシナ諸国も含む政府関係者に多くの友人を持ち、今もその人脈を活かしてインドシナ地域をまたぐ住民とNGOのフォーラムを作ろうとしている。JVCもインドシナに現場を持つNGOとして、今後も彼や彼の仲間との関係をより一層深めていくことは有意義だろうと考えている。

もう一人忘れてならないのが、私のコーンケーン滞在に惜しみなく協力してくれたソムヨット氏である。三〇代後半の彼は、王室系の流れをくむ南タイの裕福な家庭の生まれで、仏教と自然をこよなく愛し、社会問題に対しても若いうちから強い問題意識を持っていたという。英語は堪能、またタイ人にしては珍しく意見をはっきり言う希有な存在だ。コーンケーン近郊の村で女性グループを組織して、伝統的な草木染めを普及しながら女性に副収入の道を開こうと活動している。話上手な彼はまた、北タイの少数民族の人たちにも草木染めの講師として呼ばれたり、その一方でタマサート大学とグリーン・マーケットというテーマの共同研究を行なうなど、八面六臂の活躍をしている。そんな中、私のコーンケーン滞在中、タイ語の文献を訳してくれたり、村に通訳として同行してくれたのだが、そのほとんどが無償の協力であった。彼に言わせれば、頼まれれば手伝うのが当たり前だというのだが、そんな彼の人柄が彼のまわりに人を集めているようだ。そして、彼を通して広げていった人のつながりが、この調査に新たな展開をもたらしてくれた。

ソムヨット氏の幅広い友人の中にBAAC上層部の一人、ピエンラート氏がいる。ピエンラート氏と知り合いになれたことは、今回の調査に重要な展開をもたらしてくれた。ピエンラート氏は今回の調査対象であるBAACの中の良識派で、最近は農民やNGOと協力して「グリーン・バンク・キャンペーン」と呼ばれる有機栽培の促進活動や、BAAC組織のアカウンタビリティを高める改革に取り組んでいる。ソムヨット氏を通して、NGOを理解する彼との出会いがあったことが、その後にB

AAC副総裁から更に総裁までも面談する機会をもたらしてくれたのである。

こういう一対一の人のつながりがどんどん伸びていき、思いもかけなかった出会いと展開を生みだしていけるところにタイでの活動の面白さがある。農村リーダーや大学の教授、街の金貸し屋から政府高官までもが親しく会って話ができるのである。

改めて言うまでもないが、こうして調査に新展開をもたらしてくれたソムヨット氏に知り合えたのも、JVCローカルスタッフのバンさんの存在が大きい。そして、このタイでの経験は、NGOにとって情報を共有することとネットワークを広げていくことの意義を改めて教えてくれたのである。

❹女性研究者の協力

コーンケーン大学との協力も、ソムヨット氏の紹介による。彼が女性グループに草木染めを普及していることは既に述べたが、その女性グループを通して知り合ったジェンダー研究者のニンという社会学者を紹介された。農村金融調査では、さまざまな情報の流れ、貸し手と借り手の交渉の仕組みを知ることが鍵になる。特に、インフォーマルな金貸しビジネスにおいては女性の役割が大きいということが既存の文献からわかっていた。そのことをソムヨット氏に相談してジェンダー研究者を紹介してもらったのである。ここでも、ソムヨット氏が農村女性を対象に活動していたという偶然に助けられた。

残念ながら、ニンさんもまた優秀で複数の調査プロジェクトに引っ張りだこであったため、協力を得ることはできなかったが、彼女の代わりに紹介してもらったのが、今回の大学側の調査協力者となったトンティップ・スントーンチャイさん（通称キンさん）である。その後キンさんにはタイで最も難し

い アドミニストレーション面の仕事で助けられて、この共同調査になくてはならない存在になった。元々秘書から研究者になった彼女は、責任感が強く、細かな調整業務も根気よくこなしてくれたのである。

タイでの共同調査の難しさの一つに、調査者間のコーディネーションやスケジュールの調整がある。事実、私たちの調査プロジェクトでも会合の都合が合わず予定が遅れたり、考え方のすれ違いや誤解から生じた衝突などがあったりして、何度も〝空中分解〟の危機に陥った。しかし、言葉の問題も含めてキンさんの献身的な協力があったおかげで、無事に調査準備からフォーラム開催までやり遂げることができたのである。

彼女の農民に対する誠実な思いと理解力も、結果の分析の際に大きな助けとなった。今は研究者の彼女は、元々コーンケーン近郊のラオ系の農村出身である。貧しくて教育が受けられないということで、叔父（留学帰りの公務員―警察官）の家の養子となって大学まで進学した。卒業後、たまたま生家に一時帰郷している時にコーンケーン大学で秘書を募集していることを知って応募し、当時のコーンケーン大学開発研究所（ＲＤＩ）の所長に認められて秘書になった。その数年後、得意であった英語を生かしてフィリピンへ留学し、アテネオ大学で開発学の修士を取得。さらにインド留学を経て、着実に研究者としての実績を積んでいった。

今、彼女は一家（生家）の稼ぎ頭となって、老いた母だけでなく、技術系短大に通う弟の学費を支援している。インタビューを終えて村から帰ってきたある日、彼女はタイ農民とお金の関係を象徴する話として、かって実父が農地を売って手に入れた大金を村人に大盤振る舞いをし一年で使い果たしてしまった話をしてくれた。彼女にとっては、こうした身近な人の経験が農民の借金問題を自分の問題として考えさせる動機となっている。しかし、彼女は騙されやすい農民の弱さに同情しながらも、自己防衛手段を講じ得ない彼らを厳しく批判し、何よりも教育の重要性を強く訴える。タイNGOが少し偏りがちな分析をするところに、彼女はうまくバランスをとるかたちで働いてくれたのである。

これらの協力者を得て共同調査としてまとめていくのは予想以上に大変であった。スケジュール調整という物理的な問題から、調査の目的や戦略についての意見の違いをどうまとめるか、そして非タイ人という立場から関わる者としての位置づけはどうするかなどの問題に終始悩まされた。また、農民やNGOが外部資源に極度に依存しないようにすることもこの調査の一つのねらいであったが、十分に達成されたか自信はない。調査に協力してくれた農民どころか、共同で調査に取り組んだNGO-CODも資金不足に悩んでおり、JVCに頼ろうとする傾向があったことも事実だ。

共同調査をして実感したことの一つに、そうした依存関係の強さがある。タイ人たちは、まずリーダーを求める。そして自分の意見は述べつつも、最終的にはリーダーの意見と距離を測りながら合意を作り上げていく。きわめてアジア的なこの方法は、ある意味でグループ内の秩序を保つことになり、リーダーの意志に従って会議などを効率よく進めるが、リーダーがいなければ作業は進まず、無駄なおしゃべりで終わったりもする。今回の調査でも、彼らは私をリーダーと見なした。調査準備会議などで役割分担を決めた時、話し合いはスムーズに進んだのだが、その後の実際の作業は予定通りに上がってこないことがままあった。おそらく、ここでは私はあくまでも形式上のリーダーであり、〝顔を立てる〟ために会議を進めていただけなのではないかと思っている。

こういう経験から思うのは、タイ人との間に顔が見えない時にも引き続き信頼ある関係を続けていくことの難しさである。今回の調査の成果として情報共有のネットワークを築いたことは確かだが、同時に、日本とタイのNGOの間で本当の信頼関係に基づいたネットワークを育てるのは容易ではなく継続的な努力が必要なことを思い知ったのである。

以上が、タイでの調査で私が何をしてきて、何を感じてきたかの一部である。最後に、この経験から、今JVCが取り組み始めている政策提言活動(アドボカシー)について私なりの意見を述べてみたい。

政策提言活動について

政策提言活動にとっての命は、タイミングと根気である。それは、簡単には変わらない構造問題に切り込む裂け目を作る作業だからだ。「裂け目」は、多くの場合、草の根の現場に現れることが多い。今回の調査も、タイにおいて負債問題が吹き出していた。たとえば、借金をめぐる農民運動の動きだ。昨年六月、それまで各々の要求項目を掲げて闘ってきた一一の農民運動グループが、負債問題では共同してバンコクでデモを行なった。通貨危機の後で政府が金融セクターばかりを助けていたこともあって、民営化に恐々とする国営企業の労働組合も合流するなどの盛り上がりを見せていた。消費主義がピークに達し、バブルがはじけたタイでは、農民だけでなく、教員の負債問題も顕在化していて、広く人々の関心を集めた。また、消費が高揚していた後に抑制的な生活へが見直されたことも、人々に農村に目を向けさせるきっかけとなった。たとえば、同じ時期、「持続的開発」に関するシンポジウムがカセサート大学で開かれていたが、タイ仏教文化という背景もあってか、「精神的開発」や国内資源の持続的活用、自給自足経済の見直しについての議論が盛んに行なわれていたのである。

今回の調査を共同調査にするに当たって、NGO-CODが関心を示したのも、こうした社会状況に機会を見いだしたからだろう。そして、農民負債が大きな社会問題になっていたからこそ、NGO-CODは少ないリソースを振り分けてくれ、農民も調査に協力し、私たちからフィードバックする情報にも耳を傾けてくれたのだと思う。コーンケーン大学が外国からのNGOに協力してくれたのも、同じように社会の動きに応えるためであった。大事のために小さなこだわりを捨ててくれたというのは少し美化しすぎかもしれないが、政策提言活動ではいかに共通関心を抽出するかが大切である。今後、日本NGOの間で政策提言活動を盛り上げることができるか否かは、この点にかかっている。

次に、政策提言活動は根気が重要である。政策提言活動は簡単には変わらない構造的課題に対する取り組みであり、理性的な問題意識と長期的なコミットメントを持てなければ、一過性のお祭りに終わってしまう。このことは、二つのことを要求する。一つは構造問題を大きな政治経済的なコンテクストの中で深く理解していく調査能力で、もう一つは常に活動に刺激を与えるために最新の情報を共有できるネットワークである。政策を変えるには時間がかかることを考えれば、多様な関係者が協力した長期的かつ戦略的な働きかけをいかに持続させるかが重要なのである。

調査中たびたびバムルン・ブンパニア氏が指摘していたことだが、タイと日本はこれまでも色々と共同で活動を行なってきたが、継続性がない。確かに、個人レベルではさまざまなつながりがあるが、それがきちんと市民活動として位置づけてられておらず、組織的な連携になっていないことがある。JVCは、地域循環型社会を農村開発を通して実現することを目指している。タイも通貨危機を経験して、もう一度地域社会の重要性を見直そうとしている。理念としてだけでなく、共通に実現を目指す目標として循環型社会を両者の間に置くことで、協力関係を築くことができる契機が目の前にあるように感じるのである。

更に、「ネットワーク」を単なる情報共有の場を越えて、より前向きに戦略的活動として位置づけることが必要になってきているように思う。政策提言というものが途上国の問題解決のためだけに行なわれているのではないという理解を、市民の間で育てるということである。そのためには、「負の影響を受けている途上国の住民たちに代わってドナーに向かって声を発してあげるのだ」というのではなく、政策提言活動は援助する側、すなわち我々自身のためでもあるのだという発想の転換とそれを論理化する努力が必要である。政策提言活動というのは、一部の住民の「ニーズ」に応えるだけではなく、先進国も含めた多数の「権利」に応えるものである。そして、その共有できるもの（＝権利）の獲得を目標に共に取り組むというスタンスが必要なのである。

つまり、「権利」を介しての現場レベルと政策レベルの活動の連携である。こういうアプローチには、まだ時間をかけた議論が必要だろう。しかし、タイで調査を終えてみて、途上国の人々と共通関心を持つことは可能であるという実感を持った。そしてそこからネットワークを通した情報の共有を図りながら、権利アプローチについての議論を深めていけるのではないかと思っている。

政策提言活動は社会のダイナミックスに応じて変わっていかざるを得ない。たとえば、国際貿易や国際金融も変化し、それに伴って対応の仕方も変化を迫られる。また、住民参加や情報公開がある程度進んでくると、責任所在や主体が見えにくくなってきて何を変えればよいのかがわかりにくくなってくる。その結果、人々の関心を集めることが難しくなってくるであろう。

この問題に対して、少なくともＪＶＣはまだ明確な戦略を持ち得ていない。しかし、可能性として議論されているのが、ネットワークと調査をベースにした現場からの問題の発信を続けていくことである。国際規模の問題に対しては、国際的ネットワークに加わって情報収集を図っていく。そして現場で起こる複雑な個別問題に対しては、常に現場調査をベースにした住民との対話に戻るという原則に立ち返ることであろう。今回、タイで行なった調査プロジェクトは、調査としては不完全だったかもしれないが、NGOが行なう調査研究・政策提言活動の役割というものを問い続けるための多くの材料を提供してくれたのは確かである。

（調査研究担当）

第9章 日本の市民とどうつながるか

❖JVC、「もうひとつの最前線」

谷山由子
中野恵美

1 人と人を結ぶ開発教育

チャン・ナリンの旅

ガタン、ガターン、ガタン、ガターン。高崎線の車窓の向こうには、水をはった緑の田んぼが広がっている。

「いいなあ、日本は。街の近くにこんなに田んぼがあって。僕が日本にいたら、こういう所に住みたいなあ」

初めて来日したカンボジア人スタッフのチャン・ナリン（三二歳）は、慣れない電車での移動に疲れきっていた。そろそろ故郷が懐かしくなる、滞在も残り一週間を迎えた日、ふっと明るい表情が戻った。

「朝、ここで農作業をして、日中は仕事。また帰ってきたら田んぼを見に行くんだ。僕もカンボジアでそういう生活ができたらいいのになあ」

降り立った北鴻巣駅には、ＪＶＣスタッフのＯＢで現在有機農業を営んでいる江原さんが軽自動車のバンで迎えに来てくれた。今夜の若手百姓交流会と明日の小学校訪問を調整してくれたお礼を言い、ナリンと一緒に車に乗り込んだ。いつもはにわか通訳の私に気遣って言葉少なだったナリンが、駅に降りた時の印象や有機農業について話しだした。江原さんと直接英語で話せるのもあるが、それまで胸に溜まっていた日本の隙間のない開発のことや農業のことを話したくてしようがなかったようだ。気を置かずに話せる相手と知って、根っからの話し好きが顔を覗かせた。

その日の夜の交流会も、近くに住む元青年海外協力隊のご夫婦と、最近農業を始めたというアジアに関心のある青年を交え、夜更けまで話がはずむ。この時議論した「日本の農業の行く末」や、「環境に優しいカンボジアの農業がこれからの日本の農業の手本」という話は、カンボジアに帰ってからもいろいろな人に伝えていたようだ。

江原農場の朝

翌朝、まだ眠い目をこすりながら裏の畑に出ると、江原さんが熟したすももをとって食べさせてくれた。家畜小屋には、この辺ではあまり見られなくなった山羊や合鴨、鶏がにぎやかに餌をついばんでいる。田に張った水は昔から地下水を汲み上げていると、九〇歳を過ぎた江原さんのおばあちゃんが教えてくれた。

畦道をまわって庭に戻ると、驚いたことに江原さんのおとうさんが裏の納屋から出した一メートルもありそうな魚獲りの仕掛けを並べてくれてあった。昨晩、二年生になる息子さんの寛士君に見せた、カンボジアの漁具のミニチュアとよく似たしかけだ。今でもカンボジアではこの道具を使っていると

漁具と稲刈り鎌の前で、ナリンさん（右）。

伝えたのをきっかけに、三〇〜四〇年前の暮らしぶりに話が咲いた。

今日は二年生と六年生の教室にナリンが来るというので、やや興奮気味の寛士君。ますます目を輝かせながら学校に向かう後ろ姿を見送ったあと、とりたて卵の卵焼きと新鮮野菜をおかずに朝食をすませ、奥さんの広美さんの運転で、さっそく寛士君の待つ小谷小学校へと向かった。

一〇分ほど車で走ると、田んぼと住宅に囲まれこぢんまり佇む校舎が見えてきた。各学年一クラスずつの教室に、子供たちが三〇人前後机を並べている。通された校長室には小さな鉢植えが並び、入ってきた女性の校長先生は、私たち訪問者の話を聞いたあと、学校の農業体験学習や地域との交流を説明し、迎えに来た二年生の生徒たちと一緒に教室へ導いてくれた。いよいよ寛士君のクラスの友達とご対面だ。

担任の先生と子供たちが事前に話し合い、英語での自己紹介と質問、ダンスを計画していることを、学校に来る途中広美さんから聞いていた。先生から促され教室に入ると、いきなり歓声をあげる子、椅子の上にとびのる子、ほっぺたが高揚し目が潤んでいる子、その中で黙って座っている寛士君、それぞれの表現で戸惑っている私たちを迎えてくれた。

「さあ、みなさん! ナリンさんが来ましたよ。どうするんだっけ。みんなそれぞれ自己紹介できるよね」

「できる、できるうっ! マヨネーズイズ!(マイ・ネーム・イズのつもり)」

「じゃあ、みんな一人一人名前を言ってください」

先生の合図で、一度席に収まった子供たちが一人一人立ち上がり「まいねえむ・いず・○○です」と名前を言いはじめた。

面と向かって接する初めての外国人を前に、緊張してなかなか声が出ない子、まじめな顔で名前を言い終わったとたんピースをする子、泣きそうになる子、みんながそれぞれにナリンを見ている。

「チョンム・リャップ・スオ(クメール語ではじめまして、こんにちは)」

顔の前で手を合わせ挨拶をしたナリンの言葉は、英語ではなかった。子供たちは外国人の言葉イコール英語、と思っていたのか、意外な返事にちょっと驚く。

子供たち

「ナリンさんはどんな食べ物が好きですか?」「どんなテレビを見ますか?」

「サッカーをしますか?」「カンボジアのお米はどんなですか?」「家族は何人いますか?」

次々に飛び出す質問に、丁寧に答えていくナリン。

「カンボジアでは、子供たちはどんな遊びをしますか?」と聞かれ、持ってきた足蹴りの羽根を子供

小谷小学校2年生のクラス。

たち一人一人に教えてやらせてみる。席に戻ってももうじっとしていられない。頃合いを見計らい、先生が子供たちを体育館に誘導し、大きな円を組んで二人ペアーのフォークダンスが始まった。

子供たちはナリンと手をつなぐ順番を、他の子と踊りながら待っている。遠い外国の人の手の温もりが、自分の手に伝わってくる。このあと、迎えてくれたお礼にカンボジアの歌を歌ってみせ、一緒に簡単なフレーズを歌う。あっという間に時間がたち、お別れの時がきた。最後にカンボジアから持ってきたココナッツミルク味のロールクッキーを先生に渡すと、再び教室が沸いた。どんなに高価なお菓子より、ひとかけらのクッキーが、どこにもない甘くて魅惑的なおやつに見えたに違いない。

次に待っていた六年生のクラスは、事前にＪＶＣが貸し出したカンボジアの民家の模型や地図を一ヵ月前から図書館に置き、この日を心待ちにしていてくれた。授業中、箱の中の地図や写真を使ってナリンが説明するNGOの役割やカンボジアの概況を、終始緊張した面持ちで聞いている最高学年の生徒たち。質問にはボランティア活動への関心の芽生えも垣間見れた。

そんな中で一番人気があったのが、Jの字型の枝木に刃がついた、カンボジア独特の稲刈り鎌だ。体験学習で稲刈りした子供たちにとって、握ったことのある鎌は感触で違いがわかる。

「思ったより軽いんだ!」「すごい、こっちで稲を起こして反対側で刈るんだ。かっこいい!」

授業が終わっても、いつまでも鎌を握りたがる子どもたち、サインを求める子どもに囲まれ、ナリンもなかなか教室から出られない。こんなにもみくちゃにされることなど、カンボジアではなかっただろう。校長先生にお礼を言い、駐車場に停めてあった車に乗り込む私たちを見つけた二年生の生徒たちが、教室の窓から乗りだすようにして手を振りつづけていた。

「おかし、おいしかったよー! またきてねー」

数日後、広美さんからファックスが届いた。二年生の学級通信が、子供たちの感想で埋めつくされている。おもしろかった、びっくりしたと、思ったままを素直に表現している。アメリカやフランスのように国名をよく耳にするわけでもなく、国情もそんなに知らされない国の人と一時間一緒に過ごしただけで、友達のように思える柔軟さに驚く。

江原さんの家では、寛士君がテレビでアジアの風景が出ると、「ここ、カンボジア? 何をしているの?」と聞くようになり、以前よりアジアの出来事に関心が向くようになったと話してくれた。あの日学校に行く前、庭でナリンと魚獲りのしかけを見て、「うちの裏の川でも魚がとれたらいいのに…」と言っていた寛士君。稲刈り鎌にも興味を示し、自分の家の稲刈りとカンボジアの稲刈りがどんな風に違うのか、どんな生き物がいるのか、興味は尽きなかった。似通った暮らしの接点が、双方のよう

カンボジアのスタディーツアー、左が木村さん。

すを同じ目線で比較させ、自分の暮らしを見つめ直すことへとつながった。

何が良いか悪いかでない捉えかたが、他の人の暮らしに思いを馳せ、自らの暮らしに反映させられるような創造力へと育つ、そういったきっかけづくりになったことを実感した。

スタディーツアー

ＪＶＣには毎年夏や春に、国ごとに企画されるスタディーツアーがある。これも、会員や国際協力に関心を持った人が協力現場に触れる機会の一つとして、開発教育の取り組みに位置づけられる。参加者は、「何かしたいけれどどうすることが見つからない」「国際協力についてもっと深く知りたい」など、それぞれの思いを抱いている。それが、現場に行き、現地の人と会い、ＪＶＣの活動の一場面を見ることで、何かしらのアイディアを得て帰ってくることが多いようだ。

一九九九年の七月、スタディーツアーでカンボジアを訪問した福岡県在住の木村さんは、ツアー参加前の動機作文にこんな思いを綴っている。

「いま世界でいろいろなことが起きているのに、自分がこのままの生活を続けていていいのかと疑問に思う。もし、このツアーに参加できたら、まず教師として自分が見てきたことを生徒に伝えたい。そして、生徒と共に自分の生活を見直す機会にしたい」

参加者選考をパスし晴れてツアーに参加した木村さんは、帰国後、近所で無農薬野菜を作っている人から土地を借り、家庭菜園を始めたそうだ。近所のお百姓さんとも言葉を交わすようになり、知り合いも増えた。

ツアー前は農業を始めることになかなか踏ん切りがつかなかった木村さんだが、カンボジアの村に行って、水の問題など日本よりも厳しい状況にありながら、工夫しながら楽しそうに菜園を広げている農民を見て、自分もやれる、やりたいと思ったと言う。村の中の助け合いにも、触発された。いま学校で、まわりにいる生徒が木村さんの変化を感じ取り、耳を傾けていくようすが目に浮かぶ。「何かを変えるための行動」が、ここでも始まろうとしている。

共生を発信する

この二〇年間、JVCはさまざまなかたちで海外現場での活動を通して見えてきた経済優先の開発の歪みや、人間や自然や社会に対するものの見方の捉え直しを、「開発教育」という場を通して共有しようとしてきた。一九九四年から製作してきた「ベトナムの箱」といった民具を揃えた教材も、その取り組みの一つだ。

しかし、最近の傾向として、モノやゲームが揃えば開発教育のように思われることがある。それは一つのきっかけで、活動を通して想像力が膨らみ、モノが示す以上のものを誰が教えるでもなく教わるでもない関係の中で語り合うようになる、そういった場づくりを私たちはねらっている。
こういった動きを、埼玉大学の岩川氏は、「産業主義社会から多文化共生社会への転換」と言っている。「『国際理解』でなく『国際協力』が、『環境』と共生ではなく自然の支配が、『福祉』や『健康』の尊重ではなくそれらの犠牲の上に成り立つ生産性や効率が追求されてきた」中で、周辺や外部に追いやられてしまった人々や人間関係を呼び起こす試み。そして、違う視点や見方〈perspective〉、異なる声や意見〈voice〉を持つ一人一人が、学校という枠や同じ地域、同じ世代の範囲を越えて、新たなる対話的文化、多文化の共生が受け入れられる社会に、私たちは向かっている。そのためにも私たちは、アジアやアフリカのことを伝えるだけでなく、なぜＪＶＣが国際協力をしているのか、世界で、また同時に日本の地域でいま何が起きているのか、私たちがしなければならないことは何かを一緒に考え、自分の問題として開発問題を捉え、行動していくための発信地、中心地としての役割を担っていくことになるだろう。

（谷山由子・カンボジア事業担当）

2 市民とどうつながるか

仲間をふやす

ＪＶＣの活動に参加するようになって、五年目になる。はじめの一年は、運輸関係の会社で仕事をするかたわら、ボランティアとして事務作業を手伝ったり、「会員のつどい」や「ＪＶＣ一五周年記念企画」などのイベント運営に参加したりした。日々の生活の中で、何かの形で海外の支援に関わりたいというシンプルな思いで始めたのだが、月に二、三日のつもりが、気がつけば週に一、二度はJVCの事務所に顔を出すようになっていた。ボランティアにかなりの権限と責任を持たせるJVCのオープンな気風にちょっとした驚きと大きなおもしろみを感じたことと、一緒に活動する仲間に恵まれた結果だと思う。

さまざまな機会をいただき活動する中で、いろいろアイディアが出てきて、JVCでやってみたいことが広がった。特に、その少し前までの自分のように、JVCの会員にはなったものの次の関わりがつかめずにいる人の声を拾ったり、日常の生活の中で「孤立」させられている会員どうしが出会える機会を作ったりすることができれば、と思うようになった。しかし、仕事の片手間ではどうしても時間もパワーも限られ、やりたいことはあっても思うに任せない。

ちょうどそんな悩みを抱え始めたころに、JVCで「会員担当」として有給スタッフの募集があった。卒業以来五年間慣れ親しんだ職場を離れることには迷いもあったが、きっと自分のやりたいことができるはず、と信じてスタッフの一員になり、その後、JVCに参加したり支援したりしてくれる仲間を増やすこと、その人々の声を集めることを中心に活動している。

支援と自己改革

支援者を増やすといっても、易しいことではない。私が会員担当になってからの三年半、悲しいかな、会員数は減り続けている。一九九六年には二〇〇〇人いたJVCの会員は、九九年一〇月現在約一七〇〇名。スタッフ一同、会員拡大に必死になってはいるが、減少数に追いつかない。

JVCの初期の活動のように、難民など「かわいそうな」「恵まれない」人々に対するチャリティー

1999年清里での JVC のつどい。「カンボジアの箱」を使ったワークショップ。

的な支援活動を行なっている間は、支援を呼びかける際にも「私たちはかわいそうな人々を助けています。だから支援してください」というアピールをすれば、比較的わかりやすく、支持を得やすいだろう。しかし現在のＪＶＣのように、地域に深く入り、自立を目指して長いスパンで支援するというやり方は、一般の方にはなかなか伝わりにくいようだ。私も、学校の後輩や、以前勤めていた会社の友人などにＪＶＣの活動の話をしてみるのだが、たいていの場合「ふうん、すごいね」で終わってしまい、なかなか支援には結びつかない。青年海外協力隊と間違われたり、「難民キャンプに行くの？」と聞かれたりもする。

しかもＪＶＣは、「途上国」と呼ばれる地域の問題は日本の社会や政策と深くつながっていて、問題の解決のためには、私たちの生き方をこそ変えなければならない、という見地に立っているので、日本の人々に対していわば「痛みを伴う自己変革」を求めることになる。つまり、「私たちの活動を支援してください。そしてあなたの生活も変えてください」ということだ。このあたりがわかりにくく、難しいところなのだろう。しかし、この点を主張していかなければ、JVCの目指す社会の実現にはつながらない。

一方で、NGO、特にJVCの活動に関心を寄せてくださる方々は確実に増えている。ここ数年は中学生の修学旅行受け入れが恒例となっているし、ホームページへのアクセス件数も増加の一途をたどっている。また、九九年春から東京事務所でのインターン(研修生)を募集したところ予想を上回る応募があり、当初一人だった人数枠を急遽増やして現在四人のインターンが研修しながらさまざまな仕事をこなしてくれている。

そして、JVCの活動に欠かせないボランティアは、定期的に事務所に足を運んでくださる方だけでも八〇人は下らないだろう。JVCのボランティアは、単にスタッフの下請けとして指示を待つ存在ではない。もちろん初めからそうできるわけではないし、人にもよるが、多くの場合、相応の権限と責任を持って主体的に活動を進めている。

ボランティアは日本社会への窓口

ボランティアの活動にはさまざまな形がある。かつて私もそうだったように、有給スタッフを助けて事務を手伝ってくれる方もあれば、月に一度の会報発送作業には必ず来てくれるという方もあり、またJVCの重要な活動資金源であるメサイアコンサートやカレンダー販売に大きな役割を担ってくれる方々もいる。さらに、JVCには活動地域別のボランティアチームがあり、それぞれが週に一度から二度集まって、JVCのプロジェクトを支え、日本の人々との接点となるべくユニークな活動を展開している。

たとえばカンボジアチームは、使用済みのテレホンカードを全国から集めて収集家の方に買い取ってもらうことで、年に数百万円の資金をプロジェクトに提供している。タイチームは、タイのことを日本の人々に伝えることを通して、自分たちの暮らしとタイや世界との関係を見つめなおしてほしいと、タイ料理教室やタイ理解講座を積極的に開いている。アフリカチームも、アフリカのことを一人でも多くの人に知ってもらうため、お祭りやバザーなどさまざまな場に出て行ってアフリカのビーズ細工を紹介したり、アフリカの生活道具を手作りして展示会を行なったりしている。また、パレスチナにスタディーツアーに行った若い人たちのグループは、勉強会を重ねて自分たちがどのようにパレスチナを支援していけるかを探っているところだ。ほかにもラオスチーム、ベトナムチームなどがそれぞれに独自の活動を行なっている。

ボランティアは、ＪＶＣの活動を直接支援すると同時に、日本社会への開かれた窓口としての役割を担っている。海外支援に関心を持ちながらもどう関われるかわからない、という人が、ボランティアとして活動するうちに自分なりの道を見出していくこともある。アフリカチームでイベント企画やボランティアのコーディネートをするうちに、どうしても現地が見たくなってエチオピアに飛んだ人。ボランティアとして週に二時間ほど事務作業をするうちに、もっと深く関わりたくなってインターンとして週二日事務所に通うようになった人。ボランティアとして、アジア・アフリカの現状やＪＶＣの活動を説得力を持って他の人たちに伝えるためにもっと理解を深めたいと、ベトナムの活動地を訪れて活動紹介ビデオを作った人たち。今は有給スタッフになっている者も、その多くがボランティアとして活動する中で自分の道を見出してきた。

日本社会とどう関わるか

JVCの活動を考える時、主に海外を活動の現場として、その状況を日本の人々に伝え、理解してもらう努力をしながらも、同時に日本の市民による団体としてこの日本の社会そのものをどう変えていくか、ということも重要な点である。NPO法が制定されるなど市民の力が強くなっている側面がある一方では、日米新ガイドラインや国旗・国歌法、盗聴法（通信傍受法）がまたたく間に国会を通過するなど、国家の支配力が強められているという側面もある。

また、政治への無関心が広がり、結果として「日本も核武装すべきだ。強姦魔に対する抑止力と同じだ」などと発言するレベルの低い政治家が私たちの将来を握ることになっている。さらに雇用への不安や、子供たちの教育やお年寄りの介護をどうしていくかということも大きな問題である。

これら日本の社会が抱える問題を無視して、海外の人々の支援を行なうだけでは、日本の人々の理解を得られないだろう。では、どうすれば、海外で活動しながらこれらの問題に取り組んでいけるのだろうか。まずは、「日本と外国」と国家で切るのでなく、日本であろうと外国であろうと同じ「草の根の市民」としてのつながりや共感を大切にすべきだと考える。経済や人の動きがこれだけ地球規模になっている今、むしろ国家をベースに物事を考えること自体に無理があると言ってもよいかもしれない。

もう一つは、国内の課題に取り組む市民やそのグループと連携することで、互いに発想が広がり、活動の力とすることができると思う。私は現在、埼玉県の越谷市に住んでいて、地域のNPO支援の活動に加わっている。地域では、さまざまな困難を抱えた子供たち、障害を持った人たち、介護の必要なお年寄りなど、差し迫ったニーズがあり、なかなか海の向こうの人々のことまで手が回らないのが実状である。福祉の最前線で活動する人の前などでは、私もなかなか「国際協力」を言い出す機会を見つけられずにいる。でも、ＪＶＣが海外で活動する時に地域社会が自立できる力をつけることを重視するように、日本でも同じように地域社会が力を持ち、国の政策を動かしたり、海外の地域社会と直接つながったりできるようになれば、日本も海外も、そしてその関係も変わっていくはずだ。

私自身、地域での活動には足を踏み入れたばかりで、まだまだこれから学ぶべきことがたくさんあるが、地域での活動とＪＶＣの活動や経験を結びつけ、相互に活動の力としていくことがこれからの課題だと考えている。ＪＶＣも、海外で実績を積み重ねつつ、日本の人々と学び合い、情報を交換し合いながら、さらに活動を続けていくことが求められているのだと思う。

（中野恵美・パレスチナ事業担当）

第2部　未来に向けて——JVCのめざすもの

第1章 農業のあり方を求めて

❖タイ・ノンジョク自然農園をつくる

村上真平

飛行機がバンコクのドンムワン空港に近づくと、眼下に幾筋もの真っ直ぐな運河、それに沿って区画整理された水田地帯が広がる。バンコク市の北東部に広がるタイの穀倉地帯、ランシット運河地域である。この水田地帯の一角にあるノンジョクというところに、一九九八年、タイの三つのNGOと共同で「ノンジョク自然農園」をJVCの新しいプロジェクトとして始めた。共同しているタイのNGOはTHAI HOF、GREEN NET、BANRAKである。いずれもタイで自然環境保全を配慮し、持続的な生産を可能にする農業（以下、自然農業）を推進する活動、または、そのような生き方をサポートしている団体である。

このささやかな自然農園プロジェクトをタイにおける自然農業の普及活動の一拠点としたいと考えている。

なぜ自然農業なのか

では、なぜ自然農業なのか、そして、その技術は果たして、これから地球・人類が直面するであろうさまざまな問題に答えを出し得るのか、という疑問の声が聞こえてくる。大げさのようであるが、自然農業について語る時、常に聞かれる質問である。

農業以外の分野、保健医療とか、工業技術の在り方などに対しては、そのような根本的な問題提起がなされないのに、なぜ農業に関してはそうなのか。それは、農業が生命の基本である食べ物を作るという「使命」を担っているからであろう。これに対しての答えは簡単ではない。しかし、現在、世界中で行なわれている農薬、化学肥料、機械化に代表される近代農業は、農民を豊かにするものでは決してないし、真の生産性を上げるどころか、自然環境破壊、エネルギー浪費、食べ物汚染というさまざまな問題を発生させている。そして、近代農業の在り方に対する根本的見直しもせず、同じ方向性で開発されているGMO（遺伝子組み換え）は人類の将来に負の遺産を残すだけである。

自然農業とは何か。一言でいうならば、自然の森が持っている、高い生産性と抜群の安定性がどこから来るのか、ということについて学び、そこから見えてくる原理、構造、仕組み、体系を農業技術に取り入れることによって、環境保全型で高い生産性と安定性、そして、最適な収量が得られる農業を実現しようとするものである。具体的には、自然の森の特徴である、多様性、循環性、多層構造を農業において実現するということである。同時にこれは単なる技術論だけではなく、その学びから導き出される「共生の思想」を生きることでもある。

農業近代化と日本の農民

このような考えを持つに至ったのは、日本の農業が、近代化という甘い言葉に乗って自滅していっている同じ道を、南の国の人々に歩んでほしくないという思いと、バングラデシュなどの熱帯アジアの農業を通して学ばされた、自然の持っている本来のポテンシャリティーを生かした農業こそが、真の意味での生産性の向上と安定性を持つことができるという確信であった。

私の両親は今から約三〇年前の一九七〇年にそれまでやっていた近代農業をやめ、有機農業を始めた。というのも二人とも心臓と腎臓の病気で苦しみ、その原因が農業で使っていた農薬や鶏に使った薬品だったということに気づいたからだった。そのきっかけになったのは、両親が所属していた「愛農会」という農民の団体が主催した講演会で奈良県五條市におられた柳瀬医師の話を聞いたことだった。この方はさまざまな患者のカルテを調べているうちに原因不明の病気が異常に多いことに気付き、一万件以上の実例からその原因がホリドールなどの強毒性の農薬(戦後、毒ガスなどの劇薬を農業用に加工したものが主な農薬だった)にあるということに気づき、農薬を使わない有機農業への転換を促すために、調査報告書や提言書を政府にも提出し、さまざまなところで述べ伝えていた方だった。この講演会から帰ってきた父は、母と相談し、その日から農薬、化学肥料をいっさい使わない有機農業に転換したのだった。

当時、両親は種鶏(鶏のひよこになる有精卵を作る養鶏)を五〇〇〇羽以上飼っていた。当時としては最新式の施設を、卵を売る契約をした会社からの借金で作った。飼料は自動タイマーを使ったベルトコンベアーで鶏に与え、水も自動吸水器。鶏が病気にならないように餌に抗生物質を混ぜ、ワクチンを打ち、最新技術を駆使し、外から見た目には非常に進んだ農業をしていたのである。小学生だった私は、大きな近代的鶏舎や、毎週卵や餌の集配に来る立派なトラックを見るたびに「何か進んでいる立派なものが自分のところにある」ように思え、友達に自慢したものだった。養鶏専門農家であるので、食べるための野菜は少し作っていたが、主食であるコメは作らず、買って食べていた。これは、当時、政府が「農業基本法」という政策に乗っ取り進めていた近代農業の理想的経営そのものであった。

近代農業の特徴はいろいろあるが一言でいうならば、「農家は多くの種類の〝食べもの〟を作るのではなく、〝売るもの〟を一つ選んで大量生産し、それを売り〝儲けた金〟で食べものを買う」ということである。しかし、見た目とは裏腹に、両親は消毒や抗生物質では止められない鶏の病気に苦しめられ、借金の返済に追われ、しかも、農薬や薬漬けの食べ物のために体を壊し入院をするまでの状況に陥った。そんな時に、柳瀬医師の話を聞き、今までのやり方が全く間違った方向であった、と気づかされたのであった。そして、何の経済的保証もなく、多くの借金を抱えたままで、少羽数の鶏飼育を中心とする有機農業に転換したのだった。

日本の多くの農民は敗戦後の「農地解放」によって初めて自分の土地を手に入れることができた。当時の農業は「食べもの」を作るということが主であり、ほとんどの農家が数匹の牛や豚、鶏などを飼い、コメと野菜を作るという有畜複合農業であった。農家の規模は小さいけど農民の意欲は高く、戦後は一万を越える農民団体があり、さまざまな勉強会グループがあり、全国の農村は活気に満ちあふれていた。そして、食糧の自給率も九〇%を越えていた。

しかし、六〇年代の高度経済成長期に入ると、政府は「所得倍増」を掲げ、農作物の適地適作、大規模栽培と集約的家畜飼育の推進、それを可能にするための機械化、施設化を基軸とする農業基本法(一九六一年)を制定施行した。これは言い換えると、「作物は適地適作を考え一つだけを大規模生産すると産地が形成され、嬬恋村のキャベツや野辺山のレタスなどのように儲けることができますよ。牛や豚や鶏などは一つの品種だけを近代的な施設で集約的に飼育すると、効率的に大量生産するのができて、儲けることができますよ。そのためには農家も機械化、施設化などの農業投資を進めて、近代農業をしましょう。政府は農業近代化資金などの長期低金利ローンを優先的に出しますから、農家の皆さん、たくさん投資して、たくさん生産して、いっぱい儲けて、都市生活者に負けないいくらい豊かになりましょう」ということであった。このような近代化イコール豊かさという「バラ色の夢」を、政府広報、マスコミ、教育機関を通じて人々に宣伝していったのであった。

ところが、産地化による単一作物大規模栽培は、生産の過剰を招き、価格の低迷をもたらし、生産の向上が収入の向上には結びつかないという現実を農民に思い知らせることになった。また、同じ作物の連作による障害(病虫害の発生)は農薬、化学肥料の大量使用を招き、土、水、環境を汚染し、多くの農民が農薬中毒に苦しみむという問題を引き起こした。さらに、機械化貧乏と呼ばれる過剰投資が多くの農民を借金地獄に陥れ、出稼ぎを余儀なくさせていった。近代的な大規模畜産を目指した農家も全く同じように、生産物価格の低迷、畜産糞尿による公害問題、環境汚染、薬品、ホルモン漬けの生産物、借金、破産、あるいは夜逃げという事態を招くまでになった。

一方、農業の近代化による生産性の向上を唱えた政府は、一転して減反、農作物・畜産物の自由化、そして、聖域とされた米の自由化までに踏み込み、まさに、「あからさまな農業つぶし」をしているのである。そして、日本の穀物自給率は三〇%を切るところまで来ている。こんな暗い状況の中では農業後継者が希望を持てるわけもなく、極度の不足に陥り、日本の農村は現在、瀕死の状態にあるのが実状である。こんな中で、七〇年代頃からに有機農業に転換した人々は、政府の農業指導の在り方に疑問を持ち、それとは全く別な道を歩み始めた。

愛農学園の日々

父は非常に厳しい人で、私は小さい頃から畑の草取りなどの農作業をかなり強制的にやらされた。朝は学校に行く前に庭の掃除、帰ってくれば卵とり、そして、夏休みなどは毎日のように畑の草取りや虫取り、野菜の収穫というわけで、ほとんど休む暇はない。他の子供たちのように遊びに行くことがなかなかできず、子供心に「農民は朝から晩まで働き詰めで、苦しくて大変だなぁ」と思っていた。高校へ進学する時、電気工学関係が好きで、その関係の学校の方へ進みたいと思ったが、父は「親のお金で学校に行くのだから、選択の自由はない、三重県にある愛農学園か山形県にあるキリスト教独立学園の二つに一つを選べ」と言う。確かに自分がお金を出すわけでないのだから、道理は通っている。選ぶにあたって考えたことは、福島県に住んでいるのだから、もっと北の山形県よりは関西にある三重県の方がより魅力的だったのと、野球が好きだったので、立派なグランドがある愛農学園が良いかなー、というかなり単純な理由だった。

この愛農学園は両親が所属している農民の団体である愛農会が後継者養成のために建てた私立の全寮制農業高校である。一学年二五人程の小さな高校で当時は四年制だった。三年間は学校で学び、四年目は一年間農家に入り実習、この専攻科と呼ばれる一年間の実習を終えないと卒業できなかった。今から思えばこの学校で学べたことが、人生の方向を決めたのだと感じる。この学校での四年間の学びは農業があまり好きでなかった私に「農業は生きるための基本であり、なくてはならない生業である」という認識をもたらし、「農業をすることは創造的で楽しいものである」という経験を与えてくれた。特に、この学校の教師や生徒、とりわけ朝早くから農場の管理に出かけ、休み時間には、寮の前の庭に自分たちのためのさまざまな野菜を楽しみながら作っている先輩たちの生き生きと農業に取り組む姿に触発された。

学園の農場は全部生徒が主体的に管理して、収益をあげ、学校運営のための重要な収入になっていた。全国の公立農業高校の農場はほとんどが赤字で、黒字を出している所は皆無であるということを考えると、愛農学園の農場が実践を重視し、経済的自立をいかに大切にしていたのかと改めて認識させられる。生徒の実習の場は、同時に生産と経営の現場であるために、教師も生徒も常に真剣な取り組みがなされていた。というわけで、いつの間にか農業が好きになり、自分のライフワークと思うようになっていた。

一九歳の春に愛農学園を卒業し、本来ならすぐに後継者として家の農業を継ぐのが本当なのだが、もっといろいろなことを見たり学んだりしたいので、大学に行きたいと望んだ。しかし、父は「意味がない」と一刀両断。そこで、父と話し、家に帰る前に二年間の自由をもらうことを承諾してもらった。

旅が好きだったので、最初の一年間はサイクリングで日本全国の有機農家を回り、あと一年は海外を回ろうという計画を立てた。七八年、卒業後、二ヵ月ほどアルバイトをして自転車と旅費を手に入れ、風がさわやかな初夏、三重県の母校を出発、太平洋側を一路北に向かい、北海道を一周し、日本海側を南下して山形についたのが秋の取り入れの時期だった。有機農業をしている農家で稲刈りを手伝っている時に、福島の家から祖父が危篤という連絡があり、いったん家に帰った。

葬式が済んだあと、残り半分の旅に出よう(ちょうど日本半周の五〇〇〇キロ走っていた)と準備をしていると、父が白内障で車の運転が危ないので、旅に出ないで家で手伝うように母から言われた。というのも、家では野菜や卵の有機農産物を車で消費者に直接届ける「提携」をしているため、週二回は郡山市や福島市に配送する必要があった。しかし、約束である二年間の自由は、まだ六ヵ月しか経っていない。嫌だとごねるが、恩師などの説得もあり、しぶしぶ家に帰り農業に従事することになった。

農家の仕事は「朝星夜星」という言葉があるくらい重労働である。日の出る前から畑に出、日が沈んで星が見えるまで仕事をするのが「本物の農業者」というわけである。当然のごとく、両親は本物の農業者になることを期待する。一方、二〇歳前後の多感な時期、友人たちと遊びたいし、さまざまな活動に参加したい、というわけで全身全霊これすべてを農業に捧げるというわけには行かない。朝五時に起きて農作業を始めても、夕方六時には青年団などの活動に出かけたりした。夏であれば、七時頃まで明るいのだから、両親から見れば、「明るいうちから出かける真平は本気で農業をやってない」となる。そんな訳で、父はだんだんと私の農業への取り組みに小言を言うようになり、私は私で、何ごとも命令し、押しつける父に対し基本的な反感があり、時折小さな衝突を起こしていた。

このような状況が長く続くわけがない。八〇年の元旦、父が村の新年会から帰ってきた時、些細なことをきっかけに口論になった。次の日の朝、父が私を部屋に呼んだ。何ごとかと行ってみると、「お前は農業に向いてない。自由な道に行け」との一言。まさか父がこんなことを言うとは想像もできなかったが、本気で言っていることはわかった。その時は何も言わないで部屋を出た。母が近くに来て「土下座をして謝れ。謝れば父ちゃんは許してくれる」と言うが、私は「謝る理由もないのに、もしこのまま謝って農業をやったら一生悔やむなあ」と思った。しかし、どうしたらいいのか、目の前が真っ暗になり、底なしの井戸に落ち込んで行くような気分だった。

さまざまなことを考えた中で、出た結論は、家を出て、「世界中どこに行っても生きていける人間になりたい！」ということだった。二一歳のその日まで、農家の長男であるということで、家を継ぐということは当然のことであると思っていたのだが、実はそうではなかった。なくなってみると、それまでの自分の歩みがいかに状況に依存し甘えたものであり、自立していなかったのかということに愕然としたわけである。そこで、痛切に感じたことが「どんな状況でも、どんな所でも、自分は自分であり得る自己を確立したい」ということだった。

インドへ

それでは、何をするのか？　目的がないと動けない。そこで、インドに行くことを決心した。なぜインドだったのか？　一つは、高校生のころから海外協力に関心があり、シャプラニール（バングラデシュに関わっているＮＧＯ）の会員だったこともあり、南の国に行ってみたいと思っていた。また、当時、八〇年当初は、カンボジア難民、ボートピープル、エチオピア飢餓難民などの問題がクローズアップされ、海外協力の必要性が叫ばれていた時だった。

二つ目に、インドのビハール州でハリジャン（アウトカーストの人々のことで、意味は「神の子」。ガンジーがつけた名前である）のために農村で教育と開発のためのセンターを開いているサマンバヤ・アシュラム（「調和のための道場」という意味）の責任者であるドワルコ氏が母校の愛農学園を訪ね、学園長との話の中で、「愛農学園の卒業生を是非、サマンバヤ・アシュラムに送ってください」という話があった。そこで、「私が行きます」と申し出たわけである。また、インドは日本とは全く違う多様性の国であるということも、行きたいと思った大きな理由だった。

私の申し出に、学園長は「そりゃええことや、でも、言葉が通じへんと困るやろから英語の勉強しっかりせなあかんでー」と一言。そこで、早速、東京へ出て昼間はアルバイト、夜は英語の勉強を一年間し、次の年は愛農学園で農場の助手として一年間働き、八二年四月、それまでためた旅費と一年オープンのチケットを片手にインドに向け旅立った。

当初はサマンバヤ・アシュラムで一年間と思っていたのだが、ビザの関係で七ヵ月間滞在、残りの五ヵ月間をバングラデシュで、シャプラニールに滞在した。この一年間の特にインドでの生活は、現在関わっている南の国での海外協力、自然農業の普及活動に関わる基本的な動機であり、ベースになっている。

サマンバヤ・アシュラムはガンジーの弟子でビノーバという人の弟子であるドワルコ氏が、ビハール州のお釈迦さんが悟りを開いた地、ブッダガヤに開いたアシュラム（道場とか学校という意味）で、ハリジャンの自立のために農村で主に子供の教育を中心に活動をしている。ドワルコ氏の師であるビノーバはガンジーの思想の特に「ハリジャンの解放」に力を入れた人で、ブータン運動（土地寄進運動）を指導した人だった。ビノーバはインド全国の地主を訪ね、ハリジャンのために土地を寄進するように呼びかける裸足の行進を一四年間続けた。歩いた距離はインド国内を二周するほどだったという。そして、約二〇〇万ヘクタール（現在の日本の水田面積が約二〇〇万ヘクタール）の土地が寄進された。

一緒に歩き回ったドワルコさんは、ビハール州地域の寄進された土地をハリジャンの人たちに分配するという責任を負うためブッダガヤにアシュラムを建てた。しかし、ドワルコ氏は、長い歴史の中で虐げられてきたハリジャンは、単に土地が与えられただけで簡単に自立できるものではない、ということを分配の活動を通して痛感するようになった。彼は子供の教育から始めることが大切であることを感じ、七つの農村に農場を持つ学校を作って、その地域の子供たちの教育と共に医療サービスや農村開発などの活動を始めていた。

私は、ブッダガヤから四〇キロ程離れた村にあるバッカスクールという所に約七ヵ月ほど滞在した。はじめての海外での体験がインドのビハール州で、しかも四月、気温が四〇度を軽くこえる。日中、外へ出る時は毛布を被っていないと、熱風のために火傷しそうになるくらい。したがって、インドに着いたのはいいのだが、何もできない。アシュラムの先生たちに「何をしましょうか」と言っても「As you like」（お好きなように）。そう言われても、実際、農場は雨季が来るまで何もできない。そのうえ殺人的な暑さ、昼間は熱風を避けるために窓を閉め切った部屋に閉じこもり、読書か昼寝し、夜は部屋の暑さを避けて屋上で寝るという生活が三ヵ月続いた。

このアシュラムは、来るものは拒まずということで、質素ながら食べるものには困らない。しかし、個人海外協力と意気込んできて「なにかをして上げたい」と思っていた私は、何もできないこの状況の中で、自分の存在の意義を考えさせられることになった。「存在そのもの」を価値あるものと考えて生活しているインドの人々との出会いは、何かすることによって存在価値があるんだという考え方の限界を示してくれた。

ある日、村で結婚式があった。結婚式ともなると、村のお祭り並みの賑やかさである。貧しい人々も、結婚式となると村の人々全員を呼んで祝いの振る舞いをする。当然借金をしなければできない。外から見ていると、結婚式を簡素にして借金をしないようにする方がいいのではと思う。しかし、村の生活における結婚式の意味は、そんな浅薄な考えでは計れない意味を持っていることを、そこに住んでみて感じさせられた。それは、コミュニティにとっての「ハレの日」であり、喜びを分かち合う時である。一週間ほど前から始まる歌や踊り、そして、普段食べられないご馳走、来る人は誰彼区別なしにされる振る舞い、そこには、生きていることの喜びを実感させる簡素な、しかし、深い表現があった。

このようなことを少しずつ理解できるような数々の出会いの中で、「インドの貧しい人たちのために何かをしてあげよう」という「思い上がり」は半年ほどのアシュラム生活の中で「ぺちゃんこ」になった。ビザの関係で七ヵ月しかいることができなかったのだが、サマンバヤ・アシュラムでの生活は海外協力のというもののあり方、意義について、それまで考えていたことを根本的に考え直す機会を与えてくれた。このことは、今、海外で協力活動に関わる姿勢の基本になっていると感じる。

そして、現在関わっている「農業と自然のかかわり」についても、根本的な見直しをするきっかけを与えられた。ブッダガヤはデカン高原の北東部の外れにある。

ここで、木がない山々、水のない川というものを初めて見た。日本の山は木を切っても、すぐに雑木林になるが、ここでは、山の木を切ると砂漠化してしまう。しかし、ブッタ(お釈迦さん)がブッタガヤの川のほとりで悟りを開いた二五〇〇年前頃、ここは鬱蒼とした森に囲まれ、枯れない川が流れていたという。

どうしてこうなってしまったのだろうか。それは、人間の生活活動である農業にかなり関係があるのではないか。その時ははっきりしたことはわからなかったのだが、漠然と、自然を壊す農業の一面を見せられた思いだった。八五年からシャプラニールの駐在員として二年半、自然農業のアドバイザーとしてプロシッカという現地のNGOで三年半、計六年間のバングラデシュでの滞在は、インドに来た時に初めて感じた「なぜ熱帯での農業は砂漠化の原因になるのだろうか」という疑問が少しずつ解けていく時であった。

農業も自然を壊す

人間が生きるために最低限欠かすことのできないものは水と空気と食べもの、そして、住環境であろう。それを与えてくれるのが自然である。自然といっても範囲が広いので、もう少し具体的に見ると、太陽エネルギーと雨水という自然がもたらす資源を理想的に利用し、人間をも含めたすべての生物に必要な水、食べ物、住環境をもたらしている自然の森である。この自然の森を、人間は必要なものを得るために、切り開き、田畑を作り、都市を作ることによって壊し続けてきた。そして、その破壊速度は科学・技術の進歩と共に加速化され、結局、いま人間は、自分たちを支えている生存基盤さえ壊すところまで来ている。

人類史始まって以来、産業革命が起こるまでの歴史の中で、自然破壊の主役を果たしてきたのが農業であった。それでも、産業革命以前は、さまざまな自然の制約の中で、自然の法則に背く農業は自然淘汰され、それぞれの地域の自然に則した多様性に富んだ持続可能な農業形態だけが残ってきた。しかしながら、農薬、化学肥料、除草剤、機械化に代表される現代農業技術の発達は、農業にまたしても自然破壊の主役としての地位を与え、その破壊速度をさらに加速し、特に南の国において危機的状況を作り出すまでになった。

本来、自然の森と同じ原理で太陽エネルギーと雨の水を利用する農業は、その本質からいっても自然のルールを離れては成り立たない。しかし、農業は「人間に必要なもの」だけを生産したい、一見不必要に見えるものや障害になると思われるものを切り捨て抹殺したい、という別の「本質」つまり、人間の自己中心性を持っている。それが常に、自然のルールからそれる方向性に向かわせようとする。

コメを生産する水田を見てみてみよう。人間は収量を多くとりたいから、コメがなる稲だけをなるべく多く育てたいと思う。したがって、農地はその作物だけの単一性になる傾向がある。また、栄養を奪うように見える他の植物を「雑草」と呼び、稲を食べる虫を「害虫」と呼び、稲を枯らす微生物を「病原菌」と呼び、それらは、疑いなく悪いもの、不必要なものという差別と排除の価値判断を常識にしている。そして、「雑草、害虫、病原菌」がなくなればなくなるほどコメが多く生産できると考え、それらを駆除するためにさまざまな努力をしてきた。したがって、そこでは、植物だけでなく、生物相(微生物を含む)において、単一性の様相を強く帯びてくるわけである。

つまり、人間の「常識」の下に置ける努力は必然的に単一性に向かう傾向を持っている。しかし、皮肉なことに、その単一性こそが、生産の不安定性の根本的な原因である。稲だけの水田、一種類の作物だけの畑は、大水や乾燥という天候のちょっとした変化にも非常にもろい構造で、しかも、ある種の虫あるいはある種の微生物の大発生を招きやすい状況を作り出す。したがって、些細なことで、いとも簡単に壊滅的打撃を受ける。

その意味で、農業は植物の成長のメカニズムを自然の森と同じ原理(光合成同化作用)に頼っていながら、「差別排除」せず、豊かな多様性と抜群の安定性、そして高い生産性を持つ自然の森とは根本的に違う「本質」を持っている。

それでも、祖先たちは、農業の実践のさまざまな失敗の中で、自然からの学びの中で、その教訓を農民の智慧、地縁技術という形で連綿として受け継いできた。それは、単一性になりがちな田畑にさまざまな作物を混作することによって(トウモロコシと豆科の作物の混作など)、同一作物においてもさまざまな品種のを植えることによって(東南アジアやバングラデシュなどでは、洪水によって水没してしまっても二週間以上生き長らえる稲や、洪水と共に成長する浮き稲などがある)、毎年違った作物を輪作することによって、その他さまざまな方法によって、多様性を実現し、循環性、持続性を保ってきた。それは、人間が自然の中で生存して行くために不可欠な智慧だった。

しかし、近代科学の発達に伴って生まれた化学農業は、南の国々に「緑の革命」という名の下に、高収量の種、化学肥料、農薬、そして、灌漑、農業機械の導入をした。この「緑の革命」は人間が長い時間をかけて学んできた智慧を時代遅れとして切り捨て、人間の負の性であるエゴイズムを増大する思想のもとに生まれたものである。技術的には、より単一性を押し進め、それまでの自然の資源を短期間に使い果たすことによって一時的に(十数年間ほど)収量を倍近くすることができるものである。しかし、一時的であれ収量の倍増は魅力的であり、さまざまな国で国策として進められることになった。その技術によって収量を増やし、皆が豊かになれると信じたわけである。

そして、四〇年近くたった。今、南の国の農村は、農地開拓のための森林伐採による水資源の枯渇、農薬、化学肥料による環境汚染、地力低下、収量の停滞、生産コストの増大、農作物の価格低迷、そして、借金に悩む農民の増大と、問題の数を上げたらきりがないところまで来ている。それは、まさに日本の農民が農業の近代化の中で直面した問題とそっくりであった。

ノンジョク自然農園をつくる

九一年、バングラデシュから帰国し、福島で自然農業を営んでいたのだが、九五年、ＪＶＣからの要請で、再び南の国での海外協力の活動に関わることになった。プロジェクトアドバイザーとして、いくつかの国のプロジェクトの調整、評価、立ち上げに関わる中で、タイのプロジェクトの責任を持つことになり、九六年末にタイに来ることになった。タイにはバングラデシュにいる頃から交流のあったＮＧＯの友人たちがおり、彼らはタイにおける環境保全型・自然農業の普及活動の中心的な役割を担っている。タイの友人たちから歓迎の意をもって迎えられたことと、さまざまな場面での適切な助言は、初めてタイで仕事をする自分にとって、非常にありがたいものである。

私はタイに来るにあたって、農民が自然を学ぶことによって農業や生活の形態を持続的なものに変え、その学びの過程で生き方を考える「自然農業」がより多くの農民に受け入れられるための活動をしたいと考えていた。特に、自分がバングラデシュで関わっていた自然農業技術の普及に力を入れたいと思っていた。友人たちと、タイにおける自然農業の普及のために何ができるだろうかという話し合いを持つ中から徐々に形ができてきたものが、このノンジョク自然農園プロジェクトである。

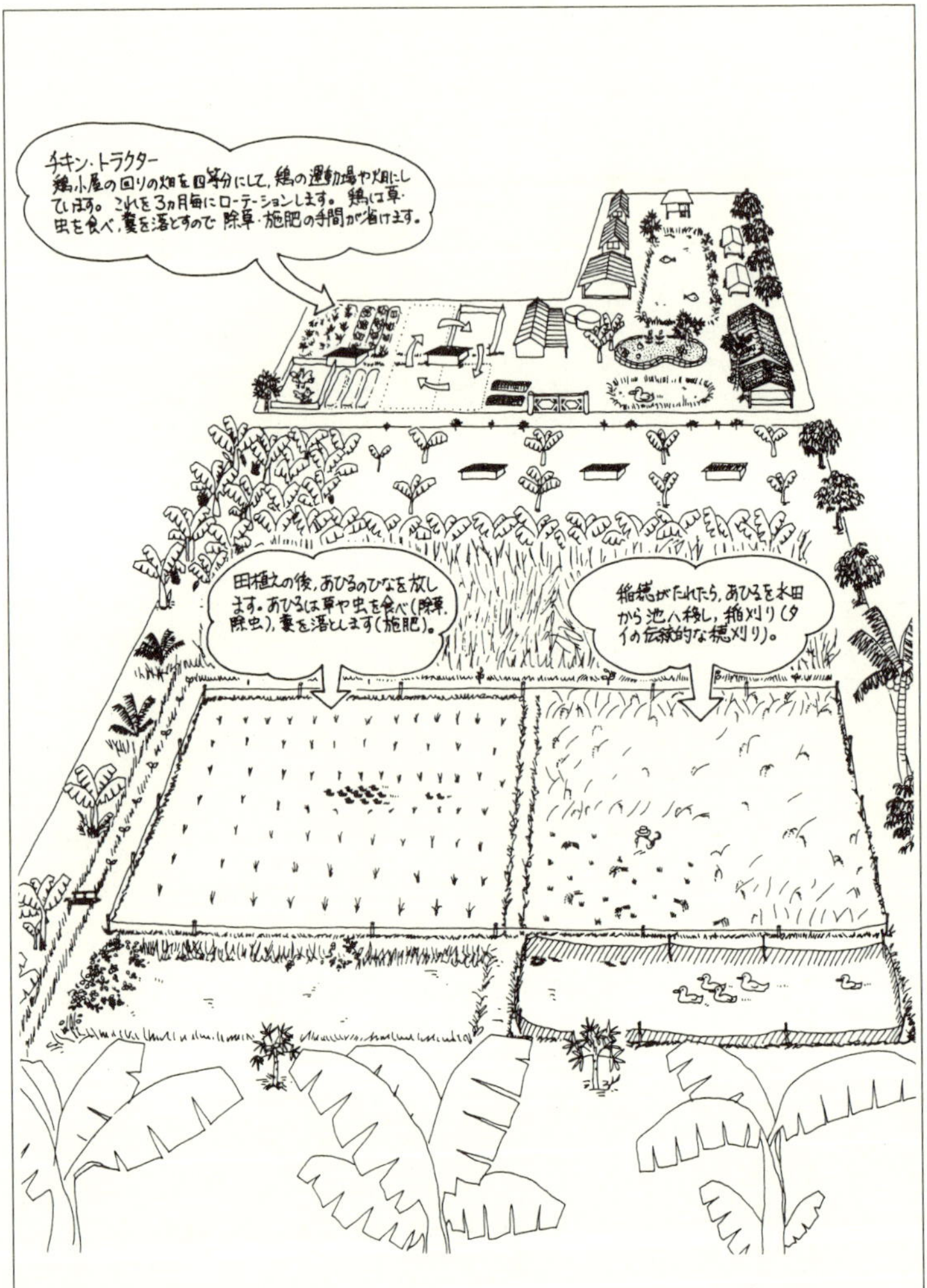

ノンジョク自然農園の全景（皆見陽子）。

ノンジョク自然農園を始めるに当たって、三つのことを当面の目標にしようということになった。一つは「自然農業のモデル農園をつくる」こと、二つ目に「研修機会を提供する」こと、三つ目に「経済的採算のとれる農園を作る」ことである。以下少し補足したい。

❶自然農業のモデル農園の意義

自然農業は技術だけでなく、思想であり、生き方である。一つの農園の中で生活を通して、それの一つのモデル的な在り方を探りたいと考えている。また、自然農業という技術体系がこの地域の特殊性の中でどのように応用するのかという具体的な農業技術のモデルも同時に示したい。

基本的な原理が一緒でも、雨が多く降るところと少ないところでは、技術の在り方が全く違うこともあるし、同じ場合もある。したがって、基本原理をこの地域の特性に合わせ、さまざまな農業技術の具体的な応用、実践によって、自然農業の実践的な方法を示す場を作っていきたい。

❷研修機会の提供

タイでは農民だけでなく、都市生活者の中にも、将来自然農業をしたいという人々が出てきている。しかし、現在タイでは自然農業のことを学べる所が非常に限られているのが現状である。

日本などの場合、有機農業をしたいがその技術も方法もわからない人は、有機農業をしている農家に一年間ほど住み込み実習生として入り、生活を通して学ぶというケースが普通である。その意義を理解して実習生を積極的に受け入れる農家もかなりある。

しかし、タイの場合、有機農業や自然農業をしている農家そのものが少ないということと、その意義を理解して、他人に対して研修の機会を提供するような農家は非常に少ないのが現状である。そこで、NGOであるノンジョク自然農園を、そのような機会を提供する場にしたいと考えている。研修は六ヵ月以上、一年間で、スタッフと一緒に農作業をし、生活を通して自然農業の考え方やり方を学んでもらう。この他に、農民やNGOワーカーを対象にした短期研修も、必要に応じて実施していきたい。

❸経済的に採算のとれる農園

この自然農園を三年から五年間で、経済的に独立採算できる農園経営を達成したいと考えている。普通、このようなモデル研修農場は、自然農業、近代農業にかかわらず、経済的な採算は考えなくてもいいことになっている。それは、第一目的が農業技術のモデルを見せること、新しい技術などの試験をする農場であるために採算がとれない現状がある。確かに、さまざまな研究をするために常に採算を要求されたのでは、研究に集中することができなくなってしまうということも正論である。しかし、そのために全く実践では使えないような技術開発に終始したり、お金をたくさんかけて農民ができないようなモデルを見せたりすることがよくある。そのことが農民のモデル農場への不信感の原因になっている。

ノンジョク自然農園では、そのようなモデル農場でない方向を目指したい。そのために、農場全体の経営が経済的に採算のとれるものという目標を持ち、生産だけでなく、農産加工、消費者との提携を通しての販売などを考え、トータルな農園としての在り方を探りたい。

現在、ノンジョク自然農園は二年目を迎え、三人のタイ人スタッフと私の四人が日々の農作業と管理運営にあたっている。農園の広さは四・二ヘクタール（四二〇アール）程あるが、現在使用できているのは水田一五〇アール、野菜畑は四〇アール、果樹園五〇アール、養殖用池二〇アール、水路二〇アール、そのほか、建物敷地三〇アール、未使用地一一〇アール程ある。家畜は採卵用のニワトリが四〇〇羽ほど。四人の労力では管理しきれないほどの広さであるが、焦らずに、自分たちができるところから、できる分をしていこうということで始めた。

農園の日々

一年目の九八年は、自給自足を当面の目標に、住んでいる近くの農地三〇アールを使い、二〇〇羽のニワトリを飼って野菜畑を作り、八〇アールの水田に四種類のタイ米を植えた。一緒に始めたタイ人スタッフが農場作りを一から自分たちの手でやりたいというので、畑の区画、灌漑のための土管埋め込み、水道、そしてニワトリ小屋作りと、すべて自分たちでやることにした。種蒔き、草とり、収穫、記録、設計、建設、土方などなど、細かいものを含めると、まさに百の仕事をこなす百姓である。その甲斐あって、一年目の終わりにはコメ、季節野菜、卵の自給ができるようになった。

二年目の今年（一九九九年）はニワトリ、水田も増え、それにアヒルも入り、仕事も増えたが、スタッフも慣れてきたことと、タイ人の長期研修生も二人ほど入り、適正な規模でやれている感じである。農園の収益も卵と野菜の販売で徐々に増えてきている。二年目にしては予定より進んでいるのではと、うれしい誤算に喜んでいる。

農園デザインの基本姿勢は多様性、循環性、多層構造による持続性、つまり、自然の森の特徴がキーワードである。特に農園の構造作りでは、農地の上に降った雨水は逃がさずに、注ぐ太陽の光は最大限に利用できるようにすることを基本としている。そのために、畑の表土は草マルチで覆い、土の保水容量を高め、余った水は水路を通って池に溜めるようにした。また、農地のまわりには一年中、太陽の光を利用できる多年草のさまざまな樹木、草を植えた。外から見た時森のような農園のイメージである。

いわゆる「病虫害」の防除は、自然バランスの回復による自然防除を基本にしている。つまり、多様性を高めることである。野菜などは季節にあったものを常時一〇種類以上植え、必ず輪作をする。また野菜畑や水田のまわりには、レモングラスなどの多年草やさまざまな果樹を植える。果樹なども必ず数種類のものを混ぜていく。そうすることによって、天敵のすみかを作ると共に、一種の「病虫害」が異常発生しやすい状況を作らないようにしている。

一年目は瓜羽虫がたくさん発生し、瓜科のキュウリ、カボチャなどは、芽が出てもすぐに食べられてしまった。なぜ異常発生するのかと調べてみると、まわりの空き地に瓜科の雑草が一面に広がっている。結局、一年目は瓜科の野菜をあきらめざるを得なかった。ところが、野菜畑のまわりにレモングラス、木豆、バナナ、パパイヤなどを植えて二年目の今年は、キュウリやカボチャを普通に育てることができるようになった。どうしてなのかなと見てみると、瓜羽虫はいなくなったわけでなく、少しはいる。が、芽をすべて食べてしまうような異常発生をしなくなったのである。多様性が自然のバランスを取り戻すことと、その「静かな効果」に驚かされている。

農地内では堆肥、草マルチによる有機物の循環に加え、人の手を入れなくても自然に循環する家畜の組み合わせを積極的に実行している。その代表的なものは稲とアヒルの関係である。アヒルは稲を食べないが、その他の草と虫を食べ、糞にして稲の肥料にしてくれている。アヒルがいなかった一年目は、八〇アールの田の草取りを四人で一〇日かけてやった。その重労働はやったものでなければわ

田の草取り、除虫、施肥を同時にするアヒルたち

からない。ところが二年目は、アヒルが草をほとんど食べてしまったので、田の草取りは必要なし(万々歳)。それだけでなく、一年目にあった虫の被害もほとんどなし。しかも、肥料を入れなくても十分に育ったのである。

こうなってくると田の草や、稲につく虫を「雑草」や「害虫」と呼べなくなる。なぜなら、これらはアヒルの餌であり、肥料の元だからである。稲に害になるので「雑草、害虫」である、しかし、アヒルが入った場合はそれらが、間接的に益になるのだから、「益草、益虫」と呼ぶべきではないか。

思えば、自然界には「害虫、益虫」の区別はない、虫は虫であり、草は草。それらは自然の循環の中で、直接、間接的に支え合っているのである。しかし、人間の価値観が「害虫、雑草」を生み出す。そして、それらを消滅させることが人間の益になると思った時から間違いを犯しているのだということを実感させられる。アヒルが人間の無知を知らせてくれる。

必要なのは「問題に見えるもの」を消滅させる技術を見つけることでなく、それを利用して循環させる技術を探すことではないかと思う。ノンジョク自然農園での農業技術の発展をこの方向で常に考えていきたい。現在、稲とアヒルの他に野菜畑とニワトリの試みもしている。今後、果樹、養魚などにおいても具体的方法を探っていきたい。そして、それが人手を省いてくれるものであればなお良いと思う。循環は他を益する。これを放っておく手はない。

始まってまだ二年足らずだが、多くの訪問者がここノンジョク自然農園を訪ねてきている。NGO関係者だけでなく、一般の人で興味がある人、実際に農業をしている人、学生、研究者、政府役人、ジャーナリストなどなど。タイ人と日本人だけでなく、東南アジア、アフリカ、アメリカ、ヨーロッパからもさまざまな人がやってきて、数日から数ヵ月、農作業を一緒にしながら語り合う。スタッフ、研修生にとって楽しみの時、学ぶ時、刺激を受ける時である。今後とも、多くの人たちが集える場にしていきたい。

今までの、ささやかな歩みの中で、このような活動をするために最も必要なものはエネルギーを受けるということだと感じている。私にとって、エネルギーの元は人々との出会いや自然からの学びの中で遭遇する「新しい発見」である。それまでの自分の中にはなかった「新しい発見」が自分の限界を抜け出させ、自由な新しい世界を感じる喜びを与えてくれるからだ。その発見と喜びをタイやさまざまな国々の友人たちと共感できるような活動をしていきたいと思う。

（タイ事務所代表）

第2章 環境を破壊しない生活を求めて

岩崎美佐子

思えば長いあいだＪＶＣに関わってきたものである。気がついたらもっとも古いメンバーの一人となり、それなりに年も重ねてきた。ＪＶＣには設立当時から、熱狂的なカンボジア派の人間がたくさんいた。そして、今でもいる。彼らを横目で見ながら隣国タイにしこしこ関わっていた私が、今は縁があってカンボジアのプノンペン暮らしをしている。もう少し若かったら、カンボジア派の向こうを張って、政治家の名前や近代史など一生懸命覚えたりしただろうか？ ところが若くないこともあって、勉強不足が重なり、私のカンボジアに関する知識は知れたものである。それでも毎日、仕事のスケジュールはぎっしりと詰まっている。そして、いろいろやり残したまま、月日が飛ぶように過ぎていく。

ＪＶＣのプロジェクト地の村々はプノンペンからそう遠くない。通いのスタッフたちを乗せて毎日車が通う。私もなんとか都合をつけて一週間に一度は村に行くのを目標にしている。事務所仕事に比べると農村訪問は息抜きに近いが、村に行ってスタッフの活動の状況を見たり、農民の話を聞いたりすると、何かしら必ず新しい発見がある。また、道中の車の中や農村の事務所の軒先で、カンボジア

JVCの農村事務所。

人スタッフと一対一で普段はできないまとまった話ができるのも楽しみの一つである。

農村開発は難しい仕事である。経験を積めば積むほど、何がよくて何が悪いのかわからなくなる。長く関われば関わるほど自信を失う。問題を一つ解決すると、次にはもっと難しい問題が必ず待っている。

しかし長く関わってきて、自分でもはっきり変わったなと思うことが一つだけある。それは疑い深くなったことである。かつて、私はなにも疑わない、とても素直な人間だった。巷にあふれる情報を取捨選択はするものの、おおむね素直に受け止めていた。ところがJVCに関わって海外の生の情報を得るようになってから、それまで自分があまりにも何も知らなかったことに驚いた。また、浮遊している情報は情報源が限られた、とても偏っているものであることも知った。注意深く真実を探さないと本当のことはわからないなんて、考えてもみなかったことだった。

今、地球は狭い。パレスチナでもカンボジアでもフィリピンでも日本でも、地球上のほとんどの地域でアメリカの放送であるCNNのニュースを見ることができる。しかし、考えてみればどこでもCNNが見られることの方が異常ではないか。だから、ほとんどCNNしか流れていないことをまず疑ってみなくてはならない。実際に行ってみたら、その地の人々の視点から見る真実とはまったく違ったりするのだから。

お金のためなら

二〇世紀は、工業部門の発展を基礎にして、世界が一つの価値観に集約される方向に動いてきた時代であった。それでも、二度の大戦で開発された科学技術の一般利用が飛躍的に伸びる一九六〇年代までは、一つの基準ではくくれない、そして決して同一方向を目指してはいない社会が数多く、地球上の至る所に存在していた。歴史の教科書で習ったように、人間は狩猟採集社会から農耕社会へ、農耕社会から工業化社会へと単純に「発展」するのではなく、さまざまな社会が同時に存在していた。

かつては地球上のどこにでも、その土地その土地の自然条件を反映して形成された多様な価値観があり、その価値観で人々が生きられる社会があった。ところが、人間、物質、情報などの移動力・輸送力が迅速かつ巨大になるにしたがって、どの社会も同一方向を目指す勢力に影響を受け、呑み込まれ、二〇世紀末の今日では、どんな所に住む人々も同一方向を目指すようになったと言っても過言ではなくなった。

それは、より多くを得たいという欲望に突き動かされ、そのためにはこれまで大切にしてきたものを失うことを顧みない、一直線上に並ぶ競争社会である。

都市に住む多くのカンボジア人たちは、経済的によりよい生活を求めてを国を脱出する機会をねらっている。そして、海外に住むカンボジア人たちは、その経済的に豊かな生活を誇示するかのように、時々たくさんのおみやげを抱えてカンボジアに凱旋する。しばらく滞在した後に帰っていく彼らは、もはやカンボジア人でありながらカンボジア人ではない。プノンペンにある博物館の横に続いている「油絵横町」では、一時帰国者が、畳一畳分もあるようなアンコールワットの描かれた油絵や水田にオウギヤシの生えている農村風景の油絵を三枚、五枚とまとめて買っていく。カンバスからはずして、きつく巻いた油絵をパリで、カリフォルニアで開く時、彼らがもう住めなくなった、しかしなつかしいカンボジアが部屋いっぱいに広がるのであろうか。油絵は差別に満ちた、けっして快適なばかりではない異国での生活の心の支えとなって、彼らを励まし続けているのであろうか。

カンボジア人は経済的によりよい生活を求めて個人単位で海外を目指す。そして、日本人は経済的によりよい生活を求めて、国家規模で海外へと赴いていく。一九九九年、日本は東南アジア諸国に対して三年間で総額六〇〇〇億円の特別円借款を決めた。それは主契約者を日本の企業に限る「タイド(ひもつき)」に加えて、現地の日本企業を支援するために、事業に使われる資機材などの調達も、日本企業や現地の日本企業から半分以上、しかもその資機材の原産国を日本に限ることを義務づけている融資である。

この特別円借款の特徴は、融資が日本の景気回復を狙うものであることをはっきり打ち出していることである。狭い日本では公共事業が頭打ちとなり、また公共事業による環境破壊も目立ち、ダムも作れない、スーパー林道も海底トンネルも橋も作りにくくなったという状況がある。また、バブル崩壊以後、経済は低迷し続けている。そのため、国家を挙げて企業に仕事を与え、海外の場を使って土木工事をやり、経済を活性化しようというのだ。

このような日本中心思考の融資は日本人以外の誰かの役に立つのであろうか。融資の取り決めに直接関わる人々、相手国の政府関係者には、有形無形の利益があることは間違いない。しかし、そのつけは一般の人々に回ってくる。長く住み慣れた土地から立ち退きを食らい、元の生活を維持できなくなって困難な生活を強いられるのは、その地域に住む普通の人々である。また、環境の劣化や汚染の影響を受け、借金の返済に苦しむのはその国の次世代の人々である。

どうして生活が困難になるの

「国家の発展」を目指してたくさんの「開発事業」が行なわれてきた。ところで、私たち人間は何を求めて、短いとも言える、また長いとも思われる一生を生きるのであろうか。求めるものは安心して暮らせる生活であり、次世代の幸せであろうか。しかし、発展すればするほど私たちはなぜか不安を募らせ、次世代の幸せどころか、自分のことで手一杯となっていくのはどうしたことだろう。

確かに道路も港も必要かもしれない。しかし、それは完備されれば完備されるほど、地域にありながら地域の人々の知覚と利益から離れていく。もっとも典型的なものは原子炉や新幹線の線路であろう。近くの人々にはまったく利益をもたらさない。かつて私が関わっていたタイの農村で、村を貫く道路が拡張されたため、道路の両側に住む人々の行き来が疎遠になった例がある。そのあと村は二つの村に分かれ、どちらが元の村の名を継承するかでいがみ合い、やがて学校の建設やらをめぐっていがみ合い、数百年も仲良く暮らしてきたのに、親戚同士だったのに、まったく気持ちが離れてしまった。道はそこを通り抜ける人々には利益をもたらしたかもしれないが、村の安心は失われてしまったのだ。

カンボジアの国内、とりわけ農山漁村には、生活の多くを自然に依拠し、地域の資源を活用しながら生計を立てている人々がたくさん暮らしている。その一方で、国家の発展という名のもとに、自然資源の利用を求めて制度や法律が作られてきた。その制度や法律の大半は自然資源を国のものとし、それを利用してきた人々の利用を制限するものである。そのため、地域に住む人々の暮らしは日一日と脅かされていく。人々は自然との付き合い方については熟知しているものの、都市で作られている制度や法律などからは遠いところにいる。そのため、数世代にわたって利用してきた土地、水、森林などの自然資源を、やすやすと奪われていく。

人々は、土地利用省ができ、土地法が作られて適用される前からその土地に住み、水田を開き、水田から魚やコメを得ながら生活してきた。また人々は、森林局ができ、森林法が作られて適用される前から森林に住み、林産物を利用し、決まった場所を開墾して陸稲や雑穀の種を蒔き、猟をしながら生活してきた。そして、水産局が作られ、水産局が彼らから魚場を取り上げて大きな資本の漁業会社に有利な入札制度を導入する前から、川や湖で魚を獲って暮らしてきた。しかし、彼らの成文化されていない権利は保証されず、自然は資源となって切り売りされていく。

❶森林と人々

カンボジアはついこの前まで、豊かな森林に国土のほとんどを覆われていた。多様な植物が層になって地表を覆い、強い日差しと雨を避け、土壌を乾燥や表土流亡から護ってきた。森林は、人々に林産物という直接の恵みをもたらすだけではなく、土壌や空気の湿度を保ち、乾燥化を防ぐとともに降雨を促してきた。また、根を伝わってゆっくりと地下に吸収された水は層になって蓄えられた。そのためたくさんの動植物は厳しい乾季も生き延びることができた。食物連鎖を活発にするこのような森林は、熱帯では生態系的にもっとも安定した形であると言われている。多様な生物の輪廻転生は、森をさらに豊かなものにしてきた。

一九八〇年代末から内戦を戦う資金などにするために、政府、ポルポト派双方によって森林が伐採され、たくさんの材木が海外に持ち出された。そのため森林は国土の五八・一%、一〇万五三五八平方キロメートルに減少してしまったが、幸い現在もまだ、湿潤熱帯林、広葉樹林、湿原林などさまざまな種類の森が残っている。それはカンボジアのかけがえのない財産であると同時に地球全体の財産でもある。

しかし、残念ながらそれらの森林の多くは伐採の脅威にさらされている。九万七三〇六平方キロメートル、なんと国土の五三・八%にあたる森林に対して、数年から数十年にわたる長期の伐採権が国内外の企業に与えられており、今日もルールのない伐採が行なわれている。

伐採は、森林から遠く離れた場所で、森林に関係なく生きてきた人々によって取り引きされ、彼らに利益をもたらす。しかし、幾世代にもわたって地域で森林とともに生きてきた人々にはなんの利益ももたらしていない。彼らが自分たちの利用してきた森林の伐採を知るのは、伐採道路の建設が始まり、チェーンソーの音が森林にこだまするようになってからである。そして、彼らには利益どころか、以前とは比べものにならない破壊された環境が残される。

❷魚と人々

国土をメコン川が貫いているカンボジアでは、魚、特に淡水魚は人々の主要なタンパク源である。タンパク源の六〇%以上は魚によってとられているが、そのほとんどは淡水魚である。一網打尽にしてしまわない適正な漁具を使う、産卵場を荒らさない、回遊路を遮断しないなどルールを守った漁労をすれば、メコン流域は汲めど尽きせぬ魚の宝庫である。

メコン川委員会とFAOが共同で上梓した『カンボジアのメコンの魚』には、約六〇〇種の魚が記載されている。そして、近く出版予定のメコン川全体の魚図鑑には、なんと一二〇〇種類が収録されるという。八〇〇種とも一〇〇〇種と言われていたメコンの魚は、調査が進むに連れてまだまだ増え続けるのかもしれない。魚は一センチに満たないものから三メートルを越すものまで、その大きさもバラエティーに富んでいる。

驚くほどの種類と量の魚を養うメコン。それは魚を獲る鳥を養い、鳥を獲る獣を養い、そして人々を養ってきた。しかし、現在魚の減少が深刻な問題となっている。その原因は目先の利益しか考えない、商業的な漁労にあるようだ。

かつて魚は、流域に住む人々が自由に獲ることができ、食卓をにぎわし、流域から離れた地域で生産されるコメやヤシ砂糖などと交換されたものである。しかし、今日ではトンレサップ湖など主要な漁場では、漁業権は国や県の管轄下に置かれている。漁場はいくつもに区分けされ、毎年入札によって入札参加者に分け与えられる。入札には高い参加料が必要なため、小規模な漁民は参加できず、できるのは商業ベースの業者ばかりである。また、参加料に加え、入札制の漁業権も高いため、権利を得た業者は元を取ろうとあらゆる方法を駆使して、魚を根こそぎ獲っていく。毒薬、ダイナマイト、稚魚まで獲ってしまう細かい目の魚網の使用などによって、魚は種、量ともに減少の一途をたどっている。

メコンの魚は雨季には本流から支流へと移住する。魚は、乾季には水が枯れていた、しかし雨季には豊かな水を湛える沼地などで十分な食糧にありつき、産卵し、そして雨季の終わりとともに水量の少なくなった支流から本流へと帰っていく。このような魚の習性を逆手にとって、雨季の終わりに支流の出口に川幅いっぱいに網を張り、本流へと急ぐ魚を一網打尽にする漁業も外部の人々によって行なわれ、魚の減少を加速させている。

ラオス南部では、NGOが人々と共同して地域に漁業権を取り戻す運動をしているところがある。住民たちが漁業組合を作り、規則を決め、競争で漁場を荒らすのではなく、漁業区域や期間を守る漁業を取り戻そうとしている。

伝統的な保護区を復活させたコーン郡のドーン・トラティー村には、水深二〇メートルもある淵がある。精霊が棲むと信じられ、一九七〇年代までは誰も漁をしなかったが、やがて漁が始まり、魚が減ってきた。そこで九四年に保護区を制定し、淵でのいっさいの漁を禁じた。人々自身が規則を決め、交代で見張りをし、忠告を無視して漁をしようとする人からは漁具を没収したり罰金を取ったりした。

この努力が実を結び、産卵場が守られることによって、魚の数は次第に増えてきたと言う。このように、地域の人々の管理にゆだねれば、配置する役人の数を減らすことができ、密漁を摘発しやすいなど、魚の増加以外の効果も大きい。

❸「開発」と人々

九〇年代の初めまでは見渡す限り水田であった国道四号線沿いの土地は、今ではほとんど柵で囲われた空き地となっている。土地のほとんどは投機目的で買われたもので、コメを育てることもなく、土地の値上がりや工場誘致を待ちながら乾季には埃を舞い上げている。

一九八八年、カンボジア政府はポル・ポト時代の混乱を乗りきるために一定の役割を果たした土地国有制を改め、共同労働制を廃して、農民たちが水田を占有的に使うことを認めた。均分された水田の面積は地域によって違うが、カンダール州あたりでは、農民たちは一人あたり一〇アール平均の水田を配分された。ところが、九〇年代の初頭から一気に自由経済に突入、土地はお金持ちや外国資本によって買い占められるようになり、特にプノンペンに近い主要幹線道路沿いは投機の対象となり、道路沿いに水田を持つ農民たちは喜んで、あるいは半ば脅かされて、みんな土地を手放していった。

水田を手放した人々はその後、残念ながら生活水準を下げている。手にしたお金でもっと奥まった他の地域に水田を買った賢明な人もいないわけではないがごく少数で、大半はプノンペンに出てお金を使い果たしてしまって路上生活者になったり、土地なし農民として他人の農作業を手伝ったりしながら細々と暮らしている。

開発と農業

ＡＤＢ（アジア開発銀行）は、カンボジアに換金作物と農村金融を導入することに大きな関心を示している。また日本の政府や農業技術者は、カンボジアはコメの増収をしなければならないと信じている。なぜなら、かつてカンボジアはコメの輸出国だったのに、今ではやっと自給が達成できるくらい生産性が低いのだからというのが彼らの論理である。もちろんコメの増収はコメを主食とするカンボジアの関心事には違いない。しかし、日本人のこだわりの背景には、日本の農業技術者の大半はコメに関する技術者であり、したがってコメにしか関心がないということも心にとどめておく必要がある。

彼らは一様に、雨季には水のコントロールが難しいので、乾季作を導入することを主張する。すると、まずは水を確保するためにダムを建設し、用水路を完備し、次に乾季作用の改良種を導入、そして化学肥料・農薬の導入、農業機械の導入と、カンボジアでもタンザニアでもインドネシアでも、話は一様に進んでいく。これらの行為がどんな結果を招くか、地域固有の事情に合っているかどうか、そんなことを突き詰めて考えないで見切り発車して、たいていはまずダムの建設にとりかかる。その結果、どこの国の事例を見ても、ほとんど計画した結果が現れていない。しかし、それはそれで相手国の「農民が怠惰だ」、「思ったように動かない」などと責任転嫁して結論づけ、また別のところで同じことを繰り返す。

少し考えれば、このような開発プロジェクトがうまくいかない共通の原因は簡単に見出せる。まず、農民の経済的な背景が違うことを考えなくてはならない。日本では工業があって、それを中心に据えた上での農業政策があった。しかし、多くの地域ではその前提となる工業がない。あっても外国の工業に安く場所を貸しているといった程度のものでしかない。また、工業そのものも労働集約的ではないものに変わってきている。したがって、農業を集約的にしてはみだした農民を工業部門が吸収するという構図そのものを修正し、小農が小農として生き残れるような農業を考えなくてはならない。この大切な出発点がほとんど欠落していることが、これまで問題を大きくしてきた。

南の国々の農民には、国による農業の保護政策もなければ補助金もない。そのため農業資材を多投する農業に転換するには無理があり、一部でできたとしても、それは農民間の貧富の格差を広げる。「そのために農村金融を用意する」と言うのであろうが、これもタイなどの実情をつぶさに見れば、それがどれほど農民の肩に重くのしかかっているかが見えてくる。

なるほど、農地以外にさしたる担保もない農民に安い利子でお金を貸してくれる機関があるのはいいことに見える。しかし、農民金融は取り立てに容赦がないので、次の借入の機会を失うことを恐れるために、利子の高い民間金融から借りたお金をそっくり農民金融の返済に当てている農民も多い。結果として、農民金融はより多くの農民を借金漬けにすることになっている。

また、ダムを作って水を計画通り供給することにも無理がある。タイなどの例で見ると、ほとんどのダムは計画した面積の三分の一も灌漑できていない。というのは、これまで無料であった水に費用がかかるようになるため、ダム近くの農民が手間のかかる水量管理を行なわず、したがって多く取り過ぎるため、末端まで水が行かないからである。

この問題を解決するために水利管理組合を作らせて管理させようとする試みにも失敗している。水利管理組合に限らず、互助組織は、必要の上に立てばよく機能するが、そうでなければまったく機能しない。それは、自分がその一員だったらとわが身に当てはめてみるとよくわかる。地域の人々の参加を抜きにしてダムなどの施設を勝手に完成させ、完成してから規則に従わせるために作った組織が機能すると思う方がおかしい。

また、ダム建設は前述の魚の回遊路を決定的に絶ってしまう危険がある。雨季には枯れて、さしたる役にも立ってないように見える支流にも、雨季には本流から移住してきたメコンの魚を養う大切な産卵場が無数にあるのだ。

化学肥料や農薬の導入にもさまざまな問題がある。これらを使うことなく、いかに稲作を続けていくことができるかという、地域の実情を考慮した地道な試みが必要とされている。というのも、カンボジアの魚倉であるトンレサップ湖の水が農薬や化学肥料で汚染され、魚の減少が深刻な問題になりつつあるからだ。

熱帯農業の工夫

温帯の農業専門家から簡単に「粗放」と片づけられる熱帯の農業にも、随所に工夫がある。肥沃な土地では肥沃さを活かして、痩せた土地では痩せたなりに、洪水の土地は洪水を利用して、あまりにもうまく農業が組み立てられているのに驚く。

ＪＶＣのスタッフ、ナリンの田舎、プレイベン州の村のコメ作りも珍しいものだ。彼らはメコンの水が上がってくる前に普通に田植えをしたり、直播きをしたりする。その後、水田の水位はじょじょに上がってきて、九月の終わりには稲はすっかり水に隠れ、水深は人の背丈ほどになる。人々は水田の上を舟で行き来しながらカンボジアのお盆を迎える。やがて一〇月に入りお盆のころ、水は少し引き、船の上から稲の葉が見えるようだったらしめたものである。そのあと水はさらに引き、普通の水田と同じように稲は育つ。稲が水の下に隠れるのは約半月、普通の稲でもない、浮稲でもない品種を彼らは年月をかけて育ててきて、今でも育てているのだ。

また、コメの増収だけを目標にするのではなく、生活全般を考え、誰が誰のために、そしてなんのために農業をするのかという根本的なことも念頭におかなくてはならない。換金作物栽培というのは、耕地を使って工業材料を生産するということにほかならないのだから。

荒地だった所に池を掘り野菜を育てたパンさん。

かけがえのない環境は守れるか

伝統的な社会の多くは循環型の社会である。生態系システムの中で、人々は過不足なく人間としての役割を果たすことを学んできた。生活は円を描いているので、天に向かってつばを吐けば、それはめぐりめぐって自分に降りかかってきた。たとえば、川の魚を根こそぎ捕まえると、次の年に食料不足に直面しなくてはならず、山の木を切りすぎると、洪水や土砂崩れに襲われた。持続的に暮らすために、人々は節度ある社会を形成し、それがまた人々を規定してきた。

しかし、同一方向を目指す社会の構造は、はっきりと序列化した直線構造である。そのため、天に向かってつばを吐いても、それは決して自分の頭上に落ちず、後方の誰かの頭上に落ちることになる。たとえばトンレサップ湖で高いお金を出して漁業権を手に入れた輸出業者が、元を取ろうとしゃにむに魚介類を乱獲すると、しっぺ返しをくらうのはその業者ではなく、また、魚を口にすることができた裕福な人々でもなく、その地域で長い間漁労をしながら生活してきた地域の人々である。

このような同一方向を目指す社会では、人々は一歩でも先んじようと競争して資源を奪い合い、大量消費してきた。なぜなら、一歩でも先んじた方が、他人のつばをかぶることなしに、遅れた者より有利にものごとを展開できるからだ。

このような生き方は、短期間のうちに自然資源を収奪し、その加工過程や廃棄過程で大気、水、土壌の汚染などの地球環境問題を引き起こしてきた。また、国と国、人と人、人と他の生物との間などで不公正さを助長してきた。そして、これからもこのような生活を続ければ自然環境は一層破壊され、生物の存在そのものが脅かされるという事実が、次々と明るみに出ている。

この直線のかなり前方に位置する日本では、一人あたりの食料の摂取量が減り続けているという。肥満を気にするあまり、特に若い世代は食べることを恐れ、極端に小食になっている。女子学生を対象に栄養調査をしたら、平均摂取カロリーがＷＨＯ（世界保健機構）の示す最低カロリーを下回る一四〇〇キロカロリー（一日）だったという話もある。

ところが、食料の輸入の方は相変わらず増加し続けているのだからおかしい。摂取量の減少と輸入の増加の中で、食料は毎日食べられないで捨てられる。生産段階で、販売段階で、そして消費段階で、調理された、あるいは調理もされず捨てられる食料は、増え続けているのだという。

一方で、食料不足が大きな問題である国々が今も数多く存在する。自然資源の乱獲・乱伐、換金作物の単一栽培などで環境が破壊され、飢餓に直面する南の国々の対極に、捨てられ続ける食料などごみの処理に追われて、環境破壊に悩む日本などの国々がある。この不公正。なんとか是正することはできないのであろうか。

巨大な世界経済システムに巻き込まれてその序列に従い、先頭から末端まで、経済力のあるなしで一列に並ぶのではなく、その地域にある自然資源に根ざした多様な生き方を構築することは、今となってはもう不可能なのであろうか。直線社会をこのまま走り続け、後方から順番に力尽きて倒れる以外に方法はないのであろうか。日本は先頭に近い方を走っているのだからまだまだ後がある。帰属する会社がつぶれたとしてもすぐに飢えとは直結しない。何か別のことをして食べていこうとすれば食べていくことができる。しかし、後方を走る人々は食べられない。力尽きて倒れようとしている。

自然資源の近くにいる農山漁村の人々が自分の周辺の森、土、水などの重要性を再認識し、それを適切に使い、疲弊させるよりもむしろ豊かにしていこうとする活動を始めたら、少なくとも彼らは序列の後ろから同一方向を目指してついて行くことから免れることができるのではなかろうか。そうしたらこの世界経済システムそのものにブレーキをかけることができるだろうか。そして循環型の社会を構築することが…。

NGOで働く人たち、少なくともJVCで働く人々の多くはそんな考えを持って日々を過ごしている。大きな力を前にして、私たちの働きかけは時に徒労にも見え、無駄な抵抗にも見える。しかし、時には確かな手応えを確信させてくれることもある。そんな時は希望が少しだけふくらんだりするものだ。

どう生きたらいいのか

私は、毎日くじけそうになりながらNGOの仕事に関わっている。時には自信と喜びがふつふつと湧いてくる瞬間がないわけではない。しかし、現実の重さにそんなものはすぐにつぶされてしまう。「地域資源の地域利用」、「人と人の間に信用を取り戻して強い社会を作る」などと言いながら、自分は何をしているのかという問いも浮かんでくる。

いわゆる「開発」ではなくオルタナティブを目指すような活動が多数派にならなくては、世界は変わらないであろう。世界経済システムの負の影響は世界中に均等に現れるわけではない。経済力のないところから現れる。アメリカの穀物生産量が減り、援助穀物がなくなれば、アフリカの数多くの国で確実に飢餓が発生する。しかし、日本など経済先進国で飢餓が出るには、まだまだ時間がある。金にあかして獲りあさった水産資源が枯渇して漁業現場の漁民が苦しんでも、輸入先さえ変えればいいからだ。しかし、地球上で同じ時代を生きる彼らがみんな力尽きて倒れれば、先を走る人々だってあとがなくなってしまうではないか。

今、農業の開発は売るための農業に転換することであると信じられている。しかし、単一作物栽培がしばらく続き、世代が変われば、その家族は他の作物の育て方を忘れてしまう。飢餓に直面した時に食料を作ろうとしても技術がないし、技術より何より種がない。売るための農業に転換して食べられなくなるより、食べるものを栽培しながら売れたら売るという目標を設定する方が、ずっと食の安全を確保できるのではなかろうか。食べられなくなっても誰も助けてはくれないのだから。そんな当たり前の意見さえ、「理想論」などと言われる。

この地球上でいったいなにが起こり、現実がどうなっているのか、真実を知ろうとすると、とてもエネルギーを使わなくてはならない。しかし、目をつぶっていても事態は悪くしかならない。しっかり目を開いて、しっかりと見つめ、どう生きたらいいのか考え続けたい。

JVCに関わってきた人々の中には、環境を破壊しない生活を自ら実践する道を選んだ人も多い。彼らは日本の各地で、農業をしながら、炭焼きをしながら、木工をしながら、軽がると、あるいは人から見れば悪戦苦闘とも見える状況をものともせず、もう一つの生活を生きている。

【参考資料】
一九九九年四月一日、『朝日新聞』
"Cambodia, A Vision for Forest Sector Development"、世界銀行、一九九九年二月CG会合のための資料。
"Statement on Forestry, Kingdom of Cambodia" Ministry of Agriculture, Forestry and Fisheries、一九九九年二月のCG会合のためのカンボジア政府資料、
"Fishes of the Cambodian Mekong", Walter j. Rainboth, 1996.
"Community Management of Mekong River Resource in laos", Ian G. Baird, 1994.

第３章 地域の自立と循環を取り戻す

❖暮らしの拠点としての地域づくり

磯田厚子

ＪＶＣは、この二〇年間の歩みの中で、団体として、また関わった個々人として、実に多くのことを学んできた。たとえば、いったいなぜこの人々がこのような困難を抱えて生きなければならなくなったのかを考えさせられ、その裏にある世界的な不公正や政治経済の駆け引きなどを思い知らされることもある。あるいは、困難と思われる暮らしの中でも凛として誇りを持ち強く生きている人々、自然や社会の摂理を心身で受けとめ自然体で生きている人々に感動し、その暮らしのさまから人間の生き方の多様性と新たな可能性に気づかされることもある。

ＪＶＣはこれらのさまざまな学びから教訓を得、自分たちも含めて世界の人々の、いったい何を最も大事に守らねばならないのか、どんな課題を克服することに挑むことが必要なのかを、より鮮明にしてきたと言えるだろう。

その重要課題の一つが、「地域としての自立・循環」をいかに取り戻せるかである。人々の暮らしは、自然と社会の総体としての「地域」のあり方と不可分であるからだ。ＪＶＣはこのことをどう見ているのか、どう取り組もうとしているのかについて、私自身が一九八八年よりスタッフとして関わってきた中で感じてきたことをもとに考えてみたい。

「同じ難民でも、キャンプにいる人たちの眼はとても暗いのに、国境の難民村にいる人々は明るい。なぜこんなにも違うんだろう」

「地域」という生活の場に気づく

これが私にとって、難民と呼ばれる人たちとの初めての出会いで感じたことだった。一九八四年八月、タイ・カンボジア国境でのことである。たった一〇日間程の訪問であったため、一部を見ての印象かもしれないが、今でも目に浮かぶほどの強烈な印象だった。キャンプでは、食糧配給をはじめ、医療、教育、職業訓練などさまざまな支援活動が行なわれており、生活基盤はあった。しかし、キャンプはいわば収容所のようにフェンスと二重ゲートに囲まれ、タイ国軍の管理統治下におかれていた。暗さの背景、原因は種々あると思うが、このように管理統制されていることや、農業や商売などの生産活動が許されていなかったことが、大きな原因だろうと思った。

その後八八年から、東アフリカの国、ソマリアにあるエチオピア難民キャンプで活動する中で、難民キャンプというのは実に不自然な生活集団であると思うようになった。ここのキャンプはタイ国境の難民村同様、出入り自由の塀のない集落で、数頭の家畜飼育や小商いなどの生産活動も可能だった。また、食料、飲料水、医療、教育、その他、いわゆる基本的生活ニーズを満たす以上の物質やサービスが提供されていた。周辺の地元民地域には何の社会サービスもないことを考えると、格段に優れた生活条件が確保されていたと言っても過言でないだろう。それでも通常の社会と何か大きく違う不安定さを感じさせられたのである。

違いとして感じたのは、難民の人々自身が「自分たちの住み処を失ってしまった」と感じている、根無し草的な心もとなさ、相互のつながりの希薄さにあった。ある難民は、戦乱が安定した時期を見計らって四〇〇キロメートル離れた故郷へこっそり見に帰ってみたところ、かつての自宅には別の家族が住んでいて、「あんたたちは逃げたんだからもうここへ戻る資格がない」と言われたと、すっかり気落ちして戻ってきた。難民たちの多くは遊牧を行なう半農半牧民で、元来、私たちの言う「定住」という暮らしはしていなかった人々である。それでもやはり、彼らなりの「むら」に近い観念があることを知った。

生活条件が整っていることは、人間にとって住み処としての必要条件であるかもしれないが、十分な条件ではないということだ。彼らにとっての暮らしの場とは、彼らが利用することができる一定の地理的空間である。そこには、それぞれの民族ないしは氏族内外での社会関係があり、また、その資源を利用した生産によって生計を営むことができ、そしてまた帰属意識の持てる、そういう総体としての場なのだと、あらためて気づかされた。それらがない場所では、いくら生活インフラがあっても、「暮らしていく地域」にはならないのだ。

地域の多様性と合理性

ソマリアの自然や人々の暮らしは、日本のそれとは対極にあると言えるほど大きく異なる。赤道直下で半砂漠気候の乾燥地帯にあり、人々の生業の大半はラクダを中心とした半遊牧、多くがイスラム教徒である。温帯気候で緑と水にあふれた農耕民族である日本人の私にとって、ソマリアでの暮らし、特に活動現場である内陸部での食生活は、大変厳しいものがあった。

一年の大半が乾季である。平均年間降雨量はたった二〇〇ミリ。日本では集中豪雨だと一日に降ってしまう量だ。植生の多くはアフリカのサバンナに見られるようなテーブルツリーと呼ばれるアカシア類。その間に疎らに低い灌木がある程度だ。乾季の最後の二ヵ月ほどは、それらアカシア類は葉を落とし、五センチほどもある灰色の鋭いトゲがギラつく太陽を反射して、あたり一面銀世界のようになる。どうしてこんな地に人間が暮らすのか、疑問にさえ思えてくるほどだ。

こういった地域では、農業によって自給したり、生計を立てることは困難だ。人間は、トゲの鋭い疎らな樹木を食べる家畜を飼い、その肉や乳を得ることで、その自然が生み出したエネルギーを利用している。

彼らの主食をあえて言えば、ラクダの乳である。乾季のさなか、餌となる緑を求めて三ヵ月ほどラクダの群れと共に遊牧する男たちは、もっぱら乳中心の食事をとる。考えてみれば、乳が主食というのは実に理にかなっている。遊牧の間、貯えたり作ったりする必要がなく、ラクダ自身が毎日生産してくれる。ラクダよりもずっと水分を必要とする人間でも、水を持っていかなくとも水分補給できる。ラクダの乳は脂肪分が多く、エネルギーが高い。ビタミン、ミネラル類も牛乳よりずっと濃度が高い、栄養価に富んだ乳だ。

肉を食べることは家畜を殺すことになるので、頻度は低い。儀式や祝いごとなどの時くらいである。しかしその時には、親族で分け合い、また大半の内臓、子ヤギなどは骨髄まで、ほとんど無駄なく食べ尽くすことに感心する。こうして月に数回は肉も食べる。

乳のほかに、僅かな量のソルガムやミレット(アワ、ヒエの類)などの雑穀を、炒ったり、粉にして蕎麦がき状にして食べる。乾燥地に強いこれら雑穀は自家栽培する場合もあり、あるいは農耕民との交易で乳と交換ないしは売買して入手する。ソルガム、ミレットの栄養成分は、これまた大変優れてお

ラクダ遊牧の間、男たちは主にラクダの乳と僅かな雑穀を食べる。左の男性が持っているのは木製の高枕、右の男性が持っているのはラクダの乳を飲むためのボウル。

り、鉄分や他のミネラル、ビタミン類が豊富だ。私自身がソマリアの食事で辛かったのは野菜がほとんどないことだったが、実際には野菜なしでもこれら雑穀と乳で、必要なビタミン類はほとんど摂取できるのだった。

「病人にはソルガムのおかゆを食べさせるんだよ」と教えてくれたおばさんの言葉は、栄養知識ではなく身体で知っている智恵に裏打ちされている。

ソマリアの隣国エチオピアでは、その気候風土に合ったテフというアワのような雑穀を栽培し、インジェラという日常料理の主材料として食べてきた。テフは、ソルガム以上に栄養価に富んでいる。こういった作物を選び活用してきた叡智に感服する。

ソマリアに住んで一年近くが経った頃、着任する途上のパキスタン航空機内で見た映画を思い出した。タイトルもストーリーもほとんど覚えていないのだが、一シーンを鮮明に覚えていた。アラ

農民たちとのミーティング。

ブ系の主人公父子が、親族のごたごた騒ぎに疲れて、息抜きに行く場面なのだが、集落のあるオアシス地帯を離れ、砂漠を見に行ったのである。私たちならさしずめ海か山を見に行くところであろう。その時のホッとする人間としての心理や感情は類似のものであるに違いない。しかし、何を対象にそういう感覚を持つかがかくも違うものかと驚いたのである。そのことが、ストンと胸に落ちたような気がしたのだった。

いろいろな場面で「多様性」ということを常に突きつけられ、そのおおもとには自然を基盤とした「地域性」があること、そしてその中に「合理性」があり、それを尊重することなしに生活の安定も幸せもないことを痛感した。

地域の自然が、生産、生活、健康のかなめ

ソマリアの例が示すように、生産活動、暮らしや健康、人々の価値観や文化などは、住んでいる地域の自然によって作られているものであり、またその人間の営みによって自然が影響を受けるという、相互に不可分の関係にある。

東南アジアの内陸国ラオスにおいて、ＪＶＣは一九八八年より女性を中心とした農村開発に取り組んできたが、活動を進めるにつれ、地域の自然環境を護らねば人々の生活をまもれないと思い知らされるようになった。

人口の八割近くを占める農民は、首都近辺のごく一部で換金向け農業を行なっているのを除いて、ほとんどが自給を中心とした農業を営んでいる。主食のもち米と香草・香辛料類、数種類の豆や野菜を栽培する。しかしそれ以外の多くの副食物は森の野草山菜、木の実や芽、葉、小動物や昆虫、川の魚や貝などを、いわば狩猟採集して利用している。実に季節性や多彩さに富んでいる。一食一食に登場するおかずの数は少なく、一見すると貧相な食生活に見えるかもしれないが、年間を通じてのバラエティーは見事なものだ。

生産活動は、地域の自然条件に大きく規定される。そのあり方は、土地の人々が、その条件をうまく利用しつつ育んできたものである。食生活は、その生産活動を基礎にして営まれている。これらの中に、彼らの健康が維持される仕組みが作られているのだ。

このような例は、伝統的な生業を営む社会にはどこにでも見出すことができる。多くの場合、一見変化に乏しい、限られた種類の食物からなる食事内容であるかもしれないが、その地で伝統的に生産、収穫してきた食物を中心にした食事パターンには、必ず合理的な利点がある。

よく言われることだが、一つの食物で栄養的に完璧なものはない。人間はいくつかの食物を組み合わせて食べているわけだが、何と何を組み合わせるかは、その地域の自然とそれを活用した生産の仕組み、身体側の適応などの相互作用によって編み出されてきたものだ。それによって作られてきた人間の身体は、そういう食物やその調理法、その組み合わせを「うまい」と感じる食の好みを作ってきた。うまいと感じなければ唾液も十分出ないとか、好みに合わず食べられないなど、食べること自体への影響が出る。

たとえばソマリアでは、野菜が手に入らず食べられない私が、それこそ「青菜に塩」状態でへたばっている脇で、ソマリア人は子やぎの骨をかじって意気揚々としているのだ。同じような栄養素が摂れるのだが、私にとって子やぎの骨髄は野菜の代わりにはならないのだ。

どんな食物をどう組み合わせてどんな調理をして食べるか、それこそが地域の食文化である。文化は単なる飾り物なのではない。食文化の地域性にこそ、そこの人々にとっての持続性を持った健康の鍵があると言えよう。

在来資源を地域が利用する大事さに気づく

ラオスのある村で、何気なく森の話題になったところ、「伐採業者が村の森を伐ろうとしている」と村人が言い始めた。村人にとって天然の食料庫であり、植物や樹脂など副収入源を提供する森林が、伐られようとしている。法的には全土の森林が国有林なので、住民には反対する権限はない。

別の章にも書かれているが、この村では村長自らが立ち上がり、森の入り口で若者たちとともに立ちふさがり、体を張って伐採トラックの侵入を防いだ。が結局、警察から「許可を取っている業者を阻止したのは罪だ。経済的損失を弁償するか、できなければ刑務所に入れる」と警告された。村長らの粘り強い交渉で、伐採規模は縮小されたものの、伐採を止めることはできなかった。

一九九〇年代前半のその頃、伐採の跡地、あるいは荒廃した畑地などに、ユーカリやゴムの植林が一〇ヘクタールあるいは数一〇〇ヘクタールという規模で行なわれ始めた。多くがタイの業者、あるいはタイの業者と提携したラオスの業者が、住民や村と、二〇年、三〇年という長期間の土地利用契約をして始めたものだ。「契約した時には、植え付けの作業の雇用が増えたり、他の形でもお金が村に落ちることを期待してたのに、業者はタイ人の作業員を連れてきて村からは誰も雇わなかった。こんなことなら地代をもっと高くするんだった」と村人はぼやいた。

活動を共に行なっている女性同盟の車で村へ向かう途中、小規模のユーカリ植林地が陸稲の畑の隣や荒廃林の一角にある一帯があった。地元の住民でもある運転手に聞くと、タイの業者が希望者を募り、苗木と肥料を配布して生育後に買い上げる契約だという。賃労働や売れる作物は殆どなかったので、何人も飛びついたそうだ。苗木や肥料はツケとなっており、売った段階で天引きされる。しかし彼は、そのツケが返せないかもしれないという不安は持ってないという。

ユーカリやゴムの栽培は、すでにタイやマレーシアほか多くの国々で行なわれてきており、借金や土地の荒廃などの問題が生じていることは、ラオスの人々に知らされていない。お金になるという説明だけがなされ、儲かりそうだという期待だけ膨らんでいる。

住民としての権利を何とか守りたいという思いのある地域もいくつかあるようだが、こういった反対運動の存在は表に知らされないため、「この村だけだ」というような脅しもかけられている。孤立して奮闘せざるを得ないため、多くの場合あきらめることになってしまう。

元来、住民が森林や魚を含む水資源などの自然資源を活用する伝統的な方法は、根絶やしにする使い方ではなく、再生の余地を必ず残している。そうでなければ世代を超えて継続する利用は不可能となるからだ。このあたりの智恵や技術、社会ルールは、カンボジアやタイ、ラオスの例に詳しく書かれている。しかし、商業ベースの伐採業者や漁業者は、売れそうな木・水産資源はできるだけ根こそぎ取る。伐採後の植林が義務づけられていても植えない、あるいは植えても早世樹種で、住民が利用してきた多様な在来種ではないことが多く、地域生態系が貧困化する恐れがある。地元住民が自然の摂理をきちんと理解し、利用しつつ守ることが、地域の自然資源を持続的に保全する上でもっとも適しており、不可欠であろう。前述の通り、自然を守ることがそこの人々の生活基盤であり、健康の要であり、文化の拠り所であるからだ。

住民にとって生活や健康を守る上で貴重な森林や川、畑地などが、次々と外部の企業や人々の管理に移っていく。そこを利用している人々の了解もとらないままに。ラオスの場合、伐採やユーカリ植林は、日本の紙や家具などになっていくものがかなりあるのだ。そこで生み出される経済的な利益は、地元の人々に相応に還元されることはまずない。今まで生活基盤をおいてきた無償の利用再生可能な資源を伐採によって失うが、その補償はない。泉などの水源が枯れたり汚染される心配もあり、こういった森林を失ったことで生じる不利益は地元民が被るわけだが、その補償もない。

東南アジアの多くの国で同じ問題が起きている。地域の自然資源を地元民が利用することができる、その権利保障の大事さを思い知らされた。それには住民が法的な足がかりを得ることとが必要だ。と同時にその前提として、住民が将来を見通して判断できるだけの必要な情報、同じ思いの人々が連携できる仕組みなどが不可欠だ。

地域経済が外部に依存すると

「タイの農民は、自分たちは貧しいというけれど、家にはテレビもバイクもある。それでいて大金の借金があるから貧しいって言うのよ。いったいどういうことなのか理解できないわ。借金をして自分たちで貧しくしたんじゃないの？」

これは、ラオス農村地域の若い女性たちが、農村開発の研修旅行にタイを訪れた時の感想の一つである。きわめて素直で、また本質をついた感じ方だ。しかし、すでにラオスでは今、同様の人々が出始めている。

借金のカタに土地を取られたという農家もある。借金は、二期作のための化学肥料や農業機械、テレビなどの消費財をツケ買いしたところが、連続した米の凶作などで返済できないなどによる。二倍、三倍といったかなりの高利なので、返せないと借金が雪だるま式にふくらむ。生産物を市場へ運ぶ輸送手段を持たない奥地の村々では、米や家畜などの買い付けに来る仲買人に値段を牛耳られている。

経済的貧困の解決を目指して、地域の生産物を都市や海外などの価格の高い市場へ売り出す計画も行なわれている。しかし、そういった販売は、地元での物価を押し上げることになり、良い品は高くて地元の人々が購入できずに外へ流れていってしまう。

たとえば、ラオスの素晴らしい織物などは、以前は自家用に織り、自分や家族で着ていたが、今では自分は安いインドネシアやタイのプリント布のスカートを履きながら、地域外へ売る。確かに、より多くの現金を得ることになるかもしれないが、それを買いつけた仲買人は多くの場合もっと儲けている。そして、地元には良い織物は残らなくなっていく。また、民族ごとの特徴的な柄、色使いなどがあり、その組み合わせにはある種の祈りや意味を持っていたものだが、今日では、売れるとなると組み合わせもメチャクチャ、特に外国人の嗜好に合わせて色やパターンが大きく変えられている。こういうものは、文化変容として変わるものなのだという考え方もあるかもしれないが、今や、こういう織物を織る彼女らには、布に込める祈りや願いという精神的な要素は少なくなってしまっている。

経済的水準が低いことは、それ自体が問題なのではないと考える。特に自然資源が十分にあるところでは、現金をそれほど多く必要としているわけではない。購入した食品を中心とした食生活よりも、かえって豊かで健康的な食が営める場合が多い。問題となるのは、経済的貧困であることゆえに交渉力がなかったり、発言権が低い、発言の場に参加する時間が取れない、自然資源の利用権も制限されるなどの状況が引き起こされることである。こうした不利益の結果、経済格差が広がる。一方で消費財がどんどん流入し、現金が必要な暮らしとなり、そうなると現金の少ない人たちは生活困難となり、また渇望感も増す。借金が増えることにもなりかねない。

南アフリカ共和国では、アパルトヘイト政策のもとで、黒人たちは元来の土地を追われてホームランドと呼ばれる一定の地域に民族ごとに集められる形で囲い込んで住まわされた。長年彼らが農業や牧畜を営んできた肥沃な土地は白人たちに取られた。彼らを生計が立てられない状態にして、男たちなどの働き手を白人農場の農業労働者として、金やダイヤモンドなどの鉱山労働者として、出稼ぎに駆り立てた。ホームランドに残された家族は、ごくわずかな野菜などの自家栽培を除き、主要食物も日々の消費財も地域内で生産できず、白人農場、白人工場で生産された品を白人商人から買うしかなかった。その金は出稼ぎに頼ることになった。家族が離れ離れになり、経済的には困難を抱え、伝統的な智恵はほとんど継承されなくなった、と南アの人々は言う。

生活と生産の場としての地域の再建を目指す試み

JVCは、世界各地で困難な生活を強いられている人々が、そのしばりを解きはなち、自信を持って暮らしを立てていけるようになることを支えようとしている。その困難さの根本には、前述の通り、地域の自然やその循環が壊されていること、経済活動が地域外の経済に支配されていること、資源利用や管理の権限が地元の人々から奪われていること、などの問題がある。住んでいる地域が、「地域」としての基盤と機能を失ってしまっているのだ。したがって、地域の持つこれらの機能の再生なしには人々の暮らしは成り立たないと言えよう。

もちろん、地域の再生と自立こそが生活を守ることになると考え、活動に取り組みはじめている人々も世界各地にいる。

南アフリカ共和国では、都市出稼ぎ者が住む黒人居住区やスラムで、自分たちの生活を自分たちで立てていくいろいろな試みが行なわれている。たとえば、黒人による建設技術学校は、各種の建設技術を黒人の若者に教え、自分たちの家や学校、保育園などの公共施設を白人建設業者ではなく、自分たちで建てる。白人経済に金を回すのではなく、自分たちの中で回していく仕組みを作ろうとしている。同時に若者たちには仕事の機会となり、自信にもつながる。女性たちの生産者組合もできてきた。日干し煉瓦、縫製、加工食品などの生産をグループで行ない、共同の資金を会員が利用できる形にしている。労働による利益を誰かに取られるのでなく、関わったみんなで活用しようというものだ。単にそれぞれの生活向上だけを考えているのではなく、地域の中の人的、経済的そして自然的資源を地域の人々が活用できる仕組みを作ることで、生活基盤を作ろうとしているのだ。

アパルトヘイト政策解放以後、居住や移動の自由を得られたことが、黒人の人たちが都市に流出することに拍車をかけた。その中にあって、農村部に残り、家族とともに自分たちの暮らしの場を何とか建て直そうとしている若者グループもある。彼らにとっては、農業や地場産業による地域内での自立が課題だ。しかし、黒人たちは何世代にもわたって働いた白人農場の大規模近代農業しか知らず、伝統的な資源利用の智恵は失われてしまった。このことに彼ら自身、大きなジレンマを感じ、新たに作り上げる取り組みを始めたところだ。

南アメリカのボリビアでは、中低地の先住民の一つであるガラニーの人々が、白人農場に農奴状態となっている仲間たちを解放し、土地を取り戻し、自分たちの共同体（コミュニダ）の自立農場を営む生計基盤を作ろうとしている。トウモロコシの伝統的品種を保存し、また、民族としての価値観と誇りにつながるガラニー語や伝統行事の継承にも力を入れようとしている。さらに、現在の行政区分が自然の地形に沿った伝統的な地域区分と異なり、彼らにとっての地域認識や資源管理の仕組みとずれるため、伝統的な地域区分に行政を変えるよう申し入れているという。

カンボジア、ラオス、ベトナムでも、地域の自然資源を地域の人々が利用し、また保全していく仕組みを取り戻す試み、そのような自己決定の仕組み作りの試みが始まっている。

その試みの要は、第一に、自然環境がその循環を保ちつつ保全されるようになること、第二に、そのためには、自然資源が地域内で利用や管理できるようになること、第三に、それを行なうための社会的なルールや智恵、価値観などが継承されること、第四に、地域経済が、地元内に利益が落ちるように、地元の人々の手で運営されるようになっていくことである。

これらを地域の人々がどうやって実現していけるかが鍵となる。ＪＶＣは、こういった、地域性を大事にしながら何とか自分たちの生活を守り安定させたいと願う人々を支えようとしている。地域の中にある智恵を掘り起こし、地域の人々がそれを検証、再生し、継承するのを支援する。また、類似の問題への取り組みをしている他の地域の試み、経験から学ぶことを積極的に支援する。

ラオスで農薬の被害から学び、自分で自然農業を実践していった農民、スッチャイさんが、JVCが支援した農民の相互経験交流の最後にこう発言した。

「この経験交流の場で、必ずしも新しいことを学んだわけじゃなかった。でも、自分が問題だと思ったこと、そして良いと考えやってきたことを、みんなも同じように感じ、試みていたのを知ったことで、それが正しかったんだということがよくわかった。今までは自分さえよければ、自分の畑だけちゃんとしてればいいと思ってきたが、自分に仲間がいることを知ったので、これからは自分のまわりの人にも伝えていかなきゃいけないと感じている」

人々は歩き始めた。世界には大きな力で動いていく経済の流れがある。彼らの試み、そしてJVCの試みはそれに抗うものになる。まだ小さな力にすぎないが、彼らの確信は、自然の摂理と人間の感性に裏付けられたものである。少しずつだがその歩みが進み、輪が広がってきている。

（副代表・女子栄養大学助教授）

第4章 戦争と平和とNGO

熊岡路矢

空爆のユーゴから

一九九九年六月一八日夜、約二ヵ月を越す激しいNATO空爆を受けていたユーゴスラビア連邦の首都ベオグラードに到着した。空路が利用できず、また、橋梁・道路が破壊されていたので、隣国の首都ブタペストからの、迂回が続く長い陸路の旅であった。ベオグラードは、市電や自動車が走り、表面的には「ふつうの」市民生活が営まれているようにも見えた。しかし、正常に見える街並みのところどころ、病院、テレビ局、政党本部、ホテル、中国大使館が、ミサイル攻撃で激しく破壊されていた。周辺にある小さな食堂やキオスクなども壊滅・全焼していた。米国およびNATOの説明によれば、「ピン・ポイント攻撃」で、目標は軍事的な施設に限定していたという説明であるが、基地・兵営など本来の軍事施設は、ほぼ一週間で攻撃を終えたので、あとは、「軍事施設」の限りない拡大解釈が行なわれ、これに誤爆および周辺被害が加わったので、四〇〇〇人を越す市民が殺された（子供の割合は三〇％以上、九九年六月ユーゴ政府発表）。

六月九日に終わった空爆中もその後も、人々は家族や知り合いの死傷に怒り悲しみ、また多くの不安や不便に耐えて暮らしている感じであった。比較的豊かな時代の備蓄も相当減ったようであるが、夜の街を歩いても治安の悪さはほとんど感じなかった。それでも、六年におよぶ西側諸国による経済制裁と今回の空爆によって、失業は増え、収入・年金も下がり、少ない収入から、「戦争協力金」、「復興協力金」が政府に取り上げられていた。

ユーゴ南部の、クルシュミアの診療所は、隣接する大きなベアリング工場（スウェーデン企業が協力）が受けたミサイル攻撃のあおりで、多くの窓ガラスが割れ、壁にひびが入り、X線機械・超音波診断器などが機能しなくなっていた。医師たちは、空爆時に増えた、流産、心臓疾患、神経症の患者に対応し、また隣接するコソボ自治州からの六〇〇〇人を越えるセルビア人・ロマ人難民の治療にも追われていた。空爆以前に、長期の経済制裁の結果、すでに中央政府・保健省からの助成がなくなっており、薬品も医療器具も底をついていた。

東京のユーゴ大使館でもらった「被害リスト」をたよりに、初めて電話した時に、クルシュミア診療所長は「私たちのことについてはすでに世界は忘れていると思っていた」と語り、JVCの少量の支援（薬・器材）について、驚き感激してくれた。「ユーゴ・ミロシェビッチ政権・セルビア側＝悪者」の決め付け報道と一方的な国際外交により、多くの貿易・援助が止められた側の心象であった。

クルシュミアから、峠＝州境（NATOによる「解放」以降は、事実上の「国境」となっていた）を越えコソボ自治州に入ると、世界が、風景が一変する。空爆の被害に加えて、つい一週間ほど前までいた、セルビア軍・民兵による破壊の跡がすさまじい。訪れたグロコヴァッツ村の小学校では、ようやくアルバニア系コソボの人々が、周辺国や山森の中から戻ってきはじめたところであった。数日前にアルバニアの難民キャンプに妻子をおいて帰郷した校長は、手榴弾などで完全に破壊された自宅のわきで暮らしながら、やはり内部が壊された校舎（原形は残っている）の修復にあたっていた。四〇人ほどの子供たちも、村から北三〇キロの山（空爆により加速化されたセルビア側攻撃から逃れていた）からもどり、学校再開のために瓦礫を片づけていた。

教員・生徒ともに、身内を虐殺された者が多く、話の一部は、ポル・ポト時代のカンボジアの虐殺・粛清にも酷似している。NATOの空爆は、セルビア側のアルバニア系住民に対する「浄化＝粛清」を止めるためという名分を持ち、NATO空爆に反対しつつ、この「民族浄化」を問題にする者は、有効な対案を求められる。

冷戦体制終了後に激化した「ユーゴ紛争」は、八〇年代以前に根を持ち、九〇年代はじめから、旧ユーゴを構成していた六共和国、五民族の争いの形で、激化していった。一つの問題は、一国の中で行なわれる人権侵害・粛清に対して「外の世界」＝国際社会がどこまで、影響力を行使するのかということ。もう一つの問題は、米国もしくは米国をふくむNATOのような巨大な政治・経済・軍事・外交・報道（今日、特にCNNが米国主導の「善玉・悪玉」観や「価値観」を広める影響力は巨大である）・情報力を持つ勢力が、圧力をかけるために多くの手段行使の可能性を持っているのに、国連での決定もないまま一万発以上のミサイルを撃ち込み、「ピン・ポイント」攻撃と言いながら軍事施設の拡大解釈や誤爆、隣接被害もふくめ一〇〇〇人単位で市民・子供を殺傷するようなことが許されるのか、ということである。

現在の一方的なセルビア叩きに対しては、八〇年代のカンボジア・ベトナムの事例のように、援助の不均衡が紛争を長引かせ、また新たな紛争につながる危険を訴え、セルビア側もふくむ、バランスを持った考え方と支援を実行することで対抗している。他方の、コソボのアルバニア系住民への弾圧・粛清（特に九八～九九年六月）を見れば、その時点で、セルビア軍・民兵の暴力的支配を止める方策を思いあぐむ。現在は、コソボにおける多数派のアルバニア系が、セルビア系住民を追い出すという新たな段階に入っている。

国連決議すら経ない、米空軍を主力とするNATOの介入は、空爆自体でも大きな問題であったが、現在(九九年一一月)、ロシアが自国内のチェチェンを攻撃する口実にしていることから考えても、冷戦以後の強国介入の悪しき先例となってしまった。

七〇年代アジアの戦争――カンボジア紛争、ベトナム戦争の後遺症

一九八〇年、カオイダン難民キャンプでは、運命の分かれ目を生き延びたとはいえ、地雷で足や手を失った人々とたくさん出会った。特に被災した子供を見るのは辛かった。開設した初歩的なJVC技術学校では、障害のある人も最大限受け入れようと、下肢を失った人(小さな車のついた板に乗って移動していた)には、バイクや自動車の部分である電装品の修理訓練を受けてもらい、重くない精神障害の人々も受け入れた。

カンボジア難民から聞いた「民主カンボジア」=ポル・ポト時代(一九七五〜七九年)の話はにわかには信じがたい内容であった。体制と労働と生活は過酷であり、ほとんどすべての人々が家族を虐殺・餓死・病死などで失っていた。私たちは、当然、生き残った人にしか会えず、その時その場までに亡くなった人については、伝え聞くことと想像することしかできないことを実感した。また、あまりに深い悲しみや苦悩は、容易に言葉で伝えられるものではない。

JVCに参加する以前の一九七七年、パリの友人の家で出会った三人のカンボジア人留学生は、故郷の家族の消息がまったくわからなくなり、「ぜひ帰国したい、しかし、帰国すればポル・ポト政権に

殺されるかもしれない」という不安を語っていた。当時、カンボジア政治について無知だった私は、まさか帰国する留学生を殺すことはないだろうという、楽観的な感想を語った。しかし後になって、フランスなどから帰国した留学生の大部分は「ツールスレン政治犯収容所」で殺害されていたことを、一九八〇年の難民キャンプとプノンペンで知った。

八三年、OXFAM《オクスファム》とJVC共同の「井戸掘り給水」活動の現地視察で初めて入ったカンボジア国内の状況は、人命の犠牲と物理的な破壊において、衝撃的なものであった。カンボジア全体の表面的な印象は、陽光も豊かで、のどかな田園地帯の暮らしという感じであるが、プノンペン市内の「ツールスレン政治犯収容所」を虐殺博物館にしたものだけではなく、井戸掘り現場の村々でも、寺院や学校校舎に、今となっては身許もわからない多くの人々の頭蓋骨、遺骨がおびただしく残されていた。わずか三年八ヵ月の「ポル・ポト時代」に、一〇〇万人以上の人命が、虐殺や餓死・病死で失われた。全人口が六〇〇万〜七〇〇万人だと考えると、恐ろしい殺害率・死亡率である。ようやく同時代を生き延びた人も、肉体的精神的後遺症や、高血圧、心臓病、マラリアなどの熱帯病で、老齢にいたる前に亡くなっていった。旧カンボジア銀行、教会、大学、公立図書館などへの破壊もすさまじいものがあった。

プノンペンの路上では、ポル・ポト時代を辛うじて生き残ったが心身に深い傷を受けたと思われる知識人の男性から、突然フランス語で「外国勢力、外国人がいかにカンボジアを破壊したか」ということで長々と罵られた。言われていることのすべての意味がわかったわけではないが、彼の怒りの深さについては理解できた。JVCの孤児院や福祉施設での活動で知り合った人々に残る戦争の傷についても、多くの例をあげることができる。しかし、それ以上に多くの人がすでに残酷な状況下で殺され、あるいは私たち「よそ者」には見えない形で、家庭内で、路上で、ひっそりと場合によっては拘束されるような形で、その人の「戦後」あるいは「ポル・ポト以後」を孤独に生きていたはずである。

戦争の傷痕の目撃者として

戦争は、社会を、個人を徹底的に破壊する。一九八〇年代の、ベトナム、カンボジアで活動することは、深い戦争の傷を目撃することでもあった。

八〇年代後半のある日、用事を終え、サイゴン（ホーチミン市）の街を歩いていた時に、路面を滑るように動いていく「なにか」黒いものが、視界に入った。頭は混乱したが、その「ひと」は、路を這って進む、伸び放題の長髪、鬚だらけの男性であった。足は障害を負っていて動かせないようであった。彼は、たぶん何年も、泥、雨、ほこりにおおわれたままの衣服と肌のまま、ひたすら腕の力で道路上を力強く這い回っていたのであろう。右手には、上向きに小さな空き缶を持っていたが、あまりの驚きで、地元の人たちもその缶にお金を入れようとか、何かしようと思っても、凍ったように動けない。この人と話ができなかった以上、彼の状態と戦争を安易に関係づけるわけにはいかないが、多くの障害者・障害児童の施設を訪問した経験では、元兵士であれ民間人であれ、彼の状況と長い間の戦争・破壊や戦後の社会全体の貧窮とが無関係とは思えなかった。やがて、彼の姿が見えなくなり、その場にいた全員は、無力感やさまざまな複雑な気持ちを抱えたまま、日常にもどるしかなかった。

九〇年秋、ベトナムのハイフォン市で「帰還民・地元青年のための職業訓練」に携わり、赴任してまもなく、徒歩通勤の途上、緑陰ゆたかなハイフォン公園わきのいつも決まった道端に草花などがささやかに飾られていることに気づいた。ＪＶＣ受け入れ側のベトナム人に聞くと、一九七〇年代前半、集団登校の際に米軍によるハイフォン空爆で殺された一〇人あまりの小学生の家族が、今も早朝に花や線香を手向けているということだった。

その後、ベトナムがもう戦争に苦しまなくてもいい状態になり、米越の国交も回復し、ベトナムが国際社会に復帰しても、子供たちの命はもどらず、母や父、家族の悲しみは、慰められ癒されることはない。燃やされる家、泣き叫ぶ老母の目前で、ゲリラ容疑で連れ去られる息子・娘などという状況も、ベトナム戦争で、あるいは他の多くの地域で、日常茶飯事のように起きた悲しい光景である。米国はベトナムにおいて、今もなお二六〇〇人ほどの行方不明米兵(MIA)の探索を多額の経費をかけて(また遺家族団体の強い圧力を受けて)続けているが、ベトナム側の一〇〇万人を越す行方不明(死地の明らかでない)市民・兵士の方は、国にも個人にも金銭的な余裕がなく、ほとんど手付かずである。最近も、息子の死地と情報を求めて必死に全国を旅する貧しい老母のニュースが現地ベトナムから伝えられた。

五五〜六〇年以前のこととはいえ、戦争に関して、私たち日本人の立場と感情は複雑である。原爆や空襲を受け、引き揚げ体験や捕虜体験に象徴される辛い被害者の側面と、その被害者意識によって見えなくなり、意識的にも無意識的にも忘れられようとする加害者の側面である。被害の部分については、それなりの調査と記録の蓄積がある。他方、加害の面は、いくら事実を等閑視し、またどのように合理化し一部補償しようと、日本が行なった空爆や攻撃・徴発によって、中国・朝鮮はじめ、アジアのふつうの人々を殺傷した歴史は、大きな恨みや不信感となって、個人に残り、若い世代にも受け継がれていると感じる。

JVCは、直接に平和を訴える団体ではなく、難民救援に始まり長期の開発協力を現地で実際に行なうNGOとして誕生し成長したが、その誕生の場が、そして多くの活動地が、戦乱と紛争の地域であったことからも、「戦争と平和」の問題は活動の根本に関わっている。

私個人としても、過去の歴史への興味に加えて、新たな「(第三次)インドシナ戦争」(一九七八年、ベトナム軍のカンボジア攻撃から始まった)の衝撃によって、この地域そしてJVCというNGOの活動に導かれた感が強いので、実働型現場型のNGOとして紛争解決にどのように関われるかという問題意識が頭から離れなかった。

戦死者の群れ　地球上のすべての人にとって、生きていくということは、食住衣の確保から精神的な悩みまで、多くの困難とそれにぶつかることを意味する。ふつうの人々にとっての生の自律(自己決定)は、国家意思の激突である戦争によってもっとも困難なものとなる。戦争状況(広くは、武力が支配するという意味において、内戦、地域紛争、独裁的暴力的支配などもふくむ)にあっては、多くの場合、個人の生・意思は、一枚の木の葉ほどの重みも持ちえない(今日、通常の「国家」を越えた、強力な多国籍企業群による、世界の経済的な統合〈グローバリゼーション〉が、人間社会全体を支配しようとしているが、この問題の考察に関しては、他の章にゆずる)。

世界の推定戦死者数　(世界軍事/社会費用年報)

一六世紀	一六〇万人
一七世紀	六一〇万人
一八世紀	七〇〇万人

一九世紀　　一九四〇万人
二〇世紀　　一億七八〇万人

文明の進歩は、軍事技術（人を「効率的に」殺傷する技術）の「向上」を刺激し、戦死者の数を飛躍的に大きくした。しかも、二〇世紀において、また近年の戦争・内戦ほど、市民の死傷者・犠牲者の割合を高めた。現在、戦争の死傷者の九〇％以上が一般市民である。精密誘導（ピン・ポイント）による戦略空爆ということになっている、ユーゴを対象にした、NATO空爆（実質は米空軍。一九九九年三月～六月）においても、「誤爆」や「軍事施設の拡大解釈」や間接被害により、一〇〇〇人の単位で市民（うち約三〇％が子供の犠牲者）を殺された。化学工場の爆破による環境汚染、劣化ウラン弾、不発弾、地雷による市民の被害は、戦争状態の終結以後も、増える一方である。他方、ユーゴ軍・警察の死者は、公表で、四〇〇人あまりである。

戦争と平和、私の原風景

一九四七年に生まれた私の心の原風景は、戦後とはいえ、多分に戦争（アジア・太平洋戦争）の影響を受けている。大田区の自宅周辺のあちこちに焼け跡や防空壕がまだ残り、電車内や街では戦場で四肢や視力を失った傷痍軍人が、アコーディオンを弾いたりしながら、お金を乞うていた。銀座のレストラン「ライオン」前では、いつも同じ人と犬が座っていた。身内では、職業軍人であった祖父がベトナム上空で行方不明（戦死）となり、母の長姉は、横浜空襲（一九四五年五月二九日）の際、三九歳の命を米空軍の焼夷弾によって奪われた。日本の多くの家庭（家族）のように戦争による犠牲者を出し、また日本が攻撃し占領したアジアにおける加害側にも連なっている。

自宅近くに、占領軍である米国人将校が家族で住んでいたが、そこの一四、五歳の悪ガキに空気銃を突きつけられたのは、恐怖感とともに、不愉快な、また「力の世界」を思い知った貴重な思い出である。子供心に、「敗戦」、「占領」、力（武力・暴力）のある者が勝つという世界の一端を実感させられた。「米国の正義」は、その後も、「ベトナム戦争」（一九六〇〜七五年）、「イラク湾岸戦争」から、一九九九年のユーゴ空爆まで、「米国人がほとんど死なない」戦略にきりかえつつ、世界を駆けぬけている。

特に、「ベトナム戦争」（正確には、フランスからの独立を目指した一九五四年までの第一次「インドシナ戦争」に対して、第二次「インドシナ」戦争）に際しては、米国の介入があまりにも、強引・暴力的・人種差別的に見え、また、関連の写真、テレビ、映画などの衝撃が大きく、空爆反対やベトナム戦争反対のデモや集会に参加する契機となった。日本が、ベトナム戦争の基地となり、また経済的には潤っていることへの後ろめたさもあった。また、直接には経験していないが、日本が受けた空爆の被害や恐ろしさのイメージも、背景と意識下にあった。

難民救援活動に参加。

一九七八年暮れ、ベトナム軍が国境を越えカンボジアに進撃し、翌七九年一月七日には「民主カンボジア」＝ポル・ポト政権のプノンペンを落とした。これを不快とした中国は「懲罰」ということで北方国境からベトナムに攻め込んだ。

どちらかと言えば私は「平和勢力」としての社会主義諸国に共感を持っていたが、七九年暮れのソ連のアフガン侵攻もあって、この幻想も完全にこわれ、いったい世界で、また長い間関心を抱き続けたベトナム・カンボジアで実際に何が起きているのだろうかという、基本的な疑問を持った。現地状況を肌身で知るためにも、自己資金で持ちこたえられる範囲（数週間から数ヵ月くらい）で、タイ国での難民救援に参加しようと考えた。七九年後半、カンボジア難民殺到を恐れ支援に否定的であったタイ政府も、ようやく国際社会による援助を条件に、本格的な難民受け入れに踏み切った。後発・未熟ながら、日本のグループも、タイ国内で生まれたＪＶＣ（日本奉仕センター。一九八三年に日本国際ボランティアセンターに改称）や、日本からの派遣団を中心に、三〇におよぶタイ国内の難民キャンプで活動を開始した。

タイ・カンボジア国境には、プノンペン政権（親ベトナムのヘン・サムリン政権、一九七九年一月誕生）を支援するベトナム軍が迫り、カンボジア・ゲリラ（ポル・ポト派、ソン・サン派など）や、時として、タイ軍相手に戦闘をくりかえしていた。ＪＶＣが技術学校を開いたカオイダン難民（正確には、一時避難民）キャンプは、地雷原でもある国境まで約八キロ。砲撃や銃声をしばしば聞き、どの軍隊からのものかはわからないが、迫撃砲弾がキャンプ内の技術学校を越えて飛び込み、難民の家族を殺傷したことも一再ならずあった。

あいまいな国境線上にあったいくつかの難民村（ゲリラの後背地として党派別になっている）を戦闘後に訪問したが、家々は砲撃や放火により破壊され、塹壕の死体は片づけられ、家財道具の一部が散らばっていた。ベトナムがＡＳＥＡＮ連合に加盟した今日では想像も難しいだろうが、八〇年にはベトナム軍がタイ領深くへ進撃する可能性も語られ、その強さから、ベトナム軍は「タイ・カンボジア国境」を突破したら三日でバンコクまで落とすだろうというような観測が、華僑系タイ人商人、報道人などによって、真顔で語られていた。

一九八〇〜八一年当時、カオイダン難民キャンプや国境の難民村には、赤十字グループをふくむ、世界のNGO（市民による救援・協力団体）が四〇以上も常駐し、活動をしていた。ひとたび戦場が拡大すれば、これらの団体は戦火によって弾き飛ばされ、逃げ回るだけなのか？　それとも、戦争・戦闘を抑止する要素になれるのか？　真剣に考えざるをえなかった。

結果的に、幸いにも、ベトナム側とタイ・ASEAN（当時）側が激突する戦争は起こらなかった。双方の政治・軍事リーダーからの聴取を行なうなどの立証は難しいが、戦争・紛争地においてNGOメンバーや国連職員などが具体的に存在していることが、人権保護や紛争のなしくずし的拡大への一定の抑止力になっている可能性はあるだろう。特に現在は、戦争の中でも「情報戦」という要素が高く、国際市民社会からの監視や声には政策決定者もかなりの程度敏感に反応する。

戦争・紛争が終わりそうにない地域の難民救援の現場において、矛盾と悩みは尽きない。最終的に難民が生まれないように、また一度出た難民が本国なり故郷に帰れるようにするにはどうしたらいいのか？　を根本的な問題として、NGOや国連の役割に関しても、大小さまざまな問題がある。

実動型NGOは平和のために何ができるか——カンボジア・ベトナムを例に

私たちは、人権・平和を唱道する団体ではない。しかし、救援や復興・開発の現場に「在ること」において、直接の活動の効用を越えて意味を持ちうることがある。たとえば、自国の政府の保護を失い、他国・隣国の軍隊や警察に囲まれ、弱い立場につけ込まれる可能性が大いにある難民にとって、完全にはほど遠いかもしれないが、保護を実体的に提示できうる。

ＵＮＨＣＲ（国連難民高等弁務官事務所）の最大の役割は、難民の保護であり、ＩＣＲＣ（赤十字国際委員会）は、人道的な観点からの、捕虜や政治犯の保護を行なう。彼らもすべての場所に常にいられるとは限らない。救援や開発ＮＧＯが、副次的に、あるいは結果的に「在ること」によって、近い効果を持つ。悪事を行なう人々も、見られること、知られることを恐れ、結果的にチェック機能となる。八〇年代、タイのラオス難民キャンプおよびベトナム難民キャンプにおいて、夜間も国連・ＮＧＯ職員が常駐できたところでは、武器や権力を持った者による金品強奪や強姦などの犯罪を防ぐこと、もしくは少なくすることができた。

また、各難民キャンプで働く、数十の国々からのＮＧＯ等職員・ボランティアは、「そこに在ること」を通じて、紛争当事者（タイ軍はもとより、ベトナム軍、カンボジア・ゲリラ諸派）の戦闘活動拡大へのいくらかの抑止力になった。

その一方で私は、ＪＶＣで、そしてＵＮＨＣＲ（シンガポール）で、難民救援の現場で働き続け、どうにもすっきりしない、まとまらない気持ちを味わった。一つは、難民救援側がより良い条件を作るため努力するほど、本国を離れる必要のない人々まで「吸引」してしまうことだ。難民本来の、政治的理由による「亡命者」ではなく、経済的理由による「難民」を吸出し、第三国（欧米豪・日本など）に送りだすだけなら、難民救援は、非常に空しい。

戦争や地域紛争で壊れたとはいえ、多くの人は、家族や友人とともに生まれ育った故郷、故国にとどまりたいであろう。難民救援は（旧インドシナの場合）、これらの人を引きつけ、戦争の原因を作った「北」の国々へ送り出す。これは本来の解決ではない、と思えた。現実にも、本国を離れたあとで後悔している老人や若い人の話もたくさん聞いた。難民キャンプや第三国への定住では、老人は自分の場を失い、邪魔物と見なされることも多い。若い人には、故郷の祖父母や友人のことを思い、間違えた選択をしたと考える人もいた。しかし、当時の状況では、難民キャンプから後戻りはできない。

数十万人が国境を越え難民として隣国へ出てきたにしても、残る数百万のカンボジア人、数千万人のベトナム人は、どのような思いで本国にとどまり、どのような生活をしているのだろうか？ その疑問と、本国にとどまっている人々とつながりたいという思いが、JVCの第二の出発点であった。続いている戦争や内戦に終止符を打ち、破壊されたカンボジア、ベトナム、ラオス本国の社会と人々の暮らしの復興ができて、初めて解決と言えると考えた。

難民は、国を離れた理由として、主に二つの理由をあげた。一つは、内戦の継続などで、住居や田畑が荒らされ、命の危険を感じたこと、安心して暮らせる状態ではないこと。もう一つは、自分自身や家族が基本的な教育・保健などの社会サービスを得られなくなっていることである。

私は一九八二〜八三年にかけて実際にカンボジア・ベトナムを訪問して、戦争で壊されたこれらの国の復興という意味でも、また難民問題の最終的解決という意味でも、(1)地域紛争の解決(大きすぎる課題であるが)、また並行して、(2)基礎社会サービスの回復が必要であることを実感できた。

また、ソ連圏からの支援があった地域といえども、国内側の人々の国際的な意味での「孤立感」のようなものもいくらか理解した。この時期の米国等西側諸国からの、「バッシング＝いじめ」(外交関係を持たない、いっさいの援助を停止する、経済封鎖・制裁を行なう、国連に加盟させないなど)は、強烈であった。米国は、この地域紛争の原因を作った責任者の一人なのだが、「ベトナム、ベトナム圏憎し」の思いは頂点に達していた。

紛争地における緊急救援や開発協力の実動型NGOは、直接には、地元の人々と協力して、「安心して飲める水」確保の井戸掘り活動や、保健医療への協力、その他さまざまな具体的な活動を行ないながら、厳しい戦争状況のあるいは「戦争直後」状況の目撃者となり、「よそ者」効果としての「仲介者」となりうる。直接の人権・平和の唱道団体ではなく、具体的な人道的支援活動を主とするゆえに、激しい抗争を戦う国・地域の「両側」に入りうる(正統派の人権・平和唱道団体は、その主張の正しさゆえに、紛争地、人権問題の地域そのものに入れないことがあり、また入らないことによって、妥協することなく、正当な主張を続けられる)。

「よそ者」効果と仲介者

直接には平和・人権を提唱せず、人道支援実施ということで紛争現地に滞在する実動型NGOは、戦争・内戦状況の停止や平和構築(広く言えば紛争予防から紛争後融和などまで)にどのように関わりうるのか? 何ができるのか、できないのか? JVCでは、タイでの発足以来、旧インドシナ(カンボジア、ベトナム、ラオス)、「アフリカの角」(ソマリア、エチオピアなど)、イラク、パレスチナ、南アフリカ、ルワンダ、朝鮮半島、ユーゴなどに関わってきたが、その他の場所もふくめ、各地域紛争の原因・構造は非常に多様で、一概に言える安易な解決策はない。

戦争・地域紛争に関しては、旧ソ連社会主義圏=「東ブロック」が健在で、米国を中心とする自由主義「西ブロック」と対立していた「冷戦時代」までのものと、一九九〇年代以降冷戦構造=東西対立が基本的に解消したあとのものとでは、質的に変化してきている。

カンボジアを例として

ここでは、「冷戦時代」の典型的な地域的な紛争であり、すでに紛争解決の一通りの段階を経てきた、またJVCが長く深く活動してきた、カンボジアを例に、考えてみたい。

一九七九年一月、ベトナム軍が中心となって「民主カンボジア」＝ポル・ポト政権を倒したことは、カンボジア国民を潰滅から救うという結果をもたらしたものの、当時の冷戦構造（米ソ対決）を反映して、新たな地域紛争を生じさせた。広く言えば、タイ、シンガポール、インドネシアなどをメンバーとするASEAN諸国対、ベトナムをリーダーとする旧インドシナ三国グループの対決。また、カンボジア国内で言えば、親ベトナムの新プノンペン政権を支えるベトナム軍と、カンボジア・ゲリラ三派（ポト派、共和派、王党派）の戦い（内戦でもあり、戦争でもある）。

この状況下（一九七九年以降）、実動型NGOは、多くは比較的入りやすいタイ・カンボジア国境において難民救援を展開し、ごく少数のNGOはカンボジア国内での緊急救援を開始した。人道支援ということであれば同じNGOが両側に入れる理屈であるが、実際にはタイ政府などは、カンボジア、ベトナム内で働くNGOに対して非常に厳しい敵視政策をとり、他方、ベトナム、カンボジア政府側は特にタイ・カンボジア国境の難民村（ゲリラの後背地域）で活動するNGOを、敵であるゲリラ支援のNGOグループととらえた。

この後、カンボジア和平の達成（一九九一年）まで、実動型をふくむNGOは、大きく分けて、三つに分かれた。(1)難民側で活動するNGO、(2)カンボジア国内（広くは旧インドシナ側）で活動するNGO、(3)国際社会・国連などの場で平和や人権を唱道するNGOである。

最終的には、大きく言ってこの三つの異なるグループは平和過程において協力したと言えるが、過渡的には分断されていた。

内戦が終わらず、カンボジアの人々の流血と消耗が続く中で、それぞれに給水、保健医療、農業、教育などの分野でカンボジア国内で働いていたＮＧＯは、従来の活動と安全レベルでの情報・意見交換を越えて、八六年、「カンボジア国際ＮＧＯフォーラム」を結成した。

カンボジアの孤立、援助の不均衡（難民側に大きな額の援助が集まり、かえって内戦構造を強め、国内の人々への支援は制限される）を訴え、最終的な流血と消耗戦の終焉と平和の追求を、特定の政治グループのためでなく、カンボジアの人々の気持ち・立場から、進めようとするための試みであった。

カンボジア国内で実動するＮＧＯとしては、欧州からはＯＸＦＡＭ《オクスファム》英国など六団体、米国はＣＷＳ（キリスト教会世界奉仕部門）など四団体、豪州から「豪州ＮＧＯ連合」、日本からＪＶＣ、それに、各国・地域の応援ＮＧＯ・市民団体が加わった。

私自身、この「フォーラム」創設に参加したものの、実動型ＮＧＯの和平唱道に関して、経験も自信もなく、ＮＧＯの連携が和平プロセス全体に与える影響力に関して確信が持てなかった。それでも、ＪＶＣの力の範囲で、カンボジア国内の情勢やカンボジアの人々の声を日本政府・外務省や支援団体、メディアに伝える努力を行なった。

八六年には"PUNISHING THE POOR"を共同出版した。同時に、それぞれの国で政府や一般社会への働きかけを行ない、あわせて国連への働きかけも行なった。

カンボジア各派（特にシハヌーク亡命政権元首とフンセン首相による）による話し合いは、一進一退で、なかなか進まなかったが、ベトナムはソ連および東ブロックの弱体化を感じ、新しい外交政策の一環として、ついに八九年九月、ベトナム軍のカンボジアからの全面撤退を行なった。カンボジアの和平交渉の新しい局面が開けた。

この新情勢のもと、「国際NGOフォーラム」は、タイ国内で活動するNGOの協議体である「CCSDPT」に対しても、難民救援の側からの、内戦停止、平和実現の流れの合流を呼びかけた（途中経過としては、国際人権NGOによる、カンボジア国内、国境の難民村両側における人権侵害非難などの一幕もあった）。

JVCが行なう緊急対応とは

「緊急対応」とは、「深刻な紛争になるかもしれない事態等に対して緊急救援などの行動を起こしつつ調査・分析を行なうこと」を意味している。

これはJVCとしての意味付けである。

JVCでは、最初の一〇年間の緊急救援・難民救援・復興協力の経験をもとに、より本質的な解決に向かうために、自然環境と共存していく有機農業、および相互扶助の考え方・仕組みを普及していくことを軸とする農村開発・地域開発を一つの主要な活動分野としてきた。

同時に、カンボジアなど各災害地域・紛争地域での活動経験をもとに、世界の構造が垣間見られるような災害地域・紛争地域（紛争の起こりうる地域をふくむ）に対して、救援活動などの実働を行ないつつ、実状を調査・把握・分析しようとしてきた。以下は、九九年一〇月のスタッフ代表者会議で、話し合われた「内規」の要約である。

緊急対応（ウォッチ・アンド・アクション）

［意味と目的］

●紛争・災害などによって脅かされる人権や生命を守る。
●紛争・災害（環境破壊などをふくむ）の地域で活動することを通して、構造的な問題を理解する。
●平和をつくる過程に参加する（紛争予防や紛争後融和に関わる）。
●紛争等に関して、実働型ＮＧＯとしてのＪＶＣ独自の見方・考え方を日本社会に発信する。
●実際の援助実施において、援助の不均衡を是正する。

［取り上げる基準――以下の要素が関係している場合を優先的にあつかう］

●日本社会との関わり。日本市民として責任がある場合に関わること。たとえば（日本の）ＯＤＡ、自衛隊、企業などが関わる場合。
●一面的な価値判断や報道によって、国際社会が非常にかたよった対応や援助を行なっている場合（政治上などの理由で、意識的に報道がなされていないような場合）。
●ＪＶＣに力量（人・金・時間・エネルギー…）があること。
●現在のＪＶＣ活動地でおきた場合。

［実施する場合の配慮点］

●事前に現地情勢の分析と評価を行なうこと。
●活動強化のためのネットワークを築くこと。
●現地で、活動・連絡の核となる人（グループ）を確保すること。
●見えてきたもの・わかってきたものを日本社会に伝え、さらにその蓄積を活用すること。

JVCの力量が限られているなか、選択基準も難しい活動分野であるが、日本のODAと深い関係のある地域など、日本のNGOとして見逃せない問題に、緊急救援的な行動を行ないながら、迫っていこうという考え方と意思表示である。現在、次のような課題に取り組み、あるいは取り組もうとしている。

❶ユーゴ紛争

ユーゴ(コソボ)紛争では、冷戦以降の世界における米国一極構造の問題が表面化し、また日本政府が「NATO空爆を理解し」大きな額の援助をコソボ難民救援に対して約束したという意味で、また、超大国＝米国の出方によってはこの空爆方式が朝鮮半島(北朝鮮)に適用される可能性がありうるという意味で、見逃せない問題であった。

JVCでは、セルビア側難民・空爆被害者に焦点を当てつつ、コソボの小学校再建にも関わり、小規模の支援を行ないながら、現地において、異文化異民族融和にむけて努力するグループと連携しようとしている。

❷インドネシア／東チモール独立問題

日本政府およびその巨額の政府援助＝ODA(日本国民の税金)は、長期にわたってスハルト政権を支えてきた。その間、日本政府は、東チモールの問題(インドネシアによる支配の正当性の問題。圧政の問題)にも、その他の国内問題にも目をつぶってきたように見える。

九八年に「スハルト政権」が倒れると「ハビビ政権」を、そして総選挙および大統領選挙を通して

「ワヒド政権」が成立するとそれを支持するというように、過去への明確な反省がないまま、漂流するように移行してきている。両国間の政官財の癒着・腐敗など解明されるべき問題は多く、現在は闇に包まれている。

また、東チモールは九九年八月の住民投票を経て正式に独立への過程に入ったが、長い間のインドネシアによる支配は、「独立派」に対する国軍と「残留派」の攻撃など、多くの傷と破壊を残し、復興と融和、独立には、日本をふくむ国際市民社会の支援・関心が必要である。また多国籍軍が国連PKOに移行する過程で日本の自衛隊の派遣が決定されたが、自衛隊派遣がどのような意味を持つのか、また必要なのかを問い直すべきであろう。ここでも、救援の実務と並行する調査・分析・提言の意味がある。

❸朝鮮半島・東アジアにおける融和・安定・平和の課題

現在進行形の課題に関して確たることを述べるのは非常に難しいが、カンボジアを事例として、朝鮮半島における冷戦構造残存に何ができるかを考えてみたい。

東アジアの平和と安定をめざして

朝鮮半島は歴史的に見ても本来一つの国であるべきであるが、一九四五年まで日本の植民地であったこと、主に北半分を関東軍が南半分を朝鮮総督府が支配していたこと、第二次世界大戦終了後、米国側・ソ連側の二大陣営による「東西対立」が始まったことにより、分断国家〈大韓民国〈韓国〉と朝鮮民主主義人民共和国〈北朝鮮〉〉とされてしまった。しかも、一九五〇年には朝鮮戦争が勃発し、同じ民族が争う悲劇は、米国を中心とする国連軍と中国軍が直接戦火を交える最悪の戦争状況になった。約三年間で休戦まで持っていけたものの、傷は深く、さらに八九年以降のソ連邦解体に伴う「東西対立＝冷戦構造」崩壊以降も、朝鮮半島には歪んだ形での冷戦構造が残ってしまった。

一九九五年八月、私は日本敗戦五〇周年、朝鮮民族解放五〇周年の折にソウルで開かれた「アジア太平洋市民社会フォーラム」に韓国ＮＧＯの呼びかけに応え出席した。それまで、カンボジア・ベトナムで忙しく、あるいは、難しい朝鮮半島の問題、日朝関係の問題への接近を避けていた感もあったが、五〇年の区切りに思い切って韓国を訪れた（それまで観光などで訪問する気持ちにはなれないでいた）。

会議自体は韓国とフィリピンのＮＧＯの共催による地域的なＮＧＯのネットワークづくりがテーマであったが、「従軍慰安婦」問題など、日本（軍国主義）が残し、未解決の問題などに関して、激しい日本批判が相次いだ。アジア太平洋に平和・融和・安定を呼びかける全体声明以外に、日本への名指しの「特別非難決議（案）」も提出されたが、バングラデシュ、インドが、植民地時代のことを問題にするなら「イギリス帝国主義」や「フランス帝国主義」批判もまとめるのかという疑義を出し、韓国のＮＧＯ・学者の一部も、全体声明の趣旨の中に盛り込めという主張をしてくれたために、否決される一幕もあった。いずれにせよ町中の雰囲気も、一部非常に強い反日の感情を示していた。植民地にされた側の感情は、五〇年経過しても、容易に消えたりはしない。

奇しくも同じ九五年八月、朝鮮半島の北半分では、激しい大雨洪水被害が起きていた。北朝鮮西部のコメ・トウモロコシの産地（平安道・黄海道など）が水に流され、同地域の工場・炭坑・鉱山も回復困難な被害を受けた。北朝鮮政府は、九四年の雹被害に関するアピールを別にすれば、建国後初めて国連、国際社会・西側社会への支援要請を行なった。

現地からは、この救援を契機に現地事務所を開いたWFP（国連世界食糧計画）のページ所長（カンボジア難民救援以来の知り合い）等から被害報告が届き、日本から現地訪問を行なった「ピースボート」も、貴重な資料と、洪水実態を示すビデオを持ち帰った。これらの情報と人間関係は、あらためて、日朝の関係、朝鮮問題を考え、また、広く見れば東アジア地域の平和や融和を考えるきっかけとなった。

日本の実働型NGOが北朝鮮に関わるのは、歴史的地理的に避けて通れないという側面がある反面、他の国・地域以上の大きな困難がある。

(1)近い国なのに、両国間に国交がない。植民地時代の補償など大きな問題が山積している。(2)それもふくめ、朝鮮側には日本側への恨みや反発が累積し、日本側には「拉致問題」など、同国への不信感がたえず増幅させられている。(3)北朝鮮の政治体制がかつてのベトナム・カンボジア以上に閉鎖的・監視的で、食糧支援一つとってもなかなか配布・確認などが難しい。

一九九六年四月、中国の朝鮮民族自治区（延辺＝北朝鮮に隣接）への訪問で、北朝鮮国内の食糧不足の状況と、飢餓民の中国側への越境という事実の一部を確認後、JVCおよび他団体（ピースボート。農協青年部。青年団協議会。日本リサイクル運動市民の会）で、「食糧支援共同キャンペーン」を行なうことにした。

九五年の洪水以来四年、JVCおよび同キャンペーンはWFP経由と訪問時直接の食糧支援を通して現状を把握し、交流のチャネルを作ろうとしてきた。しかし、特に九八年八月の北朝鮮による「人工衛星＝ミサイル」発射事件以降、日朝の関係は悪化し、NGOとしての活動もますます行ないにくくなっている。

イデオロギーや先入感でなく、食糧支援などを通して見えてきた実際の北朝鮮は、戦争を本格的に準備し構えるというにはあまりにも経済が疲弊し、農業・環境が悪化しすぎた国である。判断の難しいところではあるが、周辺国および交渉のある大国は、北朝鮮を追いつめることなく、通常の関係が築けるよう助け船を出すことをふくめ、ソフトに政策変更を求めることが重要である。その際、一九八〇年代のカンボジア同様、国交もなく政府機関が動き難い状態では、NGOが有効なチャネルを作りうるし、作るべきである。

ポル・ポト体制崩壊後、一二年間の泥沼の内戦期を経て、カンボジア和平条約（一九九一年）が締結された時のように、先行きの見えない過渡期ではあるが、五年後一〇年後、朝鮮半島が安定し、日朝の関係改善が実現する日をイメージしながら、今日の行動を選択・決断しなければならない。

当面、NGOは(1)北朝鮮国内での活動・常駐をめざし、食糧支援や農業面での協力を目指すグループと、(2)中国に越境し、食や職・収入を求め苦難する「難民」を援助するグループ、(3)北朝鮮内の人権問題等に関して問題提起し改善を求めるグループ、に大きく分かれざるを得ない。

現在、NGOセクター・市民セクターの見え難い北朝鮮において、将来を考え、人と人の信頼のチャネルを作ると共に、朝鮮半島がいつか一つの社会単位として回復する日を想定し、韓国のNGO・市民社会との協力関係を充実していくべきである。

「難しい朝鮮問題」ということで、逃げることが最も安易かつ無難な道だと思うが、カンボジア（旧インドシナ）の和平実現とNGOの役割という教訓に学ぶとするなら、最も困難な時期にNGOとして取り組むことは、戦争・武力ではなく人のつながりを通して平和を実現していく正道であろう。仲が悪くても相互に不信感があっても、少なくとも文句を言い合い、武力をもって解決に向かう関係だけは食い止めたい。冷戦後も、残念ながら、世界に紛争と紛争地は尽きない。朝鮮半島と日本をふくむ東アジアの平和と安定の課題に、私たち日本のNGOが背中を向けるわけにはいかない。

第3部

これまでの二〇年、これからの二〇年

人を結ぶ、地域を繋ぐ

谷山博史

カンボジア・ラッタナキリの村から

村の入口に近づくと、村の中央の集会場からドラと太鼓の音が賑やかに聞こえてきた。集会場を囲んで円環状に並ぶ草葺きの家にはあまり人気がない。きっと村人はみなこの集会場に集まっているのだろう。鳴り物の行方を辿って集会場の中へ入ると、人々は酒を酌み交わし、お喋りをしている。つい今し方生贄の儀式が終わったところだった。今日のお祓いでは、気が触れた子供の霊を払うために子牛一頭を生贄に捧げたという。つい先だっては、二人の若者が喧嘩していて村の囲いを壊した。村の囲いの霊のお祓いのためにその時は豚を生贄に捧げた。豚は勿論喧嘩した二人が提供した。他の村人がお酒を持ち寄って、儀式の後の酒宴に興じる。こうやって村人は災いを福に転じて生きているようである。

ここはカンボジアの北東部、ラオス、ベトナムと国境を接するラッタナキリ州にあるクルン人の村コーイ村だ。私たちがここを訪れたのは、ＮＴＦＰプロジェクト（自然資源の持続的な利用と管理のためのプロジェクト）の現場を案内してもらうためだった。ＮＴＦＰプロジェクトは、村人が生活の拠りどころにしている森を伐採から守り、将来にわたって持続的に利用することが可能になるよう村人を支援している。

JVCは、NTFPプロジェクトが一九九五年に立ち上げられた時から関わっている。厳密に言えば、当時JVCのスタッフだったインド人の農業専門家オーデンドゥー・チャタジーがこのプロジェクトの調査に加わったことから関係が始まった。JVCのSARDもチャタジーのイニシアティブで始まり、同じように自然資源の地域利用と管理を目的の一つにしていることを考えると、NTFPとSARDはいわば姉妹関係にあると言っていい。その後現在までJVCはNTFPにプノンペンの事務所を提供したり、資金支援をしたり、同じコンセプトを持ったJVCベトナムのソンラ・プロジェクトやラオスの森林保全プロジェクトからスタッフがスタディーツアーに訪れるという関係が続いている。

NTFPプロジェクトのコーディネーターのオーストラリア人のゴードンは、林業と土地利用の専門家だが、流暢なクメール語を話し、どこへ行ってもその土地の人々と仲良くなり、信頼される優れた人間性を備えた人物である。私がカンボジアにいた七年前、彼は日本政府の農薬援助計画に対して真っ先にその問題性を指摘し、JVCと共に反対運動の先頭に立ったという因縁もある。

人々の暮らしの拠りどころとしての森を守るために

ここでは、NTFPプロジェクトに触れながら、南の地域でどのような自然環境破壊が起こっており、地域の自然環境を拠りどころに暮らしてきた人々の生活がどのように脅かされているかを説明したい。そしてこの危機に村人がどのように対処しようとしており、N

GOがどのようにネットワークを結びながらそれをサポートしているかを紹介したい。

NTFPプロジェクトの活動地のラッタナキリ州の少数民族の村人は、長い間森から生活の糧のすべてを得てきた。食料、建材、薪、籠や魚を採るケなどの生活用具の材料、薬草。自給のためのものだけではない。時には村人が最低限必要とする現金の需要も充たした。ラック（カイガラムシの一種。分泌物が染料や塗料などに使われる）や小動物のアルマジロなどはよい現金収入になった。また、川で獲れる魚も生活には欠かせないものだ。森を傷めずに自然の恵みを活用することで、小川は水を涸らすことがなかった。

森の木や動物や魚の採集に関して、クルンの人たちの間には厳格な掟があった。一口に森と言ってもさまざまな種類があり、一切手をつけてはならない精霊の森、伐採はいけないが枯れ枝や木の実、茸、小動物は採っていい森、一定のルールの範囲では伐採してよい村、焼き畑用に伐採していい森などである。長い間の伝統と智恵によって、森の区分と森に関するルールが確立していたのである。

また彼らは焼き畑を行なっている。しかし、開いた畑は通常三年使って放置する。毎年異なる種類のコメを蒔くことで、土地への負担が少なくなるようにしている。森の再生の助けになるように、畑には所々に木を残しておく。

自然と共生するこうした生産活動は、精神世界、つまり文化に根を張っている。焼き畑一つとっても、彼らはそれが自然収奪であることを知っている。だから畑を開いて収穫を上げるまでに七度もお祓いをする。彼らは彼らを取り巻くすべてに精霊が宿ると信じている。村の精霊、畑の精霊、森の精霊。中でも森の精霊は災いを招く。無闇に伐ってはいけないという教えだ。だからつい最近軍の分派が営利のために隣村の精霊の森を伐採した時、村人は激しく抗議の声をあげた。

二〇年以上続いた内戦に終止符が打たれ、カンボジアは今経済開発の道に突き進もうとしている。環境で平和を買ったと言われるほど無軌道な自然破壊が横行しているのが今のカンボジアの現実である。軍には地区ごとに森林の伐採権が与えられていると言われている。企業はコンセッションによって広大な森林伐採権や開発権を付与されている。こうした契約がどこでどのようになされたかは不透明で、村人に事前に知らされることもない。コーイ村の森も企業や軍による伐採の脅威に晒されているのである。

NTFPプロジェクトは、森林伐採の脅威に直面している村々で、村人とともに森林資源がこれまでどのように有効にかつ持続的に利用されてきたかを調査するとともに、森林の減少と市場経済の浸透によって壊れかけている保全のシステムを再評価し、再生しようとしている。村のリーダーとともに村人の自覚をうながし、新たな状況の中で森林の保全と利用計画を作る。さらに隣接する村との話し合いによって、互いの共有林の境界を明らかにし、森林保全と森林利用の権利と責任を明確にする。こうした一連の作業に県や郡、時には中央の役人も参加させ、村内の取り決めや村と村の取り決めを認証させる。

少なくとも地方行政のレベルではこれが成功し、ラッタナキリ州知事は村人の作った森林の利用・管理のルールのもとに、村共有林を認めるに至った。しかし、中央の農林水産省は数々の利権が絡んで、容易に村共有林を認めようとしないため、NTFPは州知事を動かしたり、中央政府に働きかけたりして、なんとか村人の自主管理を制度的に保証しようと動いているのである。

地域共有林を解体する土地法改正を阻止する

一九九九年の二月の半ば、ＪＶＣカンボジアの岩崎美佐子から一つの報せが届いた。カンボジア政府がＡＤＢの協力を得て土地法の改正案を大急ぎで成立させようとしている。既に閣議での了承を得ているので議会で採決されるのを待つのみだ。この改正案が通ってしまうと、山岳地域に住む少数民族が長い間慣習的に管理・利用してきた共同の土地や共有の森林は解体されてしまう。また、一般の農民も私有化の手続きが複雑過ぎて、これまで事実上認められてきた耕作地を失う羽目になる。少数民族や小農民が土地を失い、切り捨てられていく恐れがあるというのである。しかも、この法案はＡＤＢのコンサルタントがたった二週間で作ったものだと言われているという。

関連する資料も送られてきた。英国のＮＧＯ、ＯＸＦＡＭ《オクスファム》ＧＢから派遣された土地法の専門家が実地調査に基づいて分析した、政府の土地法案に対する詳細なコメントや、ＡＤＢや政府の関連資料である。それらの資料から、この拙速な土地法改正が、農業の市場経済化のためのプロジェクト融資をＡＤＢから受けるための法制改革の一環であったということがうかがえる。

このような法律ができれば、私たちが訪ねたコーイ村の共有林は大きな打撃を受けるであろう。またＳＡＲＤに関係する村人たちの中にも、土地登録手続きの中で土地を失う人たちが出てくるかもしれない。ＪＶＣが目ざしている自然資源の共同管理を梃子にした地域作りは、カンボジアでは難しくなるかもしれない。市場経済化に向けた私有化の地ならしである。原資蓄積のための制度化と言ってもいいかもしれない。

それにしても、余りに拙速で露骨なやりかたではないか。もしＡＤＢがかんでいるのであれば、日本のＮＧＯの責任は重い。なぜなら日本は最大の出資国であり、かつ総裁を出しつづけている国だからである。

この時期、JVCは三月に東京で開かれる世界銀行と日本政府の主催するカンボジア支援国会合(CG会合と言う)に関連する企画の準備に当たっていた。カンボジア市民フォーラム(JVCが事務局を代行)主催のNGOシンポジウムである。カンボジアからCG会合に参加するNGOの代表を招いての企画であった。これは土地法改正案に対するNGOの声をアッピールするまたとない機会ではないか。

カンボジア担当の谷山由子が中心となって、土地法問題に関する緊急チームがJVCの中に作られた。またこの問題に関心を寄せてくれる人々にも声をかけ、NGO会議を開いて対策を協議した。アジア経済研究所の天川さん、環境戦略研究所の黒田さん、農業ジャーナリストの大野さんなどが集まってくれた。

今はカンボジア政府のドナー(支援国、機関)に働きかけるしかなかった。カンボジアではNGOの土地法タスクフォースが設置され、提言書が作成された。またCCC(カンボジア協力協議会)とNGOフォーラムを代表してCG会合に参加するカンボジア人二人チャントン・ブアとリム・パイ、そしてCCC代表のジェニー・パーソンは土地法タスクフォースでは問題を共有していた。

CG会合へのNGO提言書にも土地法の問題が取り上げられた。JVCとカンボジア市民フォーラムはNGOの提言書を翻訳し、外務省とADBの日本理事を管轄する大蔵省に土地法改正案の問題点を指摘して、見直しをカンボジアで政府に働きかけるよう申し入れの手紙を送った。

NGO代表の来日後、CG会合までの時間を使って記者会見。大蔵省国際金融課長、ADBのカンボジア代表および本部の農業プログラムの担当者などと申し入れのための会議を行なった。NGOシンポジウムではJVC代表の熊岡が司会だったので、パネラーの世界銀行と外務省の参加者に土地法問題に対するNGOの声を改めて伝えることができた。

短い期間で、嵐のように、可能なありとあらゆる事を行なったのである。今、カンボジアでは私たちの働きかけもあってか、新土地法の制定の動きはストップしている。土地法を作る前に民法を作るべきだという議論が大きくなってきているという。

地域を壊す開発に反対して

一九九五年、日本政府の主催でインドシナ開発会議が東京で開かれた。この会議ではメコン川流域に属するタイ、カンボジア、ラオス、ベトナム、ビルマ、中国雲南省を一つの一体性を持った地域と捉え、メコン川開発、国を跨ぐ道路網の建設などを通して地域市場を創設することをテーマにしていた。議論の基調には、メコン流域の未開発の自然を経済発展のために利用しなければならないという発想がある。

この会議に対抗して私たちはNGO会議を開催し、国という単位の経済開発ではなく地域の人々が初めに恩恵を受ける開発について議論し、提言書を日本政府に提出した。NGO会議に参加したタイ人のチャイナワンさんは、タイのパークムーン・ダム建設反対運動での自分の経験に基づいて、次のように言っている。

「国の政府、援助国、国際機関など、外から来る人々は、私たちの生活している川が開発されていないので無駄になっていると言う。しかし私たちはもう何百年もこの川を利用し、この川の恩恵を受けてきた。そんなことは彼らの目には入らない。彼らの言う開発は、都市の人間や豊かな外国人にとっての開発なのだ」

これまでどれほど多くの人々が世界中で同じような言葉を叫びつつも、自分たちの生活の拠りどころである自然の環境を奪われ、泣き寝入りさせられてきたことだろう。

自分たちが利用し、守ってきた資源を奪われ、追い詰められ、思い余って声を上げる時、私たちは初めてそこに住む人々にとっての自然環境の大切さを知る。ナルマダ・ダムの建設反対に立ち上がった人々、企業による森林伐採を阻止しようとしたサラワクのプナンの人々、沙流川のダム建設に反対するアイヌの人々、珊瑚礁を埋め立てての新空港建設を阻止しようとした石垣島白保の人々、枚挙に暇がない。

彼らが守ろうとしているのは生活の糧としての自然だけではない。生活の糧を与えてくれる感謝と信仰の対象としての自然でもある。自然破壊に反対する時、彼らは精神世界をも外部者の破壊から守ろうとしているのである。環境破壊が深刻化して、環境保全が国、自治体、国際機関の課題となっても、そこに住む人々の培ってきた知恵と責任にまず委ねて環境を守るという発想は乏しい。環境の保全は外部の人間が利用したり守ったりする前に、地域の人々が地域の自然資源を自分たちのために利用し、自分たちの責任で管理し、保全するという発想の転換と、地域の人々の主体性を保証するシステムがなくてはうまくいかない。この命題は次の三つの課題に関連している。

(1)地域の人々の生活の権利と文化の権利（文化の多様性）をいかにして保証するか。
(2)地域の人の自己決定（自分たちの未来を自分たちで決める）をいかに保証するか。
(3)「開発」の犠牲となり、生活の権利と文化の権利と自己決定の権利を奪われた人々が政治・武力集団と結びついて民族紛争に発展することがないようにするためにはどうしたらよいのか。

ＪＶＣはこれらの課題に私たちなりのやり方で取り組んでいる。一見バラバラに見える活動でも、すべての活動はこれらの課題に対するトライアルである。

(1)地域資源の地域利用に基盤をおいた地域開発
(2)地域における自己決定システムの再生と強化
(3)地域交流による当事者どうしの相互のエンパワーメント（問題解決能力の強化）
(4)外部者の圧力を阻止するためのアドボカシー（調査・研究・提言・キャンペーン）
(5)地域集団や国の対立を煽る動きに反対し、対立する人々の信頼醸成と融和のための活動

地域自立と環境、人権と平和と信頼醸成を求めて

インドシナ難民の救援活動から始まったＪＶＣの活動は、さまざまな経緯を辿りながら、地域に根を下ろした長期的な活動へと移行してきた。難民の母国であるカンボジア、ラオス、ベトナムでの人材育成や地域開発、環境保全の活動、インドシナ難民の支援活動の拠点であったタイのスラムと農村での地域開発や環境保全の活動がそうである。アフリカでも緊急救援から復興・開発へ移行してきた。一九八〇年代の半ばにエチオピアで発生した深刻な飢餓に対処した緊急救援活動が、環境保全を視野に入れた農村開発の活動に展開していった。

開発を主体にした活動を始めたころは、ＪＶＣもまだ外部の人間が地域に入って開発の支援をすることの難しさを十分理解していなかった。とにかくスラムや農村に入り込むことに精一杯で、日本人の目に映る貧しさの尺度で現地のニーズを計り、住民が表向きで合意したと思われる活動を組み立て

て物や金を投入したりもした。地域社会の複雑な人間関係や政治構造を配慮せずに理想を押しつけたりしたこともあった。

一〇年以上にわたって小麦配給を中心とした外国援助で依存体質を植えつけられてしまったエチオピアのマーシャ村では、底辺の農民の自助努力による開発を促すために小麦の援助を打ち切るという改革を断行したために、地域行政の圧力で追い出されるという苦い経験もした。地域行政が悪いとか、地域社会の不平等な構造が悪いと言ったところで、結局追い出され、最も困難な状況にある人々を支援できなかったことに変わりはない。

地域には地域の人々の生活を成り立たせるさまざまな資源が必ず存在する。そして、地域にはそれらを自分たちの力で利用し、生活を改善していこうとするキーパーソンや、人々の力を無理なく結集させることのできる在来の仕組みが存在する。それらプラスに働く要因を慎重に把握した上での支援でなければ、外部者の働きかけは失敗する。外から来た援助団体はふつう物やお金をくれる団体としてしか映らないのである。力のあるもの、如才ないものが私たちのまわりに群がることになる。

エチオピアで新しい活動を始める時、地方行政や村びとに対して、JVCが小麦や物を配給する団体ではないと説明し、JVCの長期目標と行動基準を知ってもらうことから始めた。その上で、地域の環境回復と生活改善のために自主的に活動しようとする人たちとまず協力したい旨を説いて回った。

JVCの支援する苗木グループや水資源グループというのは、みんな自らの責任で活動する人たちが集まったものである。カンボジアやラオスやベトナムで、地域の人々が力を合わせて地域の問題の解決にあたる仕組みを作ることが大切であった。ベトナムの村づくり委員会のように、村すべてをカバーする比較的大きなグループもあれば、カンボジアのようにコメ銀行、井戸掘り、女性互助グルー

地域社会の豊かさを生かす。助けあいの「豚銀行」に参加するラオス農民。

プなど活動ごとに主体的なグループを作ることから始めることもある。ベトナムやラオスのように、JVCが村に駐在して小さな活動を村人と自由に行なうことのできない国では、どうしても網羅的な仕組みづくりになりがちである。

いずれにしても、地域の人々の自助の意欲と責任を支える活動であること、外からの投入の前に地域の自然資源や資金、労働力などの地域の人々の持っているものを前提に活動を組み立てること、そして外国人の強みを生かして人々の主体的な活動を地方や中央の行政に認知させ、参加にもとづく開発を保障させることを目ざす点でどれも共通していると言える。

また、生態系を傷めずに地域資源を利用するという課題は、農業のあり方に大きく左右される。環境破壊は森林伐採やダム、道路の建設だけではなく、農民が知らず知らずのうちに受け入れざるを得なくなっている自然収奪型の近代農業によってももたらされる。農業のあり方がその地域の自然環境と人々の将来をもっとも左右する要因だと言っても過言ではない。その土地土地の環境に適した生態系を傷めない農業を、JVCはアジア、アフリカのすべての現場で進めている。金がかかり、借金漬けのリスクのある農業ではなくても、土を豊かにすることで収量が上がっていくのだということを農民に示しながら、農業と農村経済の代案を村人とともに考えているのである。タイのノンジョク自然農場は、そうした各地での取り組みに情報と研修の機会を提供する重要な役割も持っている。

平和と人権という視点から地域での活動に移っていったものもある。アパルトヘイト下の南アフリカでは、制度化された黒人抑圧を外部から批判するだけではなく、都市のスラムや農村に入って、地域の住民やNGOの活動を支援した。パレスチナでは、イスラエルの占領下で農村の人々が土地の没収や経済封鎖によって生活の糧を奪われることがないよう、植林や農業の支援活動を行なった。

南アでもパレスチナでもJVCは、人権を奪われた人々の自立の取り組みを支援する活動を行なうと同時に、現場での支援活動を通して見えてくる差別と抑圧の政治的・社会的な問題を現場証人として日本に伝えることが大切だと考えてきた。南アとパレスチナは日本からはあまりに遠く、当初(九二年、九三年)現地に駐在して支援活動をしていたのはJVCだけだったので、現場から情報を発信して理解と支援の輪を広げていくことはJVCの役割だった。

南アではアパルトヘイトは廃止され、全国民参加の選挙も既に二度行なわれた。制度としてのアパルトヘイトは廃止されたが、社会には今でも黒人に対する差別や経済的な格差が存在する。一方では、政治活動としてスタートしたさまざまなNGOや住民組織が、開発や国民融和に本格的に取り組むようにもなってきている。JVCは人材育成というプログラムの枠の中で、二〇以上のNGO、住民組織の地域開発を担う人材のトレーニングを支援している。しかし、アパルトヘイト下で男手を奪われ、伝統的な農業を根こそぎにされてしまった農村での地域開発は難しい。これまでに培ってきたＮＧＯや住民組織とのネットワークを生かして、農村の農業復興と地域の自助活動の芽生え始めた可能性をいかに揺るぎないものにしていくか、これからの挑戦である。

パレスチナでは今、教育と文化の活動に力を入れている。それはさまざまな宗教と民族と文化がモザイクのように混在しているこの地で、子供たちの心に憎しみと排除ではなく、平和と共存の芽を養うための活動と位置づけられている。政治的・社会的な不公正が地域の人々を対立へと駆り立てる。だから、ＪＶＣは地域の人々が経済的に自立し、社会的に自己決定できるように支援しているのであるが、憎しみと排除の感情が紛争や戦争に発展してしまえば、地域の人々は地域で生きる基盤さえも失ってしまう。

国家や国際社会は人々の心に芽生える憎しみと排除の感情を煽り、利用する。ユーゴ・コソボで起こった悲劇は平和がどのように壊されていくかの経緯をまざまざと示している。

南アのアパルトヘイトやイスラエルによるパレスチナ占領は断固として許してはならない。同時に人々の憎しみに火をつけて政治的に利用するような動きをも私たちは見逃してはならない。地域の人々が自立できるように経済的な支援や自己決定の仕組み作りの支援をすると同時に、融和と共存という視点からできることをしなければならないと考えている。北朝鮮への食料援助、農民交流、子供の絵の交換などの活動も、北朝鮮と日本、韓国との間で憎しみと排除の論理に対抗して人々のレベルで信頼醸成を積み上げていこうとする試みなのである。

地域の自己決定と「共」の再生をめざして

さて、話を地域の自己決定というテーマに戻そう。JVCの活動の原点には地域の人々の自己決定がある。ラオスの森林保全活動がわかりやすい事例なので、簡単に触れたい。

ラオスの農村でも生活の多くを森から得られる糧に依存しているが、年々政府や木材会社による伐採が進み、森林による生活保障の機能が低下している。つまり村人の生活基盤が脆弱化してきている。経済発展によって村人の生活を向上させると言う開発関係者もいるが、森の伐採で失われるものを経済発展の村人への裨益《ひえき》で補償することはできないのが実情である。

JVCは一九九二年より村人による森林保全活動を開始した。きっかけは、村の森を伐採されて泣き寝入りせざるを得なかった村人からの要請であった。まず一九の村で森林ボランティアを養成し、彼らが中心になって、長年利用していた森の健康状態を把握したり、森を守るための村人の意識向上に努めてきた(現金経済の浸透によって村人の森に対する意識も少しずつ変わってきた)。

しかし、森を守るために一番必要なのは、行政が、村人が慣習的に保護しかつ有効に利用してきた森を村の共有林として認めることである。そのためにJVCは県や郡の役人に研修を行ない、森林保全にとって村人の共同管理が最も有効であることを理解させた上で(これだけで一年以上かかった)、郡レベルの土地分与委員会のメンバーに村の森林ボランティアを参加させ、森林の利用・管理の権利を村人に保証させるよう働きかけた。また県に対して森林区分に関する県条例を作成するよう促し、村人が共有林を持てる制度上の裏付けを作った。現在このプロジェクトも第三期目になるが、第一期の基礎工事の上に、より多くの村の森が地域共有林として登録されるよう活動を続けている(詳しくは第一部第五章を参照されたい)。

「自分たちの未来は自分たちで決めたい」ラオスの農民たち。

この活動の事例に照らして確認しておきたいことは三つある。

(1)まず、地域の慣習に保持されている共同性の視点である。近代化の趨勢は、土地私有の法制化を通して地域共有財の慣行を消滅させようとしている。これは世界中で起こっていることである。森や川や湿地などの自然環境が経済的な価値としてのみ評価され、売買の対象とされる。そして、経済力のあるものによって占有され、金儲けの視点から収奪されていく。ラオスの事例は、また先に述べたカンボジアの事例も、環境という視点からも、地域社会による地域共有財の自己管理という政治・行政の視点からも、私有化と市場経済化を柱とする近代的な開発に対する一つの代案を提示している。

(2)次に行政、あるいは政治システムの変革の視点である。ＪＶＣは地域共有林を住民の権利として認める条例を住民の意向を受けて県とともに練り上げ、成立させることによって、住民の自立のための活動を住民に保証するシステムの作成に一定の役割を果たした。どれだけ住民が自分たちで開発の主導権を握ろうとしても、行政を巻き込んだシステムをそこに作らなくては長続きしない。これは、決して開発協力の現場の話だけではなく、私たちの足元の地域、自治体の課題でもある。その意味でJVCの活動は、住民主体の開発というものを地方行政（中央行政も巻き込みなら）の中で生かしていく試みであった。

(3)最後に、NGOの役割である。JVCは地域共有林をラオスで実現させるに当たって触媒としての役割に専念した。JVCが村人を勇気づけ、役人を説得するのに用いたのは、的確な情報と国内、国外（タイ）でのスタディーツアーを含む数々の出会いの場の提供である。情報には人を自立に導く情報と依存に導く情報がある。目先の欲望に振り回されることなく、未来を見据えて自分たちの地域の自立を村人が選びとるためには、企業や行政からの情報を客観化できるだけのもう一つの情報網が必要なのである。人と人、地域と地域を結ぶというNGOの役割がここにある。

現場で学び日本を変えるというアプローチ

私たちが取り組んでいる南の地域の自立や地域資源の地域利用という課題は、日本の地域とどのように関係しているのだろうか。

国の開発協力機関や国際協力に携わる自治体は南北問題という言葉を使わない。しかしNGOは多かれ少なかれ、国際協力が必要であることの前提として、北の社会が南の資源を経済力と政治力を用いて収奪しているという現実認識に立って活動している。この不公正な国際関係が北と南の経済格差を拡大し、南の地域の人々の生活の基盤である自然環境を破壊しているのである。

この事実を前にして、NGOは二通りの対応をする。あるNGOは、南の人々を日本と比較して貧しいと見、豊かさの代償を「貧しい人たち」に援助して罪滅ぼしをする。別のNGOは、「貧困とは自然災害や人災に弱くなることであり、力を奪われた状態である」と考え、人々が自然資源や自己決定の力を取り戻すことを支援する。前者は援助は資源の再分配と考えているので、自分たちの社会を足元から変えようという発想がない。後者は不公正を拡大するシステムやそのシステムを規定している私たちの生活そのものが問題だと考えるので、自ら日本の地域の問題に関わらざるを得なくなる。日本の豊かさが南の犠牲の上に成り立っていることの認識を広め、地球や南の人々を痛めつけない生き方を学ぶ機会を提供する開発教育や、不公正な南北関係に与っている日本の企業活動やODAを批判し代替案を提唱するアドボカシー活動がそれである。

しかし、後者の場合、開発教育やアドボカシーは非常に重要な活動であるが、南の国の問題は私たちの責任であるから、私たちの生活を犠牲にしてでも南を救わなければならないという倫理的な色彩がどうしても強くなる。欧米の社会ではこうしたアプローチが人々の共感を得て、悪徳企業の製品のボイコット運動や反アパルトヘイト運動などに発展したことはあるが、日本では大きな影響力を持つことはほとんどないと言っていい。

逆に倫理的な発想が垂直的で、西欧の民主主義や人権概念を前提としているので、南の地域の人々の持つ独自の価値観や文化の多様性を等閑視する傾向もある。いま一番求められているのは、人間の豊かさ、生きる価値と地域の地域らしさ、豊かさの見直しなのではないだろうか。JVCはそのことを南の地域の現場で教えられた(第一部にはそうした体験がいきいきと描かれている)。海外の現場で発見したことを梃子にして日本の地域を変えるというのがJVCの大切にしたい思う活動のあり方である。

大量生産・大量消費型社会の問題点

日本は南の国の資源を輸入して、大量生産・大量消費型の経済と社会を維持している。東京を初めとする都市型の社会は、経済活動において生産と消費の両端、つまり資源の採取と廃棄を外部に押しつけることで成り立っているのである。資源を地元で採取し、地元で廃棄するのであれば、自分たちの生活を破壊するような環境問題は起こりにくいが、南の国や日本の地方に押しつけているために、大量採取の場での環境破壊や大量廃棄の場での環境汚染は私たちの目に見えない。たとえ報道などで知らされても、実感として自分たちの問題と捉えられなくなっている。

これは、環境問題の周辺すなわち日本の地方や南への転化である。このことは構造的には中央の地方への差別化の問題、北の南に対する南北問題にほかならない。実はこの「差別化」や「南北問題」が民族紛争の問題の淵源になっているのである。

本来だったら押しつけられている方は反発するはずだが、地方への補助金や交付税、南へのODAによって巧みに顕在化しないようにする仕組みが存在する。しかし、原発反対運動や産廃施設建設反対運動などが日本各地に起こっていることを考えれば、環境問題の地方への転化の矛盾を公共事業や補助金行政で抑えつけることはできなくなっていると言える。日本型システムが破綻し始めている。

しかし実はもっと恐ろしいことが進行している。経済のグローバル化と無批判的な規制緩和である。これによって資源採取と廃棄の越境に歯止めがかからなくなる恐れがある。市場獲得が今まで以上に自由競争に委ねられるとすれば、益を得るのは先進国の多国籍企業と、その恩恵に無自覚に与る都市の人間だけということになる。気がついてみたら、日本の農村はなくなり、安全に食べられるものも限られ、地域の地場産業は破綻し、中小以下の町はどこも活気を失うことにもなりかねない。片や見えない南の世界に転化された環境破壊と環境汚染は歯止めがかからないほど加速化して、気がついたら「共滅」の淵に立っていたということになるかもしれない。これは笑いごとではすまされない。

地域循環型社会の実現をめざして

地域社会が非循環型の社会から循環型の社会に変わることが、JVCの活動の根本を貫く課題なのである。地域が発展するためには、外から物やお金を投入する以前に、その地域が持っているさまざまな資源、自然資源や市場やお金や労働力を外に出さないことをまず考えなければならない。

国際援助は外から物を投入することばかり考えていて、その地域が持っているものを外に出さないという発想がない。たとえば、道一つ作るにも、ODAは地域の人々や物の行き来が地域で活性化するための道を作る前に、都市と農村を繋ぐ幹線道路を先に作る。そうすると、農村がそれまで持っていた自然資源、農産物、労働力は地域循環せずに真っ先に都市へ、外国へ流れていく。

また、貨幣経済化に必要だというので、農民にお金を貸そうとする場合も、地域の利益にそぐわない産業には融資しないという条件をつけたり、利子による利益が地域に落ちる地域銀行を作るのではなく、外からお金を融資し、巧みに外部市場に依存するような産業構造の形成に導こうとする。市場も、地域で売買が行なわれて何度もお金が循環し、売買の付加価値が地域に落ちることを考えずに、直に都市の市場に直結させようとする。どれだけODAが投入されても、地域の持っている資源が総体として外へ外へと流れる構造を作ってしまっては、地域の活力は失われるばかりである。

JVCが地域自立、地域循環を海外での協力活動の基本とする時、その課題は日本や他の北の社会の地域の課題と常にダブらせて意識されるようになった。背景は異なっていても、日本の地域と南の地域を繋ぐことに意味があると考えるのはこのためである。第一章の松尾の報告にあるように、日本の農民とタイの農民との間に、地域に生きる農民としての絆が生まれてきている。外部の市場に依存し翻弄されてきた農業のあり方を、「地産地消」、「地域内循環」のものへ変えようという問題意識が重なったのである。

アジア農民交流センターの招きで山形県置賜に研修に来た東北タイ・コークスーン村のヌーケンさんは、置賜で農民主体の産直を目にして目からうろこが落ちたという。この感銘を行動に移して自分の村で始めたのが朝市であった。タイでは農民は単なる生産者で、市場のことは人任せであった。農民の行なう産直を見て、農民が商売をし、地域の人に自分の作った物を売ることができるんだということに気がついたという。ヌーケンさんの朝市は周辺の四村に広がり、人々が出会い、コミュニケーションを交わし、お金と農作物が地域を潤す場になっている。

こうした日本とタイとの交流は、唐津市湊の直売所「みなとん里」の活動にもつながりながら、今東北タイでの地場市場の活性化のための支援活動に発展してきている。この調査を通してJVCは、農業と地域経済のオルタナティブをタイや日本の農民とともに考え、実践していこうとしている。

地域を結ぶ自治体国際協力のためのネットワーク

人と人、地域と地域が交流し、協力し合うことによって人も地域を元気になる。それぞれの人々が地域で抱える問題の背景は違っていても、人々が地域に根ざして培ってきた智恵、状況の変化に応じて対処してきた問題解決の仕方、そして地域を愛する心に裏打ちされた地域おこしの情熱、こうしたものは地域間の交流によって必ず双方の側に問題に対処する新たなヒントとやる気を生み出すに違いない。そして地域の抱える問題の分析を通して、双方の地域に共通の課題も見えてくるに違いない。そのことを互いが強く意識した時、地域間の協力は新たな段階に至るのではないだろうか。

技術協力を考えてみても、私は開発専門家の一方的な技術移転ではなく、交流を通して農民を始め自治体を含む地域の人々が相互に地域性や経験を共有する中で、新しい解決方法を生み出すことに期待をかけている。

JVCの中に事務局を持つネットワーク組織に「地域の国際協力推進会議（CDI―Japan）」がある。これはNGO、自治体職員、研究者が集まって地域間の国際協力を推進していこうという意図のもとに発足した団体である。

この団体が発足した一九九六年当時は、自治体国際協力が声高に叫ばれていたが、自治体国際協力の実態は、地域の住民の参加もなく、協力する側される側の地域性を無視した、ミニODAのような一方的な国際協力に傾きがちであった。CDI―Japanはこうした自治体国際協力を、市民参加によって地域の多様な価値を創造するという新たな視点を持った地域間協力に変えようと考えたのである。そしてシンポジウム、調査提言、出版などの活動を通して、自治体国際協力は自治体と地域住民グループとNGOが緊密に連携して行なわなければいけないという明確なメッセージを発信しつづけた。

CDI―Japanが全国の自治体国際協力で市民参加のある事例に絞って行なった調査によると、地方の、特に市町村レベルの国際協力の多くは、地域の生き残りと活性化を目的として国際協力を始めているということがわかる。背景として、伝統的な産業の衰退、地場産業の低迷、農村の過疎化、公害による地域への深刻な打撃など、地域・自治体を取り巻く厳しい事情があった。

しかし、注目すべき点は、地域が生き残るためのビジネスとして経済的な利益還元を期待して始められた国際協力も、実際には、経済的な利益はそれほどないが、かえってそれを凌ぐようなさまざまな価値を地域が手にするようになるということである。

たとえば国際協力のやり甲斐が町の活性化につながり、人々が元気になった。あるいは相手地域の豊かな文化に触れるとともに、自分たちの地域の豊かさも見直し、地域のアイデンティティーと地域への愛着を強く持つようになった。多様な価値観を受け入れられるようになり、地域が国際化した、などというような見返りである。

このように、地域・自治体の国際協力・交流は、地域のあり方をもう一度見直すきっかけになり、単に経済成長や都市や外国の市場に応えるための産業振興ではなく、地域の文化や歴史や環境を守りながら、経済的な暮らしは多少厳しくても、別の豊かさを獲得していく契機となりうることを示している。

経済のグローバリゼーションは地域にとってどういう意味を持つかという、より本質的な問題を考えれば、世界的な規制緩和に対して逆に地域の価値を守るために、自治体と市民が連携して必要な規制を加えていく必要も出てくる。さらに国際社会の中で地域を守るために、共通の課題に直面する地域・自治体どうしが連携していくという政治的な連携の動きにまで発展していく可能性がある。そこまで視野に入れて地域間連携を考えなければならない時代に来ているのではないか。

人と人、組織と組織を結ぶ星雲のようなネットワーク運動

CDI—Japanのように、JVCが達成しようとする課題でもJVC単独ではできないことを、目的を同じくする他団体や個人と連携して行なうことをネットワーク活動と呼んでいる。ネットワーク活動はJVCにとってはとても重要な活動である。なぜなら、JVCは海外の現場でプロジェクトを単独で実践するだけでなく、現場で得たもの、認識したものを他の地域、その国の政府、日本や国際社会に伝えていくことも重要な目的だからである。プロジェクトの現場でめざそうとしている住民主体のさまざまな試みが、その国の政府、外国企業、ODAなどの外部の圧力や影響で潰されことがある。政府、外国企業、ODAの影響で、現在の市場経済システムが循環型の地域経済を駆逐し、住民主体の社会をこわしてしまうこともある。これに対抗し、地域を住民の手に取り戻すとすれば、JVC単独では歯が立たない。日本のNGOとしてネットワークを組み、特に日本政府のODAや日本企業の活動に対し、批判、提言していくことが求められている。

また、紛争や災害が生じた時、JVCは現場に飛んでいき、被害者の支援を行なう。同時に紛争や災害を引き起こした原因を現場の視点で考え、社会に伝えていかなければならない。特に紛争や災害の発生に関与した日本を含む大国の責任や歪んだ援助の構造などを批判し、援助の代案を提言していかなければならない。こうした世界のさまざまな問題を引き起こす構造的な問題に対して、調査・研究し、啓発・提言や世論づくりをするためのネットワークの構築は、JVCの重要な活動の一つなのである。

JVCに事務局を持つか、その立ち上げに大きく関与しているネットワーク組織を上げると、紛争

予防、災害救援と提言のためのネットワークとしては「北朝鮮子ども救援キャンペーン」、「パプアニューギニア干ばつ救援キャンペーン（九八年まで）」などがあり、特定の国や地域の開発、開発援助のあり方を問うネットワークとしては「カンボジア市民フォーラム」、「メコン・ウォッチ・ネットワーク」、「アフリカ日本協議会」がある。その他、地雷廃絶のためのネットワークとして「地雷廃絶日本キャンペーン」、地域・自治体の国際協力のためのネットワークとして「地域の国際協力推進会議（CDI－Japan）」、環境問題に関するネットワークとして「市民フォーラム二〇〇一」などがある。日本の農民とアジアの農民とのネットワーク組織「アジア農民交流センター」とも緊密な連携がある。さらに国際的なNGOの連合体であるOXFAM《オクスファム》インターナショナルとは、OXFAMインターナショナルの日本コンサルタント事務所のためのスペースをJVCの事務所の一角に提供して連携している。

これらの団体はJVCとは別団体ではあるが、それぞれの団体にJVCのスタッフの一人一人が情熱と責任を持って関わり、JVCが組織としてそれをバックアップしている。JVCは問題意識を共有するさまざまな人が集まってできた星雲のような組織だと言われる。このことは単にJVCという個別の組織のことを表すのではなく、問題意識を共有するさまざまな団体や個人がJVCという場を借りて星雲のように集まり、運動として大きく展開していくネットワークのあり様を示しているとも言えるのである。

（事務局長）

座談会「ふりかえり、また歩き始める」

熊岡路矢
岩崎美佐子
津山直子
谷山博史
松尾康範
中野恵美
大野和興（司会）

司会＝この本では一部、二部を通しもっぱら「JVCの今とこれから」を、それぞれの立場から語ってもらいました。これらの報告をより理解してもらうためには、JVCのこれまでの歩み、経験を知っていただく必要があります。それがこの座談会の目的です。それでは順序として、JVCの創成期から話を始めましょうか。始まりは一九八〇年、タイでの難民支援からですね。熊岡さんはそこへリュック一つで飛び込んだと聞いていますが…。

●思いと行動力だけはあった

熊岡＝JVCも、自分も、難民救援の思いと行動力があって、でもそれだけでした。難民をつつむ全体構造が今一つわからない状況でした。JVCも形がなくて、それでも日本のグループで全国の難民キャンプに展開しているのはJVCだけでした。試行錯誤の連続で、そこから形を作りあげていったという感じです。人間のエネルギーがあり、それ以外は何もない。NGOという言葉も一般的ではなかったし。ビッグバンではないですが、不定型のエネルギーから始まった。

司会＝具体的には何をやっていたのですか。

熊岡＝最初は衣類整理です。タイでも集まったし、日本からもどんどん来た。それをサイズ別に分け、さらに難民で寒い所へ行く人のためのもの、暑い所にとどまる人用のもの、男女別などに区分けした。次にそれを配ること。医薬品などもありました。難民は当初はラオスからの人が多かったのですが、七九、八〇年頃をピークにカンボジア難民が爆発的に増えてきました。これは、ポル・ポト時代は「鉄の枠」があって出られなかったのが、それが揺らぐことで急増したという背景があります。山岳部を越えて出てくる人だけでなく、海からボートピープルで来る人も相当増えてきました。難民キャンプは全部で二五以上あり、全体状況はつかみにくかったけれど、JVCのチームはそのうち一五以上に関わっていました。

岩崎＝難民キャンプの大きい所は五万人というものもあったけど、小さい所はずいぶんありましたね。

熊岡＝数百人、数千人というようなものですね。

司会＝今言われた不定型なエネルギーというのはどこから生まれたのですか？

岩崎＝こういうようなことに日本は人を出さないと国際的には叩かれていましたが、とにかく日本からもたくさんの人が来た。ただし、人の入れ替わりが速く、毎月打ち合わせに四〇人とか五〇人の人が参加するのですが、毎月人が入れ替わる。三日しかいなくて帰ってしまう人もいるかと思えば、上智大学などのように二週間交替で何人も送ってくる所もあった。しかし短期だし、場所も場所だったから、病気になったりして何もできないという人も多かったですね。気持ちばかり先走って、という人も多かった。

熊岡＝そう。今、いきなり電話をしてきて、地雷除去をやりたいと言う人がいますよね。あえて言うならそういう感じだった。また、アフリカやインドの帰りに寄ったというような長旅の途中風の人もいるし、とにかく一時JVCはヒッピーの集まりだとか、ドロップアウトの集まりだと言われた。

●難民の故郷をめざす

司会＝そういう初期のカオスみたいなものがあって、エネルギーが満ちあふれていて、不定型だったJVCが次の方向へ向かうという転機は何なのですか?

熊岡=難民救援というのは甚だしく臨時的な側面があります。だから私は一年くらいで終わると思っていたんですね。そうこうしているうちに、八〇年一二月にバンコクの主婦ボランティアの海老原美子さんのご自宅にみんなが集まって、今後どうしようかというような話をする機会があった。その時印象的だったのは、タイの難民キャンプだけでなく、難民が出てくる地であるカンボジアの中に入ろう、もし日本人が入れないのであれば、その地域で既にやっている人やグループを支援すればよいのではないかという話が出て、それが次のステップにつながった。それからもう一つは、ベトナムがカンボジアに入った一年後にソ連がアフガニスタンに入ったんですね。アフガンを気にしていた人、いやアフリカだという人もいて、それも一つの転機になった。

岩崎=私の転機は全然違います。私の大きな転機はバンコクのスラムを訪れたことです。皆で議論はしていて、難民キャンプも大分ものが足りてきているし、問題を抱えているのは難民キャンプばかりでないという意見も出てきていた。当時タイ政府も農村を問題にし始めていたし、ある人からはスラムに入ったらこうだったという話も出たりしました。

司会=いつごろですか?

岩崎=八〇年四月くらいでした。

熊岡=以前からスラムに入っていた人が何人もいた。

岩崎=私はそれまでバンコクに住んでいて、こんな大変な所があるのを知らなかった。その意味では、スラムにはまった感じです。

熊岡=スラムで活動していたプラティープさんがマグサイサイ賞を取ったのがこの前年位です。それもあり、スラムで活動する人が集まりだした。それと、難民キャンプに行く途中、農村を通るわけですね。それを見ると、難民キャンプよりはるかに生活状況が悪いということを感じた。

司会=カンボジア国内に活動の場を求めるのとバンコクのスラム、それにタイ国内農村というのは、ほぼ同時期と見てよいのですか？

岩崎＝国内の農村は八一年からだったと思います。まず井戸掘りで入った。タイ政府が、五〇万人の難民を引き受けるなら、タイの農村にも金を出してほしいとUNHCR（国連難民高等弁務官事務所）に要求したためです。

熊岡＝タイ・ラオスを研究していた星野龍夫さんは、難民問題は一時的なものであって、長期的にはタイの農村とか社会を考えた方がいいのではないかという意見を述べておられた。そういう意味でも、スラムも農村も割と早い時期に始まったんですね。

司会＝その頃から組織として整ったのですか？

熊岡＝八三年に日本に事務所を移して、会員制などの社団をイメージする組織化がされたと言えます。バンコクでは星野昌子さん（JVC初代事務局長）が中心で、顧問として朝日新聞の横掘克己さんや大使館の人、企業の人たちがいた。この人たちが今で言う執行委員だった。

●緊急救援から復興協力へ

司会＝カンボジアでは何から手がけたのですか？

熊岡＝アメリカのNGOを経由して、カンボジアに文房具と灌漑用のセメントを送っていて、それを見に行こうと八二年一月に星野さんが入ったのが最初ですね。そこでイギリスのNGOであるオクスファム（OXFAM）に出会って、給水活動をということになり、エンジニアと機械を日本から送ることになった。これは結果的にオクスファム活動の下支えみたいになったのですが、八二年になるとJVCから簑田健一君がカンボジアに入った。まず農村に入り、その後技術学校、母子保健所、孤児院へと活動を広げていった。

司会＝その頃から今のような開発協力という意識はあったのですか？

岩崎＝あの頃はカンボジア政府の言ってくるものを受けなければならなかったのですが、JVCとしては復興協力の名の下にいろいろなことを考えていました。中でも保健はこちらから積極的にやろうとしたことです。

熊岡＝そうですね。緊急課題が落ち着いたら復興にというのが当時のカンボジアの中の状況でした。その意味では、開発という意識ではなかったですね。今の北朝鮮と一緒で、向こうが言ったり認める範囲でしか始められませんでした。たとえば、道路を直してくれとか、大規模な灌漑工事をやってくれとかいう要請があった。しかしそんなことはとてもできない相談でした。政府からの要望には技術学校も含まれていたのです。ユニセフが送った数百台の緊急救援用トラックがちょっとした故障で動かなくなったので、それを修理してほしいというのが、政府の要望でした。われわれでもやれる範囲ということで、それを引き受けたのです。

●広がる活動地域

司会＝そういう緊急救援を重ねながら、復興あるいは開発協力というか、つくるという方向へ移ったわけですね。

岩崎＝当時、タイでもコミュニティ・ディベロプメントをやろうという流れが脈々とありましたが、ＪＶＣはカンボジアの難民でない一時避難民（ディスプレイスト・パーソン）のキャンプなどいろいろ関わっていたので、コミュニティ・ディベロプメントは継子的だったんですね。しかし事態は進んで、カンボジアでは八五年頃から復興協力をしようということになり、エチオピアでも八五年に一年間医療活動をやった後、復興協力をやろうということになった。そこでいろんな議論があったんですが、その時、復興協力とは言うがそれは地域開発でなければならないのではないかという認識が少しずつ出てきた。

司会＝その頃タイでは経済が大きく成長し、農村が市場経済に巻き込まれていく時期ですよね。ＮＧＯが地域開発と言う場合、そうした状況をかなり意識していたということは言えますか。

岩崎＝ヨーロッパのＮＧＯで救援をやっていた所が八〇年始めにタイから退いた。そこから、タイ人自らが地域開発をやっていかねばという動きが出てきたのだと思います。ＪＶＣは、当時スラムで、そこに住む人たちの水や電気など最低限の生活条件を確保するというような活動に関わっていたのですが、経済成長に絡んで、スラム地区の立ち退き問題が起こってきて、再定住の支援なども手がけていました。一方で、景気が良くなってくると、職種さえ選ばなければ誰もが仕事につけるという状況も出てきて、スラムに住む人々の生活条件が良くなってくるんですね。消費文化がそれなりに入ってくるわけです。これで良いのだろうかという思いが募ってきて、むしろ、生産についている人、少なくとも食の部分を握っている人々が食べられることの方に次第に関心が移っていった。

司会＝その背景には、農村から人々が流出してスラムに入ってくるという現象があったのですか？

岩崎＝タイの場合、農村を食いつぶしたから都市に来るという状況ではなかったですね。農村で食えなくなったら森に入って森を食いつぶす。こちらの森を食いつぶしたら、あちらの森という具合です。

司会＝そうするとスラムの供給源はどこにあったのですか。

岩崎＝プッシュではなくプルが強かったんです。押し出されて来た人ではなく、連れてこられるという形で都会に来た人々だった。ビルを作る、道路を作るからお前の知人を連れてこいという形です。

熊岡＝農業が忙しい雨季には農村にいて、乾期になると都会に来るという形でしたね。バンコクの中央駅（ホワランポーン）は昔の上野駅のような位置ですが、乾季になると農村からの人が集まりました。

司会＝谷山さんは最初ラオスですが、何年頃ですか？

谷山＝初めて入ったのは一九八七年です。

司会＝タイは経済成長の真っ盛りで二桁成長へ入った頃ですね。その頃のラオスの村の状況はどうでしたか？

谷山＝貧しいなと思いました。もともと難民のことが頭にあったので、難民として人々が流れていかないように、ラオスでしっかり食っていけるように、健康などの不安のない地域づくりをしたいという思いがありました。それで農村の改善活動、指導員の養成をするプロジェクトという形で入りました。入ってみると森などすごい勢いで伐採されていた。八〇年後半、タイに急激に日本企業が入ってきて、タイはビルマやラオスとの国境で伐採するケースが増えていた。その頃から貧しさと見えたものの中にある豊かさが見えてきて、それを失うことへの大きな恐れを持ったことを覚えています。

司会＝市場化というものがラオスをも巻き込んだわけですね。少し飛びますが、南アフリカの場合アパルトヘイトというものがあって、それに対する抵抗があって、ということでアジアとは異なる条件の所ですね。そういう所でＪＶＣはどういう形で誕生し、発展していったのでしょうか？

津山＝八〇年代、アパルトヘイトの弾圧によって子供たちも政治囚になったとか、非常事態宣言が出たとかいう状況があった。ＪＶＣはそこで直接連帯運動に関わっていたわけではないんですけれど、ノーベル賞を受賞したツツ主教来日の折に他の市民グループと一緒に集会の準備をしたりしました。当初南アに入国して活動するということは非常に難しかったですね。その後九〇年にネルソン・マンデラさんが釈放され、反対運動が大きく広がり、国連による経済制裁もあったりして、(南ア)政府が変わらざるを得ない状況になりました。ＡＮＣ（アフリカ民族会議）やＰＡＣ（パンアフリカニスト会議）といった組織が合法化され、南アの反アパルトヘイト運動に関わる人々と直接連絡をとったり協力したりすることが容易になりました。ＪＶＣは、現地のＮＧＯや小さな住民グループがアパルトヘイトの中で弾圧されながらも開発や福祉・教育に関わっている現状を見るために、九一年に調査に入り、九二年に具体的に活動を開始しました。当時はまだ制度としてのアパルトヘイトは続いていたけれども、民主化へ向かっている時期でした。

●さまざまの出会い

司会＝それぞれの地域でそれぞれの始まりがあったわけですが、その活動を支えるスタッフもまたさまざまな出会いを経験していると思います。今日はスタッフの若い世代を代表して中野さんと松尾さんに参加してもらっています。松尾さんが最初にタイに行ったのはいつですか？

松尾＝九一年ですね。まだ学生で、個人的な旅行だったのですが、その頃ＪＶＣは難民キャンプの活動をしていて、二週間ほどの旅程のうち二日間難民キャンプのすぐそばまで行きました。パーミッションがなかったので中には入れなかったのですが。JVCとの関わりは九〇年からで、ボランティアとして関わっていました。JVCの最初のイメージは優しい人が集まって何かやっているという感じでしたね。やがてそれが面白いというか、かっこいいというか。男女ともに社会に入り込んでいこうという姿勢に魅せられ、今でも関わっています。

司会＝その後ボランティアでタイに滞在したのですね。

松尾＝九四年から九五年にかけてです。

司会＝中野さんのJVCとの関わりというのは？

中野＝最近判明したのですが、実は私は中学生の時に熊岡さんの講演を聞いたことがありました。援助団体の方が来て難民のお話をしてくださったということは覚えていたのですが、先日その講演会をセットアップした先生と再会して、それが実は熊岡さんだったということがわかったんです。その後国際関係を勉強するようになって、NGOの活動に関心を持つようになり、元代表の岩崎（駿介）さんのお話を聞いたこともあって…でも劇的なことは特になかったですね。NGOに関わりたいという気持ちはあって、たまたまJVCが肌に合ったということだと思います。

●さまざまの現場

【その一・アパルトヘイトの南アで】

司会＝話題を「今」に移したいのですが、それぞれの現場（北朝鮮やユーゴのような現地事務所のない国も含めて）で起こっている現象を出し合いながら、それが何を意味しているかを話し合いたいと思います。まず南アですが、アパルトヘイトの制度から民主化へ移行し、二度の選挙を経て今何が起こっているのか、その背後に何があるのかということを、新しい事例を出しながら紹介してください。

津山＝アパルトヘイトというのは白人が黒人を抑圧して、人種ごとに隔離するということなんですが、アパルトヘイトが終わって隔離状態はなくなったけれど、それは目に見えない所でものすごく深いものだったということを、より深刻に感じるようになりました。アパルトヘイトで作られたシステムやその中の不均衡な部分をどう変えていくか、精神的なものを含めアパルトヘイトの遺産をどう克服していくかは、今も最大の課題です。もちろん現在でも黒人と白人の間には経済的格差（教育格差や住環境格差）がありますが、目に見える格差だけではありません。たとえば、今少しずつ進んでいる土地改革では黒人から奪われた土地が返還されているわけですが、返還されたところですぐ農業ができるわけではない。すでにコミュニティという形は崩壊してしまって、白人農場の労働者として長年生活してきているし、元の土地を長らく離れてしまっているので、どうやって農業を始めればよいかがわからないのです。結局すべての生活モデルが白人向けであり、黒人は機械化された巨大な農場で単一作物を作る農業しか知らないわけです。土地改革で黒人が得られる土地はとても小さいのですが、彼らはトラクターや灌漑設備、スプリンクラーやフェンスがないと農業ができないと思い込んでいる。そんな中で小規模農民をもう一度孵化させていくために、物事の捉え方、考え方から問い直していく作業に、人々ともに取り組むことが必要ですね。

司会＝アパルトヘイトが人々の意識の深い所まで入っていて、それが今あらためて顕在化してきたことと、おそらく南アでも進んでいるであろう市場化とは、何か関係がありますか？

津山＝アパルトヘイトには、人種隔離だけではなく経済の実権を白人が握るという目的もありました。南アは金やダイヤモンドという鉱物資源が豊富な国で、イギリスやオランダに植民地にされた時にも、南アの資源やそこから生まれる利益はすべて白人の手に落ちるようになっていました。一方で黒人は市場へ全然入れない。大企業で働いていても、工場と家の往復で、黒人居住区では商売をすることは禁じられていました。よく言われている循環型社会というものを制度的に否定していた社会です。今、黒人居住区でも農村でも、自分たちの住む地域の中で生産し、消費し、経済を循環させていくことが注目されていますが、やはり長年のシステムを変えるのは難しく、一方で先進国の高度な技術を持って洋服や加工食品を生産する企業もあって、地域ではやっと生産活動が始まったところと言えると思います。

司会＝全体的に黒人の中での貧富の差の拡大とか、新たな階級のようなものが生まれたということはありますか？

津山＝それはあります。特に一九九四年に新しい政府ができた後、黒人も白人居住区に住むことができるようになった。黒人中心の政権になったということで、黒人の中で高い収入を得る人が出てきて、格差が生まれてきています。また、都市の黒人が中心に住む地域は、生活が少しずつ良くなってきているのですが、都市と農村の間での格差が生まれています。黒人人口の半分ぐらいが農村に住んでいるのですが、農業自身が潰されてしまったということもあって、アパルトヘイト後に、出稼ぎ労働に頼らない農村をどうやって作っていこうかというと、都市以上に変革が難しいと思います。復興・開発を含めて難しいです。


【その二・村に市場経済が入って】


司会＝松尾さんが住んでいた九四年頃のタイの村の状況はどうでしたか？

松尾＝村によって違いはありますが、僕が行った時はもうかなり耕運機が入っていて、でもまだ水牛も見ることができました。

司会＝現在はもう水牛はいないですか？

松尾＝かなり減っています。もちろんまだいますが、田起こしには使われなくなっています。

岩崎＝特にこの三年間で減ったですね。タイは国境に近い所から道路や電気の整備を始めて、九〇年くらいまでに農村部に電気が来て、八年前くらいからぽつぽつトラクターが増えてきて、この三年で水牛はほとんど見なくなりました。

司会＝この三年というと、ちょうどバブル経済が破綻した頃ですよね。

岩崎＝バブルの崩壊というものが何にどう響いているのかということはよくわからないですね。街を見てみるとすごく活気があるし。

中野＝失業者が増加するという現象はないんですか？

岩崎＝昔、デパートはウィンドウショッピングをする所、クーラーで涼む所だったけれど、今のサンデーマーケットの品揃えはすごいし、皆買っている。そういうのを見ると経済力はついたと思います。

中野＝経済格差が広がったということはありますか？

松尾＝僕の友人でエリートはプラプラしてますよ、職がないというので。

司会＝岩崎さんはずっとタイの農村を見ていて、そして今はカンボジアにいて村を見ている。「戦場から市場へ」というスローガンでどんどん市場経済化が進んだ七〇年代から八〇年代のタイと同じことが、今カンボジアでも進んでいるのではないかと思うのですが、村や農民の状況にどういう変化が出ていますか。

岩崎＝ポル・ポト時代には、天然資源は手付かずのまま残っているというか、魚なんかどの川にもあふれているという感じで残っていた。これはベーシック・ニーズを満たさないほど、獲ることが規制されていたからで、そのために人がたくさん死んだりしたのですが。その後の一〇年間、八〇年代は、いろいろ不十分なこともあったのかもしれないですけれども、ポル・ポト時代に土地から引き離されて混乱していた人々が皆自分の所に帰っていって、生活をやり直していくことができた。皆で田んぼを耕すとか、皆のものにするという軟着陸が割合できた。着陸ができたところで、一気に市場経済が入ってきたのですね。問題なのは、やはり援助や外国の企業等が入ってきたことです。企業の経済活動を促進するために、土地法が八八年に改正され、土地の買い占めであるとか、インフラの整備というようなことをやってきて、九〇年代の一〇年間で格差がものすごく開いてきた。今、市場経済のテイクオフのためには、まず都市のインフラからということで、「都市のためにダムを造らなければいけない」というように、都市のために「何とか」を作らなければいけないということで都市にいろいろなものが集中している。そして工場を誘致しなければ、この国にはどういう未来があるんだというような括りかたでやられている。そのために農村との格差が非常に開いてきています。
タイの場合は、面積が日本の一・五倍、人口が半分。割合土地が平らなので、農民は平均して二〜三ヘクタール所有しているわけです。カンボジアの場合、面積から言うと日本の半分で、人口は一〇分の一以下、平地も多いので、土地は十分なはずなんですが、実際にカンボジア人の所有している農地は、タイ人の所有している農地の五分の一以下です。そういう意味で、タイの農村には包括力があって、都市で失敗した人も、経済危機でバブルがはじけて農村に帰ってきた人も、とりあえずは養うという懐がある。しかし、カンボジアの農村には何も懐がない。

八八年に土地を分けた時「皆一人一〇アールずつですよ」という風に分けたんですね。平等と言えば平等なんですが。それまでの農業はどうだったかというと、メコン川の流域の人は、肥沃な土地で乾季でも水があることを利用して果物や野菜を作っていた。その背後の人は、大きな土地を所有してコメを作る。メコン川流域の人たちが魚も捕って、野菜や魚を売りに来る。それとコメと交換する。こういう地域の輪があったんだけれど、それを一切考えないで、川沿いの人にも同じように土地を分けたんですね。だから、川沿いの人は、豊かになった。ところが、その後背地の人は、もともとたくさん農地があってコメと交換して成り立っていたものが、その土地が少なくなったために食べられない。今JVCはそういう人たちを支援している。

司会＝タイではまだ農村には力が残っているということについてはどうですか?

松尾＝最近東北タイの四つの村を調査したのですが、その一つにノンヤプロンというサトウキビの村があります。人がそこに住むようになったのが七〇年くらい前で、そこは以前は豊かな森だったというんですね。ノンヤプロンという村になったのが三〇年ほど前で、その一〇年程前の一九五七年に、ベトナム戦争との関係もあって、バンコクにつながる『友情の道』という大きな道路が作られはじめました。それによって、村の状況が変化してきます。まず換金作物の麻が入り、その後キャッサバが入った。続いてユーカリとサトウキビが大きく広がります。

その村はタイの農村の縮図みたいなところがあって、キャッサバとかサトウキビとか単一作物栽培に翻弄されている。あるNGOのワーカーが村に入って複合農業をやろうと言った。でも村人は全然見向きもしなかった。そして工場と契約栽培のような形でサトウキビをどんどん植えるようになった。化学肥料とか農薬とか必要なものは全部工場から買うことができるけど、その代わりそれは借金という形になる。もうけるはずが結果的には、タイの一般の農民で借金が四、五万バーツという中で、その村の中には一〇〇万バーツに及ぶ負債を抱えこむ人が出ているのです。そしてまたNGOワーカーが来て、複合農業をやろうと声をかけたら、今度は皆がやろうやろうと乗ってきた。痛い目にあってやっと気づくんですね。もちろんまだ数年だから本格的に複合農業をやるというところまでは行っていないが、池を掘ることから始めてやろうとしている段階です。

大野さんがこの間タイに来られて、日本の農業は行きつくところまで来てしまったけど、その対案として地域からさまざまな動きが出ているということを具体例をまじえて話をしてくれたのですが、彼らはものすごい興味を持った。他人事ではなくて、その行き詰まった状態でどんな対案が出てきているのかという話には、農民やNGOワーカー皆が興味があるようです。

司会＝先程、タイの開発にラオスがまるごと巻き込まれてしまったという話が谷山さんからありました。そういったグローバルな動きとローカルな地域の動きがどう繋がっているのか、ラオスの事例をもとに考えてみたいのですが……。

谷山＝一九八六年にタイの経済が急激に上向きになってくるのですが、その背景にはプラザ合意で円が切り上げられたという事情があります。円高の影響を逃れるために、たくさんの日本の企業が、中小企業や農産物加工場まで含めて海外に工場を移した。タイでは一九八六年には二〇〇社だった日本企業が、八七年には五〇〇社になっている。当時すでにタイでは森林が減ってしまっていました。経済の発展のために森林をどんどん伐採して、それが枯渇すると周辺に流れ出たわけです。ダム・電気の問題も大きくて、日本の企業を誘致するためにどれだけ電気を確保するかということに、タイ政府は相当躍起になっていた時期でもあります。つまり電気はラオスから買うということが見え隠れしていた時期です。
その頃私はタイと行ったり来たりしていましたので、ラオスとタイの違う部分に気づくようになった。たとえば、タイの農村の追いつめられている様子とか、タイの農民に何が一番しんどいかと聞くと出稼ぎに行かなければならないことだとか、その結果家族と一緒に暮らしている時間が短いことだと答えることとか。そういった点は大分ラオスとは違うなという印象があった。その結果複眼的に状況を見ることができるようになったと思います。貧しいけどある程度食べていけるということから来る余裕のようなものは、しばらく付き合わないとなかなか見えてこない。ラオスだけにしか入らなかったら、きっとラオスはまだ大丈夫だと言うだけだったかもしれない。しかし、タイの農村で起こっているすさまじい動きを通して、ラオスの豊かさのようなものが見えてくる中で、どういう風にこの豊かさを維持しながら村人がもっと自分たちで力を付けて活力を持っていくかということに活動の方向が変わってきたんですね。それは、タイでその頃農村が活力を失ってきたこととちょうど対極的な関係にあった。しかし、僕たちがいくら言葉でラオスの農民にそれを言っても、なかなか伝わらない。だったら直接自分たちでタイに行って見てもらおう、ということから新しい活動も始まります。

【その三・暴走する世界】

司会＝市場経済が地球規模で広がる時代です。市場経済が広まれば世界が平和になるかと思ったら、各地で新たな紛争や飢餓が起きている。そういった動きを熊岡さんはどのように考えられていますか？
熊岡＝話は一九八〇年代後半から九〇年代に戻ります。カンボジアやベトナムから見ると、市場経済が急激に入ってくる以前に、冷戦構造の崩壊という大きなショックがありました。八五、六年くらいから漠然とソ連か東欧の社会主義ブロックの力が弱まったという印象があったのですが、まさか解体までいくとは思わなかった。そういう中で、ベトナムもカンボジアも政府だってそんなに当てにならないという気持ちになってきた。そして土地の一部の所有を認めるとか、カンボジアでは土地の使用権の売買が認められるような動きが徐々に始まった。

自分にとって一番ショックだったのが、一九九一年か二年の初めにUNTAC（国連暫定統治機構）の先遣隊という形でUNAMICというのが来て、僕もベトナムから久しぶりにプノンペンに行っていた時のことです。プノンペンの街でオーストラリアの白人兵に出会った。自分の知っているカンボジアはずっとソ連や東欧の人たちが圧倒的だった。そんな場所にオーストラリアの兵隊がいるということが大きな衝撃で、忘れられません。それからもう一つはフンセン政権への評価についてです。僕らは八〇年代にカンボジアの人たちの立場で援助の不均衡とか平和の問題だとかを言ってきたわけですが、間接的にはヘンサムリン・フンセン政権がそんなにひどい政権ではないということを伝えてきた唯一の団体だったと思います。政権を支持するわけではないのだけれども、わかりにくい問題もあるとしても、別に悪魔でも鬼でもないんだということを主張してきた。日本政府からは当時ベトナムの傀儡政権だとぼろくそに言われていたわけだけれども、UNTAC以降、フンセン以外の選択肢がないということもあって、基本的に政府・マスコミも大部分はやはりあの政権を支えていくしかないという流れに変わってきた。

こうした経過を経て市場経済が入ってくるわけですが、八〇年代のベトナム・カンボジアでは基本的には土地なし農民や娘売りの事実はほとんどなかった。しかし今、その問題が多発しています。政策とか制度的なものを含め、民主主義や市民社会の成熟がないまま資本主義が導入されて、その結果現在二割の人々が土地なし農民になってしまった。そして娘売り・子売りが起こっている。タケオに調査に行った時に、レストランで働いていたクメール人の女の人に会いました。彼女は昔はコンポンスプーに母親と長女と細々と畑を耕しながら暮らしていたのですが、段々と暮らせなくなって、結局農業労働者になって、結果的に売春婦のような形で売られてきたようでした。市場経済が入ってくることで確かにプラスの点もあったと思うけど、八〇年代のベトナム・カンボジアを暗闇として描いて、九〇年代のベトナム・カンボジアをばら色で描く気にはとうていなれませんだからといって八〇年代を全面肯定するわけにもいかないけれど。

非常に大きな変化の中で、中流の人たちには色々なチャンス、教育のチャンスなどが広がったけれど、それよりも下の大部分の人たちはゼロからも落っことされたという印象があります。それは開発や援助が失敗したということです。それが不安定状況を生むし、次の紛争を生むかもしれないと思っています。それからもっとグローバルな話では、米ソというリーダーが二つあった時にも問題点はあったけれど、リーダーが一つになってしまったことで、政治的・経済的・貿易的・軍事的弊害などたくさんの弊害が出てきた。二つのリーダーが対立していた時は相互にチェックするような機能が働いていたけど、今はアメリカに対立するものもないし、非同盟も弱い。そういう中では、市民社会ネットのようなものを作りあげ、自分たちがチェック機能を持たなければいけない。そこが一つの大きな変化だと思っています。八〇年代の難民キャンプの時代やJVCがカンボジアに入る頃は、九〇年代は南北問題とか貧困の問題も良くなっているはずだと思っていた。東西対立構造や冷戦構造がなくなるまではいかなくても、妥協ポイントを探して対立は緩和するだろう、そして紛争とか戦争といったものが減るだろうと思っていたのです。けれども、かえってコントロールできない状態が拡大した。すべての物が暴走するような時代状況の中で、自分たちもきちんとチェック機能を果たしていないという忸怩たる思いがあります。

司会＝一応それぞれに現実をどう認識するかということを出してもらったわけですが、後半は、そういった中でJVCは何を目指しているのかという話をしていきたいと思います。その前に、中野さんは日本にいて市民と向かい合う仕事をしているわけだけれど、日本で今いろいろ問題が起こっているような状況をどのように見ていますか？

中野＝二つの相反する要素があると思っています。一つはNPO法が成立するなど、NGOが社会的認知を受けるようになってきたり、市民という言葉が盛んに使われるようになってきたりして、良い方向に向かっているという側面。でもその反面、盗聴法案や日米新ガイドライン、日の丸・君が代法案が続々と通過してしまうという事態を結局阻止できませんでした。良い方向と悪い方向に揺れながらどちらにいくのか見極めきれずに私自身少し混乱しています。

●新しい共同性を

司会＝そういう状況の中でJVCは何をしようとしているのか。話をそこに移します。

岩崎＝カンボジアでは、お互いに信用しあうという関係が崩れて競争の社会になっているという事態が街では起こっています。農村でも今まさに崩れようとしている。誰も信用できないし、政府も王様も信用できない。信用できるのはお金だけ。お金がなければ誰も助けてくれないし、何をするにもお金が必要という事態。それは日本も全く同じですよね。


そういう中で社会とは何か、限られた一生を快適に生きていくためには何が必要かということを一緒に考えてみる。そうすると、食べるということが基本になることに気づきます。しかし現実には、信用のあるものを自分で作って自分で食べる、そうしたあり方を確立している人たちが少し自信をなくしてきている状況がある。JVCの役割は、そういう人たちを励ますというか、励ましの言葉を贈り続けるということなんだろうと考えています。

司会＝村の中でも、それは同じということですね。

岩崎＝そうです。コメを作っていれば魚を持ってくる人と物々交換して食べていればよかったという昔と違って、今は川に行っても魚は獲れないし、漁業権がないと漁もできない。野菜を作ろうにも種がない。種を売りに来る人から種を買わなければいけないわけです。昔はサトウヤシから砂糖を作るには竹とか木を使っていればよかったけど、今は森が乱獲されてしまったために、薪や用具のすべてを外で買わなければならない。しかし、そこでお金を借りてやっても、売れなかったりということもある。収入が増えない割にお金は出ていく。そんな世の中になってきているということを皆が言っています。昔は収入もほとんどなかったけど、出費もなかった。どちらがいいかと言うと、難しいという答えが農民からは返ってきます。

司会＝昔の村に戻そうということなのか、あるいはどういう風に作り直していこうとしているのか。

岩崎＝何がなくなったのか、なくならない方がよかったものは何なのか、それをどうやって取り戻すのか、何に喜びを見出すのかということです。昔は休日も特にやることがなかったから、花や野菜ができることが喜びだったけど、今はもっと歓楽に走ってしまうというのも事実だから、なかなか何がと言うことはできないけど、たとえば誰かに何か困ったことが起こった時に皆で話し合い、情報を共有できるような場を、人々の間でも地域の間でも作っていく。そうすれば牛銀行などでも、確かに自分の家も困っているけどあの人の方が困っているというような話が、皆の間で出やすくなりますよね。

司会＝新しい共同性のようなものを作っていくということですか。

谷山＝同じような議論が日本にもありますが、あれかこれかという二者択一に議論を単独化させてしまう傾向が見られますね。市場経済を否定するなら、昔のふんどし一丁の時代に戻るのかと言う人が出てくる。しかし、たとえば道路を作るにしても、都市と農村をまず結んで、それがこれからの市場開拓のためには必要なんだ、昔のような貧しい暮らしから抜け出す方法だと言う。だけど、実はお金を出さずに市場を作ることだってできる。昔は、漁師は少しの農地さえあれば充分食べられて、余った分は農業しかできない所の人々に売るという形で物が回っていたけど、それが今は分断されて繋がりが切られている。そうした関係を取り戻して、すぐにはお金に結びつくわけではないけれども、お金を少しずつでも循環させることで地域が活性化していくならば、市場経済を全否定しなくても、少しずつ豊かになると同時に資源も守れる。人もそこに残るし、人々の繋がりもできる。そのためにＪＶＣがやっているのは、資源とか森・農地を守るということです。その中で少なくとも自分たちの食べるものについては自給的なあり方を確立すると同時に、次のステップで地域を結んでいく。自分たちは自給自足をしていないくせに、農村には自給自足をしろと言うのかというふうに言われそうですが……。

松尾＝本来食べ物はまず自分や自分の家族が食べるために作るものだと思うのですが、タイの農村はすでに、お金を稼ぐ場になっていると言うか、食べ物を作る場所になっていないような状況にある。そうした状況がある中で、私が今調査で関わっている農村には、先程谷山さんが言われたようなものを取り戻していこうという運動がある。ヌーケンという農村青年が日本に来て、行き着くところまで来た日本の農村の状況、そしてそれに対する対案として出てきた地域の運動をいくつか見て回る中で彼はぴんときたんですね。もともと市場経済が入り込む前というのは、農民は自分の食べるものを自分で作っていたのに、いつの間にかなくなってしまった。日本に来て農民自身が自分の作った農産物を自ら売っているのを見て、それが一つのきっかけになり、自分の村で朝市を始めました。日本の農業はタイと違って大型機械が色々入っていて、技術面では参考にならない。しかし、日本の農民も借金は農業だけでは返せないという状況の中で、自分が値段を決めるといったような決定権を取り戻そうとしている姿は参考になったようです。それで彼は帰国してから村の人に諮って朝市を始めた。そうしたら、今まで単一作物栽培をやっていた人たちも、そういうやり方があるんだと、いろんなものを作り始めている。目の前で現金が入るという喜びもある。

谷山＝相乗効果というのですか、一〇〇円で外から来たものを買うでしょ。その一〇〇円が外から来た企業に出ると一回しか一〇〇円がその農村で使われないんだって。だけど、朝市みたいに、その村の人が作った一〇〇円がその村の中で売られると、一〇〇円は農村の中では二〇〇円にも三〇〇円にもなる。

岩崎＝インドネシアでも同じことが言われてました。オランダの作った表通りがあって、中にカンポンがあるんだけど、一回誰かが外から持ってきたお金が、カンポンの中でくるくるまわって、それで皆食べてる。

松尾＝調査した四村の人たちに集まってもらって話し合いをしたんですが、これがすごいんですね。いかに昔が豊かだったか。自分たちは都会の先生から学んできたけど、おじいさんから学ぶべきだったというような話がどんどん出てきていた。本当の豊かさとは何だろうと、みんな真剣には話しあっているんですね。それを抽象的に言うんじゃなくて、まだ朝市をやっていない村の人がヌーケンの村の朝市について一所懸命質問している。で、今度帰ったらやってみようって話をしていた。そして何か月後かに、実際にその村でも朝市が始まりました。

●自分たちで何かをやる

司会＝南アフリカの場合はどうですか。先程アパルトヘイトの後遺症という話が出ていましたが。

津山＝アパルトヘイトの時代は、自分たちの村のことは自分たちで一切決められなかったんですね。今ＪＶＣでは、自分たちの村のことを自分たちで決めて地域作りをしていこうとしています。アパルトヘイトで黒人の中の団結はできた。しかし、学ぶということとか、自分で達成するということが育たなかった。そこで、今言ったような活動の中から、黒人自身がアパルトヘイトのトラウマを克服していく。自分たちでイメージしたものを自分たちで作っていく、そういうことをやっていこうとしています。それがないと精神的な意味で民主化されないと思うのです。

今、南アでは失業者は増えています。村に男たちが失業して戻っている。アパルトヘイトの構造の上に、世界的な経済構造がかぶさってきているのです。人々はこれまでは収入をいかに得るかしか考えていなかったんですね。そして白人から野菜を買っていた。それを買わないように、野菜を作っていく、あるいは、家畜も財産としてもう一度自分の手で育てていく。以前は家畜を飼うのも制限されていたんです。

谷山＝今、南アでは地域ぐるみで地域の威信を取り戻していこうという動きが、ちらほら見えますね。

津山＝七〇年代に子供たち、青年たちがアパルトヘイトに反対するって動きがあったんだけど、その元になったのは黒人意識運動と呼ばれるものです。自分たちの足で立たなくてはという意識運動だったんですけど、その時も黒人の青年が村に入って、主に教育サービス、福祉サービス、政府がやらない部分を自分たちでやってたんですね。今はそういう部分だけじゃなくて、村の中での決定とその後の活動に村人自身が関われるようにという動きが出ています。

谷山＝ＪＶＣがやってる活動もそのことですよね。人材育成という形は取っているけど、地域の中で自信を取り戻せるような、そういう人材を作っていこうという視点を持ってる。

津山＝皆、地域のために何かしたいっていう気持ちは、今の日本よりずっとあります。自分たちが苦しい思いをしてきた。精神的には自由だけど、暮らしとか住環境は変わってない。でもそれに対して何かしていこうって気持ちはすごくあります。これまで教育体制やさまざまの条件の下で、人々は低い職業にしかつけなかった。その中で、ＪＶＣは人づくりをしていこうということと、地域の中で主体的に参加していこうということ、そして自信を取り戻していくということをやっている。自分たちは自分たちのやり方でできるっていうことを経験してもらおうと考えています。

●市民社会の対抗力を作る

司会＝そうやって地域を作っていっても、せっかく作りあげたものが今世界を覆っている構造の中で潰されてしまうという問題があります。いわゆるグローバリゼーションですが、その問題にどう対処していくか。ＮＧＯが今問われている最大の問題の一つですね。

岩崎＝絶対に無農薬でやるっていっている村で、床下に化学肥料の袋があった。化学肥料を使っているじゃないかと言うと、これは宮沢プランで村人全員に配ったというんですね。南アは極端な例だったんだろうけど、農村が自立できない状況にさせられている。

司会＝だんだん深まってますよね。

岩崎＝経済格差はものすごいしね。

司会＝経済だったり、戦争だったりするんだけど、その問題についてＪＶＣはどう考えるのですか？　熊岡さんいかがでしょう？

熊岡＝経済のほうですか？

司会＝経済も含めてだけど。一生懸命自立しよう、地域作りをもう一度やり直そうと言っている中での、それを取り囲む外の問題。それは内部にも浸透してくるんだけど。

熊岡＝日本で言えばＪＩＣＡ（国際協力事業団）とか外務省とか、そこを変えるには、そこに入っていってやるということも一つの方法としてあると思います。もう一つは、日本の経済が悪くなって、ＯＤＡどころじゃなくなるとか。もちろん基本的にはＪＶＣの現場でやっていることを拠点にしていくわけですが、力関係で言えば、外の力の方が圧倒的ですよね。

岩崎＝それぞれの現場で小さいシステムを作っていこうとしてるんだけど、なかなか難しいですね。

熊岡＝ＪＶＣは全体の構造を問題にするんですが、きめ細かく効果的に批判できないうらみがありますね。

谷山＝批判の持っているインパクトというか、質の問題だと思うんだけど。システムに対してシステムそのものを批判するのは、ある意味で弱いですよね。全否定しても現実的にどうなのかと問い返される。例えばユーゴにおけるＮＡＴＯ（北大西洋条約機構）の空爆だってそうです。空爆を批判すれば、現実に人々は死んでいるじゃないかというように切り返される。あの地域は大きくＥＵのグローバリゼーションの中にも組み込まれていく地域ですが、空爆を批判するには、そうした枠組みとは別に、人々との信頼作りとか、被害を受けている人々に対する支援とか、そういうインパクトを与えながら批判していかないと力はないですね。

司会＝日本を見ていても、全体的におかしくなってきているんですが、元気のいい人が農村にいるのも確かだし、住民投票も各地で出てきている。そういう自己決定権を取り戻そうという地道な動きが各地に出てきたり、循環型社会を作ろうという動きも出てきている。一方で大きいレベルで見ると、状況は悪くなる一方で、労働組合でさえ、リストラに協力する。そういう形で失業者がどっと出ている。その意味では、状況は日本のほうが深刻ですね。

津山＝最貧国の債務帳消しという世界的なキャンペーンがありますが、南アでは教会や、ＮＧＯ等、八〇〇〇以上の団体が関わっていて、政府に対してアドボカシーとかを行なっています。アフリカはいつも夢のない国とか言われてきた。でも一方で、内乱や民族紛争が続いているにもかかわらず、アフリカの中での市民レベルの動きは強くなっている。債務帳消しについても、欧米だけでなく、自分たちの問題として捉えています。

熊岡＝ＪＶＣができた当時のＡＳＥＡＮ（東南アジア諸国連合）諸国はアメリカの庇護を受けた弱者連合の感がありました。しかし、その後経済発展のお陰でしょうが、国家とか社会全体が強くなり、アメリカにも言うことを言える形が出てきた。自由貿易というのはある面でアメリカのワンサイドゲームなんですが、これに国家とか行政が一定のチェック機能を果たすという状況も出てきたんですね。ＪＶＣが地域コミュニティとの繋がりを考える時、目指すものは農村開発としても、そこに政府もしくは自治体という行政の要素を入れ込んで考えていくことが必要だと思います。

谷山＝そうですね。これは当然日本にも言えることですが、自治体を巻き込む形にしないと、大きな動きの中で対応できないですね。今後国家がますます強い権力を持つようになるでしょう。これは逆説的な状況で、グローバルな市場が国家のコントロールに従わず、地域に直接影響を与えるようになる。一方で経済をコントロールできない政府は住民統制の面でコントロールを強める。グローバルな市場に対しても中央政府の統制に対しても、地域の人々の活動が潰されないようにするためには、地方行政（自治体）を巻き込むくらいの戦略を持ってやる、そしてそこを繋げることが必要です。農民どうしを繋ぐばかりでなく、自治体どうしが手を組んで、ものごとに対抗することが可能な時代でもある。

松尾＝タイなども、かつてはバンコク中心でしたが、今では、地方都市も大きくなってきています。そうした町や村ときちんと対応することは、これから大事になると思います。

中野＝自治体と言った場合、狭く考えない方がいいと思います。地域の政府というだけでなく、そこにいる住民を含めたものとして考えた方がいい。その人たちが決定権を持つということだと思うからです。決定権を手にするということは当然権利だけでなく義務を伴うものですから、ある場合は自分がいやでもやらなければならないことがあるでしょうが、同時にそれが決定の権利を持つということだと思います。

司会＝話は日本社会を市民としてどう変えるのかというところに行き着いたわけですね。たぶんこれからのＪ

VCの活動は、そのこと抜きには語り得ないということではないかと思います。どうも長時間ありがとうございました。

JVCの活動の課題と取り組み

JVCは今後、以下のような課題に向けて取り組んでいきます。

❶持続的な開発

地域の自然資源の持続的かつ有効な利用を促すさまざまな活動を通して、人々の生活の安定を図るとともに、地域経済の活動を阻害するシステムに対抗する芽を育て、循環型経済・社会づくりに協力する。

❷紛争問題への対応

紛争後の復興プロセスにおいて、人権の確保、民族の融和につながる活動を行なう。また、紛争になりそうな地域において予め市民レベルでの交流関係を築き、最悪の事態を未然に防ぐ努力をする。

❸災害時の救援と生活の再建

紛争や自然災害などの被害にあった地域において、救援や生活基盤の再建を行なう。また、災害要因と認識される環境破壊や社会問題に関しての啓発、提言を行なう。

❹人と地域を結ぶ草の根ネットワーク

世界における、環境問題、南北問題、紛争などの構造的な問題について、調査研究し、啓発、提言や世論づくりをするためのネットワークの構築を積極的に行なう。人と人、地域と地域等をつなぐことによって、相互の知恵と経験を交換し、市民活動の活性化を促す。

行動規準の説明

行動規準1「地域独自の知恵と多様な文化」

(1)地域独自の知恵と多様な文化を軽視しない。優越意識から生じる見下した態度は、人々の尊厳を踏みにじることである。地域の人々と関わる時、地域独自の知恵、異なる文化に敬意を払い、学ぶ姿勢を持つことを基本とする。

(2)地域独自の知恵を学び、再評価することは、そこに潜んでいる可能性を見つけることであり、地域の人々を勇気づけることである。同時に、それは学ぶ側をも豊かにする。これを踏まえて、人々との間に共感に基づく信頼関係を築くと同時に、地域の知恵を地域づくりに積極的に生かしていく。

(3)一方で、地域独自の知恵と文化は、その地域の固有の風土、歴史の中から長い時間をかけて形成されたものであり、時代の変化と共に変容する可能性もある。ある時代に適切であっても、状況が変わった時には必ずしも適切でないこともあるという限界を考慮する必要がある。

(4)外部から持ち込まれる考え方ややり方については、基本的にその地域の人々の取捨選択に任せるべきである。こちらから価値観や意見を示す場合、人々に受け入れられ易く継続性を持つことができるように、地域の知恵・文化を尊重し、それにつながる形で行なうべきである。また、強制、誘惑などの「圧力」がない状態で提示されなければならない。

行動規準2「自然環境の保全と在来資源の地域利用」

(1)自然環境の保全とは、人間も含めた生命活動の多様性と循環性を守ることである。在来資源とは、この循環の中から生み出される、再生利用可能な資源である。この基本概念を活動の初期の段階で地域の人々と共有する。

(2)在来資源の地域利用を基礎とする人々の生産活動および生活にとって、自然環境の保全が不可欠である。自然の循環系を破壊せず、その再生復元可能な範囲内で利用する事の重要性を人々と共有し、その具体的方法を共に考える。

(3)自然環境に直接関係する農業においては、農薬など循環の中で分解されない毒物や、化学肥料など効果が持続せず土壌の疲弊を招く物質を循環系に入れず、森林破壊や大規模単一作など循環を分断する行為を避ける。農業の生産性の向上については、多様性と循環性から生み出されるものを基礎として、将来にわたって安定的な在り方を目指す。

(4)在来資源を管理・利用する権利は、それを生活のよりどころにしてきた人々にある。また、自然環境破壊の影響を直接受けるのもその地域の人々である。外からの力による資源搾取を防ぎ、人々とともに公正な分配の仕組みを作るよう努力する。

行動規準3「活動への人々の主体的な参加」

(1)地域に暮らす人々こそが、地域の問題点や可能性をもっともよく理解できる立場にあり、また、活動の結果の良い部分も悪い部分も引き受ける人々である。したがって、活動のあらゆる段階において、人々が主体となるアプローチをとるべきである。
(2)活動を始めるにあたっては、地域の人々の切実なニーズを出発点とし、その人々自身が、問題の根本的な原因を深く理解できるようにする。
(3)地域の人々が、問題の解決方法の選択や立案を自ら行なえるような方法をとる。
(4)人々が解決策を選択するにあたり、可能な選択肢やそれぞれの長所短所等の情報を十分に持てるようにする。
(5)人々が、持てる範囲で最大限の知恵、時間、労働力、資金・資材などを出す形で活動を進める。
(6)社会的弱者、最も困難な状況にある人々、活動による影響を受ける人々の参加が、排除されないようにする。

行動規準4「人々の持つ多様な可能性の開発」

(1)人々がよりよい地域づくりを行なうためには、人々が十分に力を発揮できることが大切である。したがって、モノ・カネばかりでなく、人々が自らの潜在的な力に気づき、発揮できるような支援を行なう。
(2)一人一人の潜在力が引き出されると同時に、人々が互いに協力し合って地域の開発の力となっていくようにする。

(3)地域にある知恵や技術が世代を越えて伝わるようにする。
(4)人々の多様な可能性の開発と気づきをたすけるために、同じような状況に置かれた人々との学びあいの場を積極的に提供する。

行動規準5「依存を生まない対等なパートナーシップ」

(1)活動地における人々との関係を対等なパートナーシップとして認識し、十分な話し合いを通して互いの考え方を共有する。それに基づいて活動目標を設定し、計画・立案を行なうと同時に、互いの責任分担を明確にする。
(2)地域の人々がＪＶＣや地域外部への依存を高めてしまうことがないよう、活動の全過程において、モノ、カネなどの投入が人々の持続的に扱える範囲を越えることがないようにする。特に活動の初期の段階においては、上記の点に最大限の注意を払う。
(3)必要以上に長い関わりによって依存関係を助長することがないよう、活動の計画時点から達成目標と終了のあり方を明確にしておく。
(4)活動の実施に際しては、ＪＶＣが関わりを終えた後も地域の人々による活動の持続性が保たれるよう配慮し、特に外部からのさまざまな影響や圧力に対して自立を確保できるようなシステムを作る。

行動規準6「女性と男性の対等な参画」

(1)調査・計画から実施・評価に至るまで、女性と男性が対等に参画するよう配慮する。
(2)特に調査段階では、女性の意見を聞き、計画にその視点が生かされるよう努める。

(3)計画立案における意思決定の過程に女性が男性と対等に、また、主体的に参画できるようにする。
(4)女性のおかれた社会的、文化的、経済的状況を踏まえ、女性の負担が軽減されるよう配慮する。
(5)女性と男性が、自らのおかれた状況や問題および可能性に気づき、協力して、それぞれの社会的参画や、生活者としての自立に向けて行動変革できるような支援をする。

農村開発プロジェクトのめざすもの

ＪＶＣは農（山漁）村に暮らす人々が安心して豊かに生きることができるよう、以下のことを目指して活動する。

(1)人々が生業である農（林水産）業の基盤である自然、すなわち土、水などの大切さを理解し、それを壊さない農（林水産）業を確立し、普及することをめざす。
(2)人々は耕地、森林、漁場など自然資源に依拠して生計を立ててきたが、外からの経済活動などにより、それが困難になってきている。
　ＪＶＣはこれらの地域資源を地域の人々が公正に管理・利用できるようにすることをめざす。その利用は生態系循環によって自然をさらに豊かにしていくような、持続的な方法を用いる。
(3)プロジェクトの計画段階から関係する人々が参加し、各段階における決定に際しては弱者の意見も反映し、公正な決定が行なわれるようなシステムを作ることをめざす。
(4)プロジェクトを進めるにあたって、外から持ち込むものをできるだけ少なくし、地場資源を利用する。また、地域内だけでなく、地域間でも資源が循環できるようなシステムを作ることをめざす。
(5)人々がさまざまなプロジェクトを主体的に実施することを通じて経験を積み、自信をつけ、農(山漁)村に生きる人として誇りを持つことをめざす。
(6)人々が相互の信頼関係を育み、個人の利益のみを考えるのではなく、地域全体の利益を考えて、村づくり、地域作りをすることをめざす。

アドボカシー・調査研究

意味と目的

(1)開発政策に対して現場の人々およびNGOの声を伝えると共に、現場で得る情報を適切な形にまとめ、政策に反映させる。
(2)地域の人々が調査・研究活動に参加することを通して、開発政策において自らの置かれた立場を認識できるよう支援する。
(3)日本政府とその関連機関等の行なう開発援助の役割を明確にし、政策を変えるよう働きかける。問題のあるプロジェクトに対しては、政策レベルばかりではなく、個々の案件についても中止、変更させるよう積極的に働きかける。
(4)日本政府の開発援助政策の決定メカニズムおよび実施システムを、透明性と責任所在が明瞭に確保されたものに変える。

実施の基準／配慮点

調査研究等によって得られた情報は、日本社会に伝えやすく、また利用しやすい形に整理し、日本社会に働きかけるように心がける。特に、会員への情報提供など、できるところから始め、また、提言の対象は、援助政策担当者のみならず、社会一般まで幅広く考えるようにする。東京主導で行なうアドボカシーに関しては、特に海外現場の開発・アドボカシー活動との連携を図る。

緊急対応（ウォッチ・アンド・アクション）

意味と目的

(1)紛争・災害などによって脅かされる人権や生命を守る。
(2)紛争・災害（環境破壊などをふくむ）の地域で活動することを通して、背景にある構造的な問題を理解する。
(3)平和をつくる過程に参加する（紛争予防や紛争後融和に関わる）。

(4)紛争や関連する援助のあり方等に関して、実働型NGOとしてのJVCの見方・考え方を日本社会に発信する。
(5)実際の援助実施において、援助の不均衡を是正する。

とり上げる基準――以下の要素が関係している場合を優先的にあつかう

(1)日本社会との関わり。日本市民として責任がある場合に関わること。
たとえば(日本の)ODA、自衛隊、企業などが関係する場合。
(2)一面的な価値判断や報道によって、国際社会が非常にかたよった対応や援助を行なっている場合。
たとえば政治的な理由で、意識的に報道がなされていないような場合。
(3)JVCに力量(人・金・時間・エネルギー……)があること。
(4)JVCが活動している地域でおきた場合。

実施する場合の配慮点

(1)事前に現地情勢の分析を行なうこと。
(2)活動強化のためのネットワークを築くこと。
(3)現地で、活動・連絡の核となる人(グループ)を確保すること。
(4)見えてきたもの・わかってきたことを日本社会に伝え、さらにその蓄積を活用すること。

あとがき

大野和輿

　ＪＶＣ二〇周年を記念する本書の編集を終えてあらためて思うのは、一口に二〇年と言うが、実に大変な二〇年だったのだなあ、ということである。戦争があり、飢餓があり、干ばつに見舞われ、森がきられ、道路が拓かれ、ダムが造られ、大勢の人が家族と離れ離れになって、病気になったり死んでいったり…。

　人の世はいつも厄介なものなのだろうが、とりわけこの二〇世紀の最後の二〇年は、余りにも目まぐるしく、厄介ごとが多すぎる。本書は、そんな時代を共に生きながら、そんな時代をなんとかしたいと考える人々の物語である。私自身について言えば、日本の農業問題を見たり考えたりすることを領域として、お百姓さんの話を聞かせてもらったり、一緒に酒を飲んだりしながら国内の村を歩くことを長年仕事としてきた。その延長でアジアの村を歩きはじめたのはここ一〇年くらいに過ぎない。その中でＪＶＣと知り合い、本書編集委員の一人として制作に関わった。

　本書編集に当たって心がけたことは三つある。一つは、何周年記念といった本にありがちな過去の記録をあれこれ綴るだけのものにしたくないということであった。読む人に、この時代を生き、この時代に関わる人々の息づかいが伝わる本にしたいと考えた。何に悩み、何に喜びを感じ、どんなことに苦労しているのか、等身大のＮＧＯの姿を知ってほしいと思ったのだ。二つ目は、そうした人々の生き方と世の中との関わりを、ＪＶＣの現地での具体的な活動を通して明らかにしたいということであった。戦争が起こり、飢餓が発生する、巨大開発が自然環境を壊し人々の暮らしをけちらす、膨大な借金を背負った農民が土地を手放して都市へ流れ出る、なぜそんなことが起こるのかを、活動現場の日常を通して、理屈ではなく具体的な形で提示したいと考えた。三つ目は、もうそこまで迫った二一世紀、ＪＶＣは何をめざして何をやろうとしているのかを、それなりに世に問うものにしたいということであった。

つまるところ、ＪＶＣという人間集団の悩み、苦しみ、喜び、そして希望を同時代を生きる人々と共有したい、という思いである。それが成功したかどうかは、読んでいただく方の評価に待つ以外にない。

本書が世に出るに当たっては、多くの方々のお世話になったが、とりわけ、出版をお引き受けいただいた（株）めこんに感謝しなければならない。記して感謝したい。

（理事・農業ジャーナリスト）

日本国際ボランティアセンター（JVC）のあゆみ

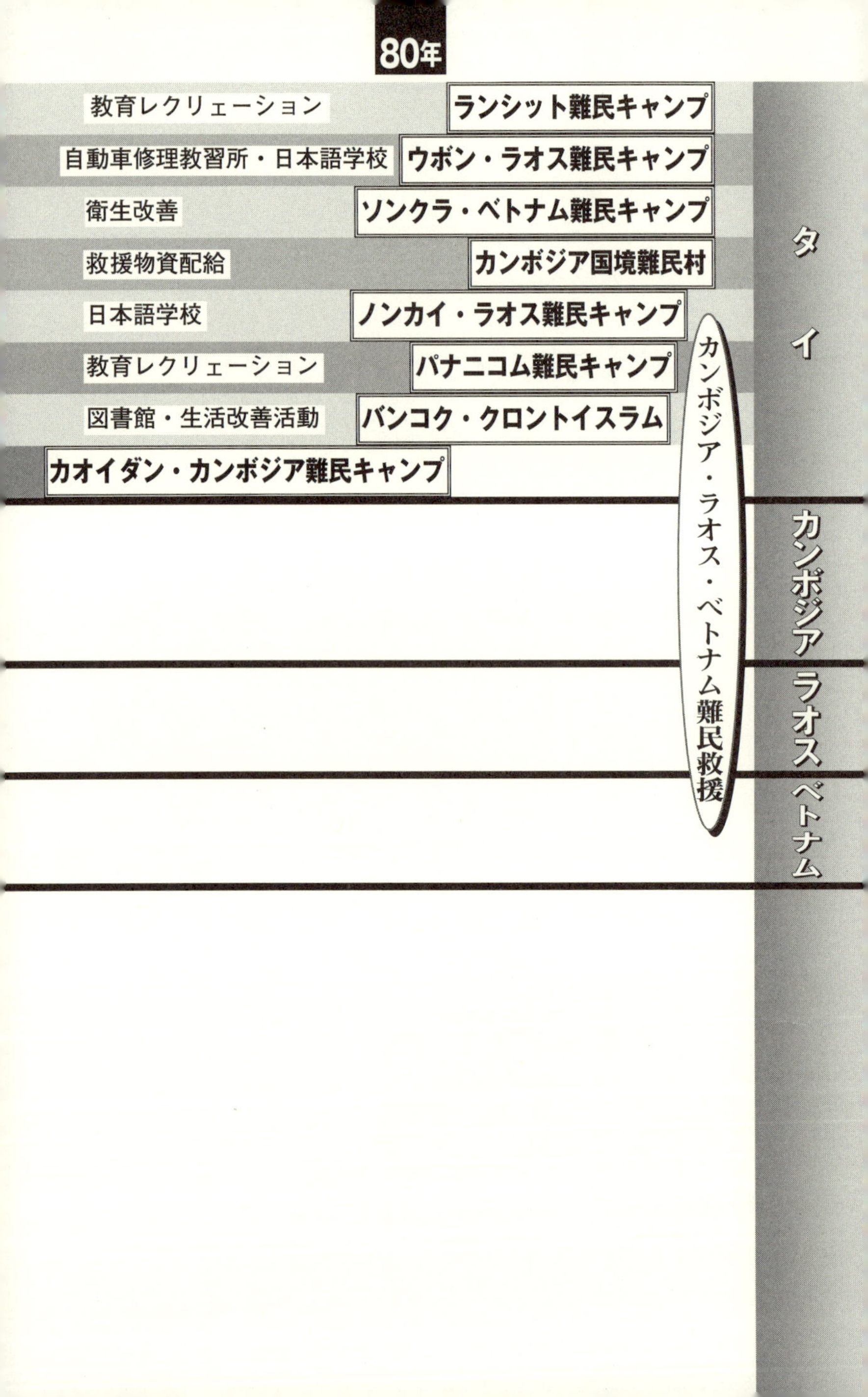
80年
ランシット難民キャンプ
教育レクリェーション
ウボン・ラオス難民キャンプ
自動車修理教習所・日本語学校
ソンクラ・ベトナム難民キャンプ
衛生改善
カンボジア国境難民村
救援物資配給
ノンカイ・ラオス難民キャンプ
日本語学校
パナニコム難民キャンプ
教育レクリェーション
バンコク・クロントイスラム
図書館・生活改善活動
カオイダン・カンボジア難民キャンプ
カンボジア・ラオス・ベトナム難民救援
タイ
カンボジア
ラオス
ベトナム

81年

織物学校

日本への定住難民に日本語学校

技術学校

東京事務所開設

82年

国外に逃れた難民救援から、国内に残った人々への支援へ

タイ

救援物資配給

国境難民村 X線移動診療

技術学校

東北部 給水

農村部 井戸掘り・給水

カンボジア

ラオス

ベトナム

ソマリア

エチオピア

シンガポール 難民キャンプへ人材派遣

国内

国内定住難民を家庭訪問(日本語・母国語・生活相談)

83年

補助給食

日本への定住難民に日本語学校

図書館・生活改善活動

農場建設（植林・灌漑・揚水ポンプ） **ルーク**

医療調査 **レバノン**

会員制に。第１回会員総会

84年

タイ	補助給食
	日本への定住難民に日本語学校
	給水
カンボジア	井戸掘り・給水
ラオス	
ベトナム	
ソマリア	農場建設（植林・灌漑・揚水ポンプ）
エチオピア	
フィリピン	難民キャンプ支援
	難民キャンプへ人材派遣
国内	国内定住難民を家庭訪問（日本語・母国語・生活相談）

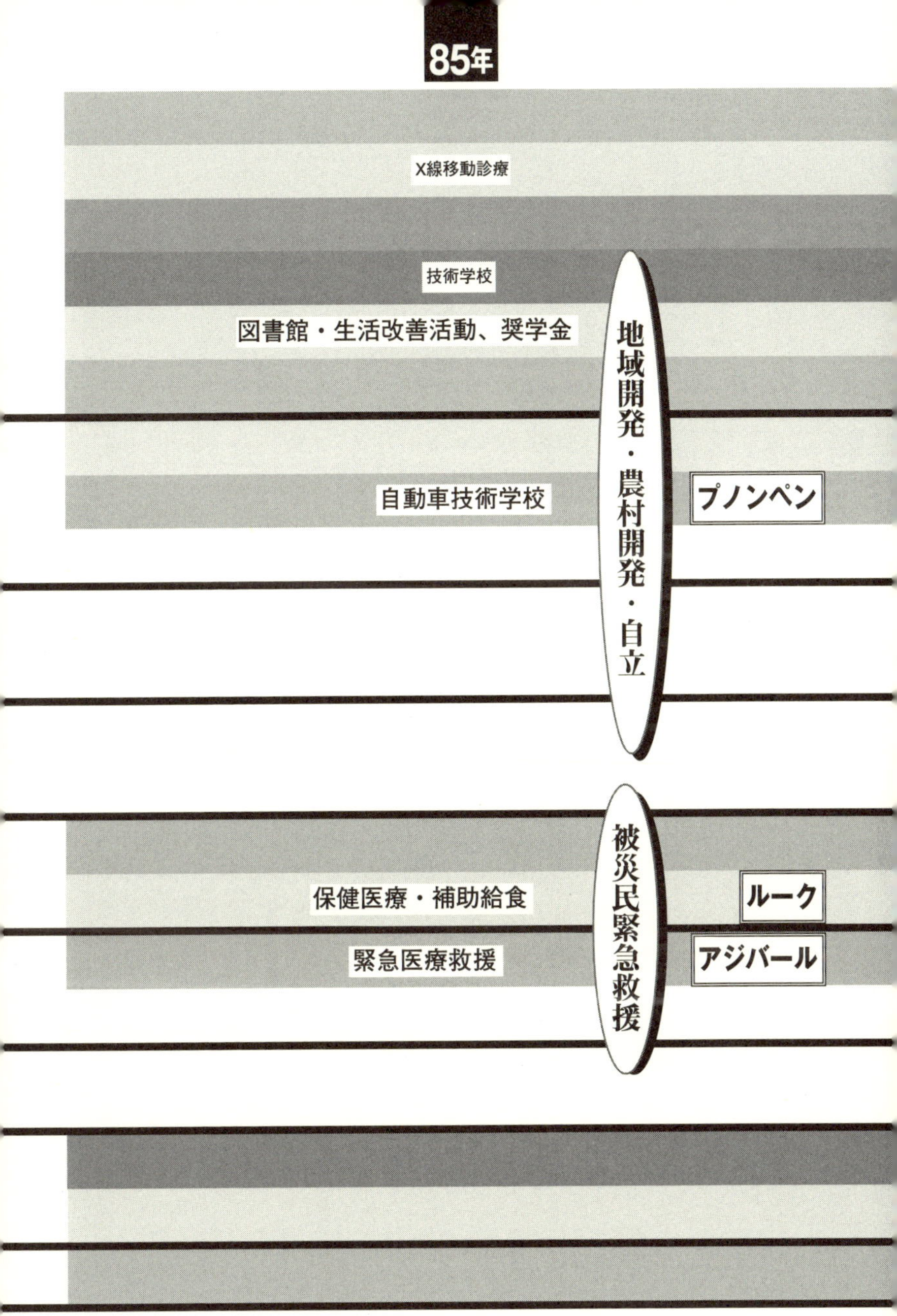
85年
X線移動診療
技術学校
図書館・生活改善活動、奨学金
自動車技術学校
地域開発・農村開発・自立
プノンペン
保健医療・補助給食
緊急医療救援
被災民緊急救援
ルーク
アジバール

86年

タイ

補助給食

技術学校

給水

カンボジア

自動車技術学校

ラオス

ベトナム

ソマリア

農場建設（植林・灌漑・揚水ポンプ）、収入向上

ジャボレ

保健医療・補助給食・植林

飢えない村づくり

エチオピア

緊急医療救援

マーシャ村

干ばつ被災民への食料救援

国内

国内定住難民を家庭訪問（日本語・母国語・生活相談）

Green for Africaキャンペーン

東金農場研修

87年

日本への定住難民に日本語学校

図書館・生活改善活動、奨学金

井戸掘り・給水

保健医療・補助給食・植林

難民キャンプ支援

神奈川事務所開設

88年

タイ

補助給食

技術学校

複合農業、森林農業の普及

東北部

環境保全

カンボジア

井戸掘り・母子保健

自動車技術学校

ラオス

井戸掘り、トイレづくり

女性生活改善普及員養成

ビエンチャン

ベトナム

ソマリア

農場建設（植林・灌漑・揚水ポンプ）、収入向上

農業・教育・植林

ジャララクシ

エチオピア

植林、泉の保護、お母さん学校

Food for work

マーシャ村

国内

国内定住難民を家庭訪問（日本語・母国語・生活相談）

チャリティーウォーク

国際協力カレンダー

日本への定住難民に日本語学校

図書館・生活改善活動、奨学金

農業・教育・植林

朝日社会福祉賞
（朝日新聞社）

国際協力コンサート「メサイア」

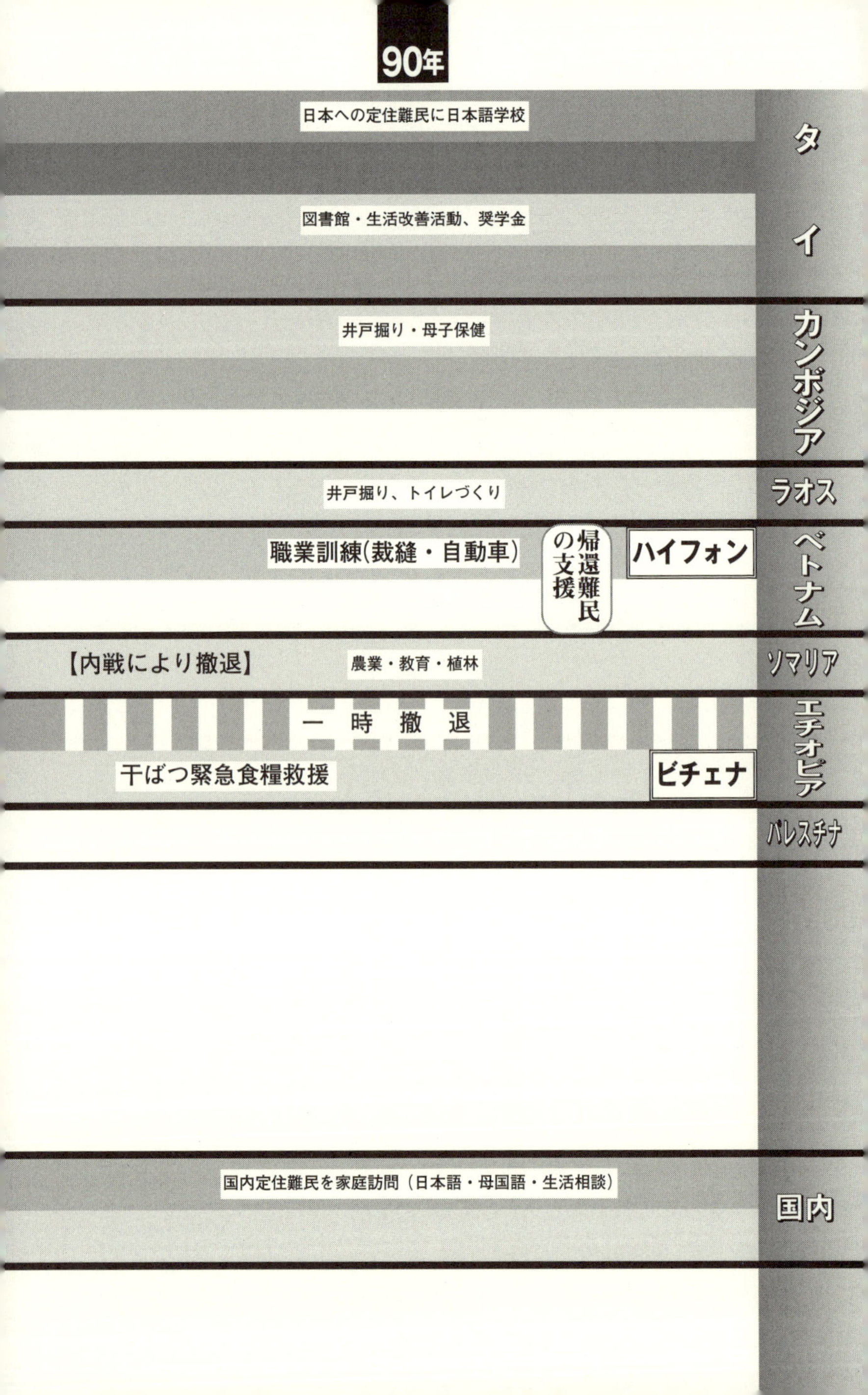

90年
日本への定住難民に日本語学校
図書館・生活改善活動、奨学金
タイ
井戸掘り・母子保健
カンボジア
井戸掘り、トイレづくり
ラオス
職業訓練(裁縫・自動車)
帰還難民の支援
ハイフォン
ベトナム
【内戦により撤退】
農業・教育・植林
ソマリア
一時撤退
干ばつ緊急食糧救援
ビチェナ
エチオピア
パレスチナ
国内定住難民を家庭訪問（日本語・母国語・生活相談）
国内

技術学校

複合農業、森林農業の普及

自動車技術学校

難民の帰還用車両の整備

プノンペン・バッタンバン

女性の起業支援クレジット、識字教室・視覚障害者支援

ホーチミン

住民による村づくり計画（植林など）

浄水施設支援

イラク

調査・研究・提言・国際会議参加

連続講座

92年

国・地域	地域	活動
タイ		技術学校
タイ		図書館・生活改善活動、奨学金
カンボジア		自動車技術学校
カンボジア	プノンペン	社会福祉センターの支援
ラオス		コメ銀行、養鶏、織物回転資金、家庭菜園・伝統織物の継承
ベトナム		職業訓練（裁縫・自動車）
ベトナム	ハイフォン	学校・奨学金支援、農業技術・保健研修
ソマリア		
エチオピア		住民による村づくり計画（植林など）
南ア	黒人居住区（トランスカイホームランド、ジェフスピルスクウォッターキャンプ）	人権擁護
パレスチナ	ヨルダン川西岸	土地を守るための植林／人権擁護
中南米	グアテマラ	人権擁護
国内		国際・国内NGOネットワーク活動

毎日国際交流賞（毎日新聞社）

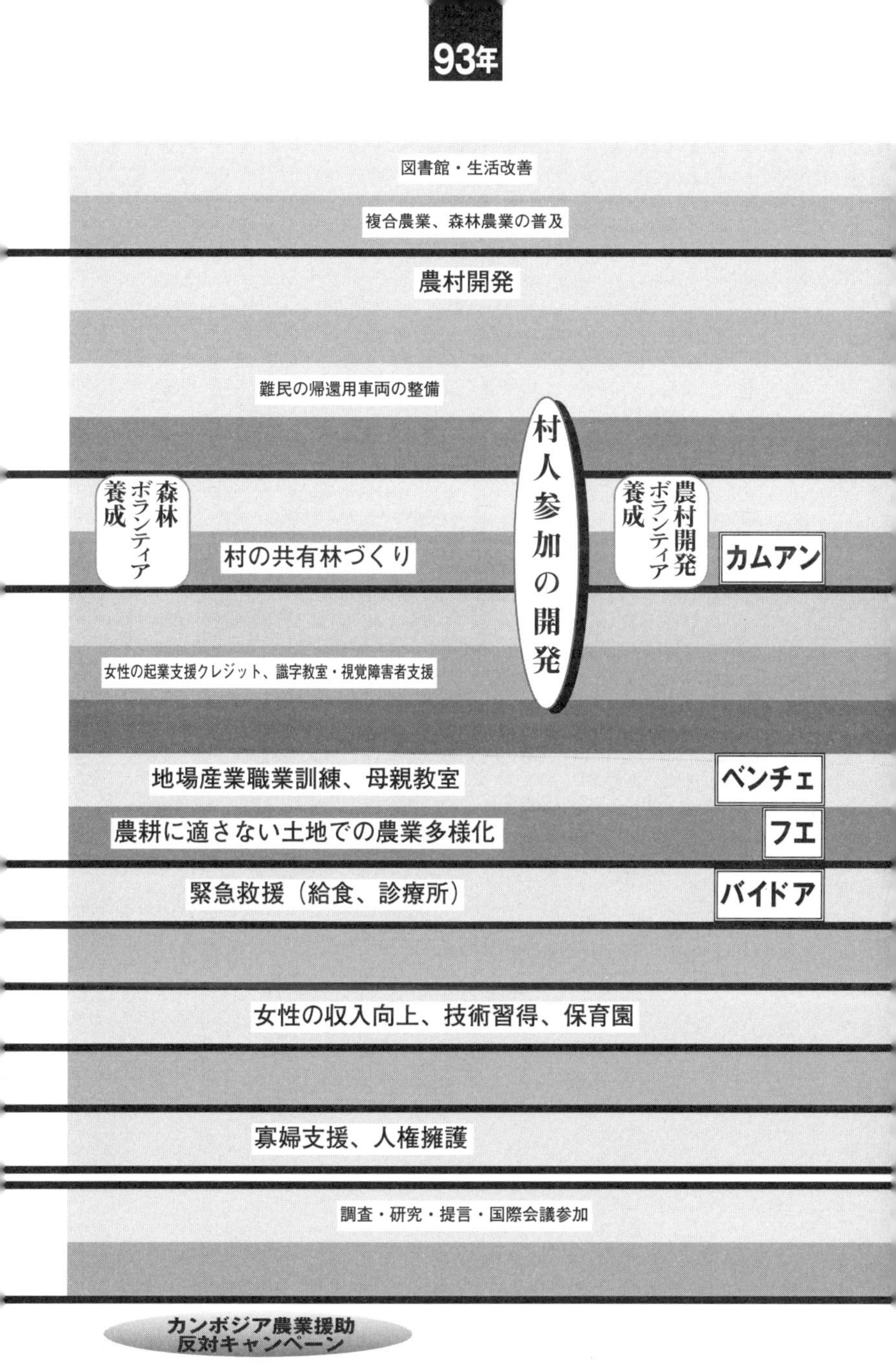

93年
図書館・生活改善
複合農業、森林農業の普及
農村開発
難民の帰還用車両の整備
村人参加の開発
森林ボランティア養成
村の共有林づくり
農村開発ボランティア養成
カムアン
女性の起業支援クレジット、識字教室・視覚障害者支援
地場産業職業訓練、母親教室
ベンチェ
農耕に適さない土地での農業多様化
フエ
緊急救援（給食、診療所）
バイドア
女性の収入向上、技術習得、保育園
寡婦支援、人権擁護
調査・研究・提言・国際会議参加
カンボジア農業援助反対キャンペーン

94年

タイ

図書館・生活改善活動

カンボジア

持続的な農業と生活改善（コメ銀行・牛銀行・安全な水の確保）

プノンペン

難民の帰還用車両の整備

社会福祉センターの支援

ラオス

コメ銀行、養鶏、織物回転資金、家庭菜園・伝統織物の継承

ベトナム

職業訓練（裁縫・自動車）

学校・奨学金支援、農業技術・保健研修・「子どもの家」支援

女性の起業支援クレジット、識字教室

農耕に適さない土地での農業多様化

農民による「村づくり委員会」が中心になる

エチオピア

住民による村づくり計画（植林など）

南ア

女性の収入向上、技術習得、保育園

職業訓練（大工、溶接、自動車整備、裁縫）

ジョハネスバーグ

パレスチナ

中南米

国内

国際・国内NGOネットワーク活動

会員の集い

95年

複合農業、森林農業の普及

自動車技術学校

村の共有林づくり

地場産業職業訓練、母親教室

医療支援、聴覚障害児の支援

農民共同体の支援

ボリビア

調査・研究・提言・国際会議参加

内閣総理大臣賞
(内閣総理大臣)

96年

地域	活動
タイ	図書館・生活改善活動
	複合農業、森林農業の普及
カンボジア	自動車技術学校
ラオス	
ベトナム	学校・奨学金支援、農業技術・保健研修・「子どもの家」支援
	農耕に適さない土地での農業多様化・アイガモ農法の普及
エチオピア	バルハット　植林・家庭菜園
南ア	ジョハネスバーグ　小学校支援
パレスチナ	医療支援、聴覚障害児の支援
中南米	
	北朝鮮　KOREAこども救援キャンペーン
	ルワンダ　難民帰還・民族再融和
国内	国際・国内NGOネットワーク活動

自然農業トレーニング

ノンジョク

持続的な農業と生活改善（コメ銀行・牛銀行・安全な水の確保）

社会福祉センターの支援

自然農業の普及・コメ銀行

森林保全・自然農業の普及

地場産業職業訓練、母親教室

職業訓練（大工、溶接、自動車整備、裁縫）・住民グループリーダー養成

農民共同体の支援

津波災害給水タンク支援

パプアニューギニア

調査・研究・提言・国際会議参加

地雷廃絶日本キャンペーン

98年

タイ	自然農業トレーニング・NGOインターン研修
カンボジア	持続的な農業と生活改善（コメ銀行・牛銀行・安全な水の確保）
	社会福祉センターの支援
ラオス	森林保全・自然農業の普及
ベトナム	農耕に適さない土地での農業多様化・アイガモ農法の普及
エチオピア	植林・家庭菜園
南ア	小学校支援
パレスチナ	子供平和図書館
中南米	
	KOREAこども救援キャンペーン
	津波災害給水タンク支援
国内	国際・国内NGOネットワーク活動

99年

図書館・生活改善活動

地場の市場づくり支援　**東北部**

自動車技術学校

自然農業の普及・コメ銀行

学校・奨学金支援、農業技術・保健研修・「子どもの家」支援

農業基盤の整備　**ホアビン**

少数民族の森林保全　**ソンラ**

水源の保全　一　時　中　断

職業訓練（大工、溶接、自動車整備、裁縫）・住民グループリーダー養成

学校・病院・難民支援　**コソボ・ユーゴ**

調査・研究・提言・国際会議参加

NATOのユーゴ空爆反対声明

特定非営利活動法人に

特定非営利活動法人

日本国際ボランティアセンター（JVC＝Japan International Volunteer Center）

活動地：タイ、カンボジア、ラオス、ベトナム、南アフリカ、パレスチナ、イラク、アフガニスタン、コリア

設立年月：1980年２月

代表者：熊岡路矢

職員数：約70名（日本人職員35名）

会員数：約1500人

活動規模：約３億円

財源：会費、個人募金、団体助成金、自主事業収益、政府補助金など

受賞：1989年　朝日社会福祉賞、1992年　毎日国際交流賞、1995年　内閣総理大臣賞

所在地：〒110-8605　東京都台東区東上野１-20-６　丸幸ビル　６Ｆ

TEL：03-3834-2388

FAX：03-3835-0519

URL：http://www.ngo-jvc.net

E-mail：info@ngo-jvc.net

NGOの時代——平和・共生・自立

初版印刷　2000年6月8日
第2刷発行　2005年3月25日

定価　2200円＋税
著者　日本国際ボランティアセンター©
装幀　渡辺恭子
イラスト・地図　かじののりこ・杉本京子
発行者　桑原晨

発行　株式会社めこん
〒113-0031　東京都文京区本郷3-7-1
電話03-3815-1688　FAX03-3815-1810
URL　http://www.mekong-publishing.com
印刷　太平印刷社・ローヤル企画

ISBN4-8396-0139-9 C0030 ￥2200E
0030-0006137-8347

母なるメコン、その豊かさを蝕む開発
リスベス・スルイター（文・写真）　メコン・ウォッチ／ＪＶＣ他訳
定価二八〇〇円＋税

ラオス、タイ、カンボジア、ベトナム。開発の嵐の中でメコンとその流域の人々はどんな影響を受けているのか。三〇〇枚の写真とインタビューによる環境を考える旅。

メコン
石井米雄（文）・横山良一（写真）
定価二八〇〇円＋税

雲南からビルマ、ラオス、カンボジア、ベトナムそして南シナ海まで大河メコンを下る旅。タイ研究の碩学による歴史紀行と七九枚のカラー写真の劇的な融合。

入門東南アジア研究
上智大学アジア文化研究所編
定価二八〇〇円＋税

東南アジアを総合的にとらえるための入門書。自然、歴史、民族、宗教、社会、文化、経済、開発、日本との関係など。まじめに学ぶ第一歩です。

緑色の野帖——東南アジアの歴史を歩く
桜井由躬雄
定価二八〇〇円＋税

ベトナム、ラオス、タイ、カンボジア、インドネシア、シンガポールから南インド、八重山列島まで、東南アジアを一回りするうちに三〇〇〇年の歴史を学んでしまうという本。